广西旅游产业差异演变与区域耦合协调发展关系研究

韦福巍　王威峰　黄荣娟　时朋飞◎著

中国旅游出版社

前　言

习近平总书记在党的十九大报告中指出，“实施区域协调发展战略”，“建立更加有效的区域协调发展新机制”。党的十九大报告根据我国社会主要矛盾的变化，立足我国区域差异大、发展不平衡的基本国情，以全方位、系统化、协同性视角，提出今后一个时期实施区域协调发展战略的主要任务，必将进一步开创我国区域协调发展新局面。实施区域协调发展战略是建设现代化经济体系的重要保障，当前我国经济已由高速增长阶段转向高质量发展阶段，通过实施区域协调发展战略，可以推动各区域缩小基本公共服务差距，实现基本公共服务均等化，提升区域间互联互通，推动区域互动、城乡联动、陆海统筹，促进生产要素自由流动，提高资源空间配置效率，依据主体功能定位发展，充分发挥比较优势，推动各区域加快转变发展方式、优化经济结构和转换增长动力，进而实现更高质量、更有效率、更加公平、更可持续的发展。实施区域协调发展战略，将支持老少边穷地区加快发展摆在重要位置，是解决革命老区、民族地区、边疆地区、贫困地区制约我国区域协调发展关键短板的必要举措。近年来，在“一带一路”倡议的引领带动作用下，广西着力培育符合西部地区比较优势的特色产业和新兴产业，提升内生发展能力，全面贯彻落实习近平总书记对广西工作的重要指示精神，把习近平总书记赋予的“三大定位”新使命和“五个扎实”新要求作为广西改革发展的主线，加快实现开放发展、创新发展、绿色发展、高质量发展，以开放为引领建优建强北部湾经济区，以东融为导向提升做实珠江—西江经济带，以脱贫发展为重点振兴左右江革命老区，以世界一流为目标打造桂林国际旅游胜地，推动沿海、沿江、沿边地区协调联动发展。全域旅游作为落实区域协调发展战略的重要抓手，能够对区域内经济社会资源尤其是旅游资源、相关产业、生态环境、公共服务、机制体制、政策法规、文明素质等进行全方位、系统化的优化提升，实现区域资源有机整合、产业融合发展、社会共建共享，以旅游业带动和促进经济社会协调发展。当前，旅游产业作为广西千亿元集群产业已经成为促进经济发展的新增长极和保障社会稳定发展的战略性支柱产业，更是决战脱贫攻坚、助力乡村振兴的重要途径，不仅与“五大发展理念”高度契合，而且与广西的“双核驱动，三区统筹”区域经济发展战略及国家的“一带一路”倡议有机衔接。广西“中国长寿之乡”的数量占全国总数的三分之一，奠定了大力发展长寿养生旅游产业的坚实基础，未来广西将大力推进服务业供给侧结构性改革，加快构建以长寿养生国际旅游区为载体的大健康产业基地，把广西建设成为中国知名的幸福产业基地。因此，以旅游产业为功能主体的省级区域整合协调发展研究可以进一步深化，本着因地制宜、突出特色的原则，引入区域经济、旅游产业、可持续发展、耦合协调发展、生态位、共生关系、灰色关联度等理论方法与模型进行案例研究，在综合研究省级区域全域旅游示范区构建及民族地区区域旅游品牌创新方面具有一定的实践应用价值。由于全域旅游发展研究普遍缺乏精准视角，对特色旅游产业发展的整合研究较少，本课题对广西旅游产业的整合发展进行系列研究，将省级全域旅游示范区的打造与地方旅游产业的发展实际相结合，旨在为民族地区特色旅游产业的集群建设、布局优化与协调发展提供理论意义上的借鉴。

本书在编写过程中借鉴了国内外作者的一些研究成果，在此表示衷心的感谢，成书过程中难免存在一些疏漏和错误，恳请广大读者批评指正。

作者

2021 年 3 月

目 录

CONTENTS

第一部分　研究概述

第二部分　研究成果

（上）

第三部分 研究归纳

Part 1 第一部分

研究概述

一、内容摘要

以广西旅游产业为研究对象，综合分析研究广西旅游经济时空差异演变及内在机理特征。研究过程以旅游学、地理学、经济学、生态学等学科的相关理论为依据，以综合研究法、文献研究法、实地调查法、总结归纳法为研究方法，从多个角度展开较为系统的论证与研究。研究目的是通过厘清广西旅游产业的现状特征，分析研究其耦合发展的条件与要素，为广西区域旅游布局的优化设计提供实践参考，以适应广西旅游“区域协调发展”和“全域旅游发展”战略理论支撑的需要。研究成果主要包括：基于灰色关联度分析的广西区域旅游协调发展研究；广西旅游业演变与三次产业发展的关联探析；基于泰尔指数的广西旅游经济区域差异特征研究；区域旅游产业与城镇化建设耦合协调发展研究——以广西 14 个地级市为例；省级区域旅游产业、社会经济、生态环境耦合协调度空间相关性研究——以广西为例；基于生态位理论的广西区域旅游协调发展研究；基于共生理论的广西区域城市旅游协同发展研究；基于共生理论的广西北部湾经济区旅游竞合关系研究；珠江—西江经济带建设背景下广东与广西区域城市旅游竞争格局研究；旅游产业发展对地区农民的增收效应研究——基于广西 2010—2017 年市域面板数据的经验证据；产业融合视角下长寿旅游产业价值链升级探究——以广西巴马为例；基于 2003—2014 年的广西入境旅游等级规模结构演化特征动态研究；“一带一路”（中国段）入境旅游空间结构演化研究——基于非均衡协调发展视角等。系列研究成果是广西哲学社会科学规划研究课题的结题成果，也是一次针对广西旅游产业经济方面的整体性研究，进一步充实了广西旅游产业经济学术研究的内容，能够为从事广西旅游产业经济的学者提供一些思路和方法上的借鉴，把研究工作推向更加深入的领域。

二、研究意义

关于区域旅游经济差异化方面的研究，国内外学者从多方面、多角度着手，取得了较为丰硕的成果。从 20 世纪 80 年代开始，Tse RYC（2001）、Konstantinos Andriotis（2002）、Geoffrey Wall（1997）等学者就研究了国际旅游区域的差异状况，探讨了区域旅游差异和区域经济发展之间的相互作用。Kerra.B 等（2001）以苏格兰为研究区域，分析了旅游业的发展变化与政策环境影响之间的内在联系。Marcouiller D.W. 等（2004）论证了旅游基础设施是造成区域旅游发展差异的重要因素。Benxiang Zeng 等（2012）提出通过发展旅游业可以平衡区域经济之间的差异。国内学者在研究区域与城市旅游产业发展差异方面虽然起步较晚，但进展迅速，主要表现在综合运用多种定量方法构建不同尺度地理单元的旅游发展差异研究体系。例如，邴振华、高峻（2011）用基尼系数、变异系数、首位度等计量指标工具分析研究了中国 20 个主要旅游城市入境旅游市场规模的空间差异性；刘军胜、马耀峰（2012）运用标准差、变异系数、基尼系数、首位度、赫芬达尔系数等方法对河南省 18 个地市的入境旅游规模差异与位序规模分布进行了分析；陈秀琼等（2006）采用泰尔系数法研究了中国入境旅游的区域差异特征。此外，国内相关定量研究的方法还有多种，例如孙跟年等（2011）采用的一元线性回归法、敖荣军等（2006）采用的多元线性回归法、万绪才等采用的均值比率法和聚类分析法等，指标的选取多以与旅游产业发展相关的直接影响因素为主。在广西旅游发展区域差异研究方面，目前也有学者采用类似的研究方法进行了相关研究，比较具有代表性的有甘永萍（2010）和毕燕等（2012）分别从入境旅游和国内旅游方面分析了广西旅游发展的区域差异性；杨莎莎、裴金（2012）平对广西北部湾经济区城市旅游规模差异演变进行了研讨。对于旅游、经济、环境之间的耦合协调关系，国内研究进展较快，技术路线上多倾向于采用耦合协调发展度模型等数学计算方法进行实证研究，选择的研究区域范围主要包括省域和市域，结论均揭示了某一个时间段内这些区域旅游、经济、环境的协调发展动态。例如，王凯等（2013）构建区域旅游—经济—环境耦合协调度指标体系对辽宁沿海经济带三者耦合协调度演变进行了定量分析并应用 GM（1，1）模型预测短期内研究区三者协调发展的趋势；庞闻等（2011）运用复杂系统论构建旅游经济与生态环境耦合协调发展的概念模型和数学模型对西安市旅游经济与生态环境协调发展情况做了实证研究并得出相关结论；刘定惠、杨永春（2011）以安徽省为例，通过构建区域经济—旅游—生态环境耦合协调度指标体系及引入耦合协调度模型及计算方法进行了相关实证研究；李阳、魏峰群（2012）从低碳发展的视角提出了建立区域经济—旅游产业—生态环境耦合协调度指标体系及运用耦合协调度模型进行计算的研究思路并以北京市为例进行了相关分析；杨主泉、张志明（2014）以桂林市为例，依据耦合协调理论分析了旅游经济与生态环境两大系统的耦合协调机制并计算出二者的耦合协调发展水平；方叶林等运用主成分分析法对有关研究数据进行降维处理并运用耦合协调模型进行了对比分析从而提出发展建议；张玉萍等（2014）利用吐鲁番 2001—2011 年旅游—经济—生态环境系统各指标的相关数据，以主成分分析法确定评价函数权重，在此基础上通过构建综合指标体系并引入耦合度、耦合协调度模型对三者的耦合协调关系进行了实证研究；汤姿（2014）以黑龙江为例，运用耦合协调度数学模型及计算方法定量评价了旅游经济与生态环境的耦合协调度等。从国内外文献研究成果分析可以看出，关于广西方面的相关研究重点均侧重在旅游产业的某一个方面或某一个较小的区域范围，系统化的旅游产业发展差异研究不足，以广西 14 个地级城市为研究区域进行的类似研究比较少见。因此，本课题拟对广西旅游产业的差异演变进行整体分析研究，鉴于广西旅游产业、社会经济及生态环境实际情况，通过构建广西旅游产业—社会经济—生态环境耦合协调度评价指标体系并引入耦合协调度模型等系列相关定量研究方法，揭示它们的特征及演变规律，旨在为广西的旅游产业发展决策提供参考依据。党的十八大对推进中国特色社会主义事业提出了经济、政治、文化、社会、生态文明建设“五位一体”的总体布局，旅游产业与“五位一体”建设关系密切。2013 年，广西壮族自治区党委政府出台了《关于加快旅游业跨越发展的决定》和《关于加快旅游业跨越发展的若干政策》，从政策上为促进旅游业的发展提供了有力保障。广西的人文自然观光休闲度假游、少数民族风情游、滨海休闲度假游、长寿养生旅游、中越边境游等旅游产品受到游客的青睐，旅游产业发展态势良好，为打造广西千亿元产业和建设广西旅游强区夯实了基础。但是，旅游资源、区位条件、基础设施、政策保障、社会经济、生态环境等因素的综合影响使得区域内旅游发展格局的不平衡问题依然比较突出。因此，对广西旅游产业的差异演变进行整体分析研究，探讨广西旅游产业、社会经济、生态环境的耦合协调发展问题，构建新常态下互动发展模式，实现旅游产业的内涵式发展，具有较强的现实意义。

三、研究目的

产业差异性：从 20 世纪 80 年代开始，国内外学者在研究区域旅游产业差异演变方面主要表现为运用定量统计分析方法对不同尺度区域旅游的时空分异进行研究。但是，研究区域大多以行政区划为依据，未能充分考虑到特色产业集群关系，综合性及成体系的应用研究偏少，缺少必要的针对性。因此，选择具有较强特色旅游产业集群关系的区域旅游进行有针对性的综合研究能够比较客观实际地反映区域旅游发展的差异演变状况，为新形势下区域特色旅游产业耦合发展提供参考。广西拥有占全国总数三分之一的“中国长寿之乡”，奠定了大力发展长寿养生旅游产业的基础。未来广西将大力推进服务业供给侧结构性改革，加快构建以长寿养生国际旅游区为载体的大健康产业基地，把广西建设成为中国知名的幸福产业基地。

耦合协调度：区域旅游耦合协调发展研究主要是采用耦合协调度模型等计算方法进行实证研究，揭示区域旅游、经济、环境等要素之间的协调发展动态。从已有的研究成果来看，耦合协调发展的评价指标体系比较笼统，内容上大而全，目标导向尚不够清晰。以全域旅游示范区认定标准为蓝本，针对区域特色旅游产业的发展实际状况设计专项评价指标体系，能够为区域特色旅游产业耦合发展的客观评价提供务实保障。

空间相关性：利用探索性空间数据分析，将空间数据结构描述可视化，分析研究区域旅游经济的差异演变规律被认为是一种切实可行的有效方法，呈现出与其他相关技术结合进行复合研究的态势。但是，目前区域旅游产业发展的研究缺乏空间相关性检验，不利于从全局上对区域旅游的发展规划进行把握。因此，研究区域特色旅游产业发展的空间相关性机制，能够为新形势下区域旅游特色产业耦合发展的布局优化提供依据。

区域生态位：生态位理论主要描述的是某一种群在生态系统中所处的时空范围及与其他相关种群之间的联系状况。国外学者分别阐述了各自对生态位定义的解读并依据观点主张进行了概念拓展与实践应用，逐步向区域旅游发展评价、旅游产业经济管理、旅游资源规划开发等方面渗透，为旅游研究提供了全新的视角。这些研究表明，旅游产业的发展是区域内生系统共同作用的结果，但相关研究大多强调竞争关系而忽视共生关系。因此，构建区域特色旅游产业生态位系统，实施产业集群耦合发展战略，能够为区域特色旅游产业耦合发展提供路径创新。

共生关联性："共生"出自生物学领域，原义是指不同种类的生物生活在一起并形成某种紧密的物质关系。从20世纪50年代开始，"共生"概念被引入社会科学研究，用于解决社会现象的问题。按照共生理论的既有界定，共生关系包括"共生单元、共生模式和共生环境"三个构成要素，这与旅游产业综合性、关联性、集群性的基本特征相似，以共生关系为主题的旅游研究相应地集中在区域旅游的竞合上，着重探讨如何通过加强旅游联动促进区域共同发展达到互惠共赢。虽然共生理论与旅游的融合研究取得较快进展，但目前仍然没有形成权威的共识。因此，将共生关系理论用于统筹区域特色旅游产业的耦合发展研究，契合实际需要。

四、研究方法

综合研究法：采用多种统计分析法，包括回归分析、因子分析、聚类分析、相关分析、探索性空间分析法等；使用多种定量模型，包括耦合协调度模型、旅游生态位模型、灰色关联度模型等；运用多种技术手段，包括SPSS、ARCGIS、MATLAB、GEODA等数据处理软件。综合研究法是主体研究方法，本质是实证研究，数据来源于官方统计和实际调研。

文献研究法：通过收集、鉴别、整理国内外相关文献，为前期研究提供科学指导，为本课题定性研究提供佐证材料。

实地调查法：通过实地调查，集思广益，为课题研究的评价指标体系创新和研究思路寻找突破口。

总结归纳法：将课题研究的成果进行凝练总结。

五、基本观点

区域旅游产业的发展评价离不开切实有效的评价体系，评价体系的针对性和广泛性是贯穿区域旅游产业耦合发展研究的中轴线；研究区域旅游产业结构的内部分异和演变过程是判断区域旅游产业集群关系耦合发展趋势的重要前提，必须从多个角度加以分析才能深度剖析其背后潜在的原因；区域旅游产业的空间相关性是判断旅游产业聚集与离散程度的重要环节，只有通过空间相关性检验，才能为区域旅游产业的耦合发展研究提供必要的客观的区划依据；区域旅游产业发展是一个系统工程，受到区域内各相关因素的综合影响与制约，其与区域内各相关因素的耦合协调发展则是实现区域旅游产业耦合发展的必要保障；区域旅游产业可持续发展所追求的目标就是要构建合理的内生机制，只有构建区域旅游产业生态位系统，在发展定位及战略层次上精准衔接，才能实现区域旅游产业系统耦合协调发展的目标。

六、创新之处

学术思想方面：结合广西旅游产业现状特征，将多种相关学科理论综合应用于区域旅游系统的耦合协调发展研究，在学术思想方面具有一定的创新。

学术观点方面：通过系列分析研究区域旅游产业系统的要素关系，找到推动其内生机制构建和可持续发展的路径，具有较强的理论指导价值。

研究方法方面：采用多种跨学科研究方法作为支撑，克服了研究视角的单一性和片面性，各具体研究方法相互依托印证，相关性较强。

七、研究过程

自本课题获得批准以来，课题组负责人及主要参加成员按照预期计划执行研究工作，具体如下：2015 年 10 月，收集整理相关数据及文献资料，开展实地调研和专家访谈，运用统计软件对数据资料进行分析研究，完成前期准备工作；2015 年 11 月至 2017 年 12 月，撰写项目主题的系列研究论文，初步完成项目研究主体框架；2018 年 1 月至 4 月，将项目研究成果提交广西哲学社会科学规划办公室组织的同行专家审阅指导并根据专家提出的指导意见进行修改完善；2018 年 5 月，确定项目最终成果并提交结题材料；2018 年 11 月，项目获准结题，鉴定等级为良好。以上研究计划均根据课题要求开展实施，基本上确保研究进度在合理时间内得以高效推进，保障研究计划能够按质完成。本课题的执行情况主要归纳为三点：一是取得较多阶段性成果，完成质量较高，成果形式包括专著、中文核心期刊论文、多项地厅级以上科研奖项；二是研究成果均经过比较严格的检验，阶段性成果在正式公开出版或经过相关权威认定后，通过统筹凝练整合成课题最终成果，确保高质量、高要求、高标准地完成课题任务；三是课题有明确的进度安排和计划目标，力争使科研成果取得更高层次的学术与应用价值认证。

八、应用价值

本课题在执行开展研究工作的过程中，阶段性成果共获得过广西社会科学学术年会优秀论文三等奖、广西发展论坛优秀论文三等奖、广西青年学术年会优秀论文二等奖和三等奖、河池市社会科学优秀成果奖二等奖和三等奖、以及河池学院优秀科研成果奖三等奖等奖项，研究成果为应用研究，成果转化以务实为导向，研究结论旨在为广西旅游业的发展提供实用的决策参考，从而达到为地方经济社会建设服务的目的。

九、探讨展望

当前旅游产业出现了许多新的产业形态，旅游业的发展在空间上强调全域旅游与资源整合，在时间上强调产品与消费者市场需求精准契合，在方式上强调产业转型与融合共生，这些方面将会是旅游研究的最新动态方向。因研究成果时间跨度较长且以静态研究为主，为使研究成果保持连续性，本项目的后续研究将着重围绕全域旅游及旅游目的地整合营销、旅游产品体系构建、旅游产业转型融合发展等方面开展深入研究。

参考文献：

[1] 吕宛青．旅游经济学 [M]．北京：科学出版社，2009：2.

[2] 刘定惠，杨永春．区域经济—旅游—生态环境耦合协调度研究——以安徽省为例 [J]．长江流域资源与环境，2011，20（7）：892–896.

[3] 孙召会．山东省环保投资问题研究 [D]．大连：东北财经大学，2010.

[4] Khan H phang S，Toh R. The Multiplier Effect：Singapore，Hospitality Industry [J]. Cornell Hotel and Restaurant Administration Quarterly，1995，36：64–69.

[5] Lee C，Kwon K. Importance of secondary Impact of Tourism Receipts on the South Korean Economy [J] .Journal of Travel Research，1995，34：50–54.

[6] Jacint Balauguer，Manuel Cantavella–Jorda. Tourism as a Long–run Economic Growth Factor：The Spanish Case [J]. Applied Economics，2002，34（6）.

[7] Dritsakis N. Tourism Us a Long–run Economic Growth Factor：An Empirical Investigation for Greece Using Causality Analysis [J] .Tourism Economics，2004，10（3）.

[8] chi–ok oh.The Contribution of Tourism Development to Economic Growth in the Korean Economy [J] .Tourism Managememt.2005，26（1）：39–44.

[9] 生延超，钟志平．旅游产业与区域经济的耦合协调度研究——以湖南省为例 [J] 旅游刊，2009（8）：23–29.

[10] 谢丁．旅游产业与欠发达地区县域经济的耦合发展研究——以湘西凤凰县为例

[D].长沙：湖南师范大学，2010.

[11] 丁红梅.旅游产业与区域经济发展耦合协调度实证分析——以黄山市为例 [J] 商业经济与管理，2013（7）：81-87.

[12] 姜嫣，马耀峰，高楠，等.区域旅游产业与经济耦合协调度研究——以东部十省（市）为例 [J].华东经济管理，2012，26（11）：47-50.

[13] 杨松茂，任燕.陕西旅游产业与区域经济耦合协调发展度研究 [J].统计与信息论坛，2013，28（3）：76-81.

[14] 刘金栋，郑向敏，谢朝武.省域旅游产业与区域经济的耦合协调度研究 [J].旅游论坛，2013，6（1）：42-47.

[15] 赖声伟.旅游产业与区域经济的耦合协调度研究——以江苏省为例 [D].曲阜：曲阜师范大学，2011.

[16] 赵恬琛.新疆巴音郭楞蒙古自治州旅游产业与区域经济的耦合发展研究 [D].重庆：重庆师范大学，2013.

[17] 何成进.安徽旅游产业与区域经济发展关系研究——基于耦合协调度视角 [D].合肥：安徽大学，2013.

[18] 刘定惠，杨永春.安徽省旅游产业与区域经济耦合协调度分析 [J].特区经济，2011，6：188-190.

[19] Wall G，Wright C. The Enviromental Impact of Outdoor Recreation [R]. Ontario：University of Waterloo，1977.

[20] Stephen L Smith. 游憩地理学：理论与方法 [M].吴必虎，译.北京：高等教育出版社，1992：157-158.

[21] Zabinski.Effects of Recreational Impacts on Soil Microbial Communities. Environmental Management，1997，2（21）：233-238.

[22] Zabinski.The Effects of Recreation Disturbance on Subalpine Seed Banks in the Rocky Mountains of Montana Canadian Journal of Botany，2000，5（78）：577-582.

[23] Colin Hunter. Sustainable Tourism and the Touristic Eco-logical Footprint [J]. Environment Development and Sustainability，2002，4（1）：7-20.

[24] 翁钢民，杨秀平.国内外旅游环境容量研究评述 [J].燕山大学学报（哲学社会

科学版），2005，6（3）：39–44.

［25］李向农、丁艳平．旅游经济与生态环境共生互动模式研究［J］．经济师，2007，22（10）．

［26］耿松涛、谢彦君．副省级城市旅游经济与生态环境的耦合关系研究［J］．城市发展研究，2013，20（1）：91–97.

［27］庞闻、马耀峰、杨敏．城市旅游经济与生态环境系统耦合协调度比较研究——以上海、西安市为例［J］．统计与信息论坛，2011，26（12）：44–48.

［28］轩福华、孙静、武海涛．哈尔滨市旅游开发与生态环境耦合关系分析［J］．对外经贸，2012（9）：77–79.

［29］翁钢民、鲁超．旅游经济与城市环境协调发展评价研究——以秦皇岛市为例［J］.生态经济，2010（3）：28–31.

［30］庞闻、马耀峰、唐仲霞．旅游经济与生态环境耦合关系及协调发展研究——以西安市为例［J］西北大学学报（自然科学版），2011，41（6）：1098–1106.

［31］鲍捷．旅游业与生态环境耦合协调发展研究——以安徽省黄山市为例［J］．安徽大学学报（哲学社会科学版），2013（2）：150–156.

［32］韩镇．旅游与生态环境交互耦合机理研究［D］．秦皇岛：燕山大学，2011.

［33］董亚娟、马耀峰、李振亭等．西安市入境旅游流与城市旅游环境耦合协调关系研究［J］．地域研究与开发，2013，32（1）：98–101.

［34］董琳琳．新疆旅游经济与生态环境协调度研究［D］．乌鲁木齐：新疆师范大学，2012.

［35］陈东．湖南经济增长与环境质量演进实证研究［D］．长沙：湖南大学，2004.

［36］Boulding K.E. The Economics of the Coming Spaceship Earth［M］.Environmental Quality in a Growing Economy，New York，Freeman，1996.

［37］Norgaard R R. Economic Indivators of Resource Scaerity：A Critical Essay［J］. Journal of Environment Economics and Management，Academic Press，NewYork，1990，19.

［38］原志华，延军平，刘宇峰，等．山西省经济增长与环境污染水平计量模型研究［J］．农业系统科学与综合研究，2008，24（2）：158–162.

［39］Grossman G M，Krueger A B. Environmental Impacts of the North American Free

Trade Agreement［M］.NBER，Dordrecht：Working Paper，1991：3914.

［40］秦云鹏.青岛市经济与环境协调发展研究［D］.青岛：中国海洋大学，2009.

［41］雷明.资源－经济一体化核算研究.系统工程理论与实践［J］.Vol.16，No.9，1996：42–50.

［42］张京美.辽宁沿海经济带经济与环境协调发展研究［D］.辽宁：辽宁师范大学，2012.

［43］韩瑞玲，佟连军，佟伟铭，等.经济与环境发展关系研究进展与述评［J］.中国人口·资源与环境，2012，22（2）：119–124.

［44］游德才.国内外对经济环境协调发展研究进展：文献综述［J］.上海经济研究，2008（6）：3–14.

［45］蔡宁，吴刚，许庆瑞.论经济环境协调发展及其模式［J］.中国环境管理，1995（3）：10–13.

［46］曾维华，王华东，薛纪渝，等.人口、资源与环境协调发展关键问题之一——环境承载力研究［J］.中国人口·资源与环境，1991，1（2）：33–37.

［47］茹江，李彬，叶文虎，等.开发区协调发展规划研究——以本溪经济技术开发区为例［J］.中国人口·资源与环境，1995，5（3）：31–34.

［48］廖重斌.环境与经济协调发展的定量评判及其分类体系：以珠江三角洲城市群为例［J］.热带地理，1999，19（2）：171–177.

［49］黄瑞芬.环渤海经济圈海洋产业集聚与区域环境资源耦合研究［D］.山东：中国海洋大学，2009.

［50］李磊，潘慧玲.区域经济与生态环境的关联耦合——以江苏省为例［J］.技术经济，2012，31（9）：59–64.

［51］朱明明.山东省工业发展与资源环境的耦合研究［D］.山东：山东师范大学，2012.

［52］柴莎莎，延军平，杨谨菲.山西经济增长与环境污染水平耦合协调度［J］.干旱区资源与环境，2011，25（1）：130–134.

［53］马丽，金凤君，刘毅.中国经济与环境污染耦合度格局及工业结构解析［J］.地理学报，2012，67（10）：1299–1307.

[54] 吴玉鸣，张燕 . 中国区域经济增长与环境的耦合协调发展研究［J］. 资源科学，2008，30（1）：25–30.

[55] 钟霞，刘毅华 . 广东省旅游—经济—生态环境耦合协调发展分析［J］. 热带地理，2012，32（5）：568–574.

[56] 李阳，魏峰群 . 基于低碳视角下区域经济—旅游产业—生态环境耦合协调度研究——以北京市为例［J］. 陕西农业科学，2012（5）：199–202.

[57] 张燕，徐建华，曾刚，吴玉鸣 . 旅游 – 经济 – 生态系统可持续协调发展评价模型构建与实证研究——以广西桂林为例［J］. 旅游科学，2008，22（3）：31–35.

[58] 杨智勇，吕君 . 内蒙古旅游—生态—经济系统发展综合评价研究［J］. 北京第二外国语学院学报，2010（3）：73–78.

[59] 王凯，李悦铮，江海旭 . 区域旅游—经济—环境耦合协调度研究——以辽宁沿海经济带为例［J］. 资源开发与市场，2013，29（6）：658–661.

[60] VEFIE L. The Penguin Directionary of Physics［M］.Beijing：Foreign Language Press，1996：92–93.

[61] 王婷 . 我国区域旅游非均衡性与耦合协调机制研究［D］. 秦皇岛：燕山大学，2012.

[62] 保继刚，楚义芳 . 旅游地理学［M］. 北京：高等教育出版社，1999：48.

[63] 张梦 . 区域旅游业竞争力评价：指标构建与方法选择［J］. 旅游学刊，2007，22（2）：13–17.

[64] Tse RYC. Estimating the Impact of Economic Factors on Tourism：Evidence from HongKong［J］.Tourism Economics，2001，7（3）：277–293.

[65] Konstantinos Andriotis. Scale of hospitality firms and local economic development evidence from Crete［J］.Tourism Management，2002，23（4）：333–341.

[66] Geoffrey Wall. Scale effects on tourism multipliers［J］.Annals of Tourism Research，1997，24（2）：446–450.

[67] Kerra B，Barronb G，Wood R C. Politics，policy and regional tourism administration：a case examination of Scottish area tourist board funding［J］.Tourism Management，2001（22）：649–657.

[68] Marcouiller D W，Kim K，Deller S C. Natural amenities，tourism and income distribution [J] . Annals of Tourism Research，2004，31（4）：1031–1050.

[69] Benxiang Zeng. Assisting the poor in China through tourism development：A review of research [J] .Tourism Management，2012，33（2）：239–248.

[70] 郁振华，高峻 . 旅游产业规模差异与城市经济的耦合分析——以中国 20 个主要城市入境旅游为例 [J] . 旅游论坛，2011，（6）：34–39.

[71] 刘军胜，马耀峰 . 河南省城市入境旅游规模与位序差异化 [J] . 经济地理，2012，（6）：150–155.

[72] 陈秀琼，黄福才 . 中国入境旅游的区域差异特征分析 [J] . 地理学报，2006，（12）：1271–1280.

[73] 孙根年，张毓，薛佳 . 资源—区位—贸易三大因素对日本游客入境旅游目的地选择的影响 [J] . 地理研究，2011，（6）：1032–1043.

[74] 敖荣军，韦燕生 . 中国区域旅游发展差异影响因素研究——来自 1990–2003 年的经验数据检验 [J] . 财经研究，2006，（3）：32–43.

[75] 甘永萍 . 广西入境旅游发展的区域差异及影响因素分析 [J] . 商业研究，2010，（11）：149–154.

[76] 毕燕，徐洪琼，陈乔 . 广西国内旅游规模区域差异分析 [J] . 重庆师范大学学报（自然科学版），2012，（4）：118–123.

[77] 杨莎莎，裴金平 . 广西北部湾经济区城市旅游规模差异的演变分析 [J] . 桂林理工大学学报，2012，（2）：291–296.

[78] 杨主泉，张志明 . 基于耦合模型的旅游经济与生态环境协调发展研究——以桂林市为例 [J] . 西北林学院学报，2014，（3）：262–268.

[79] 张玉萍，瓦哈甫 . 哈力克，等 . 吐鲁番旅游—经济—生态环境耦合协调发展研究 [J] . 人文地理，2014，（138）：140–145.

[80] 汤姿 . 区域旅游经济与生态环境耦合协调发展研究——基于黑龙江省的数据 [J] . 资源开发与市场，2014，（3）：358–360.

Part 2 第二部分

研究成果

（上）

广西旅游产业差异演变与区域耦合协调发展关系
专题研究

第一章　基于灰色关联度分析的广西区域旅游协调发展研究

广西壮族自治区文化和旅游厅发布的《2019年广西县域旅游经济分析报告》显示，2019年广西全区共接待国内外游客8.76亿人次，同比增长28.20%，旅游总消费额首次突破万亿元大关，达到10241.44亿元，同比增长34.40%，其中“创建全域旅游示范区与广西特色旅游名县”单位的贡献率为62.69%，成为广西旅游经济发展的重要抓手和推动力量。数据表明，广西在依托特色旅游资源打造“国际旅游目的地”和“中国知名的幸福产业基地”方面取得积极进展。但是，旅游产业的发展依然面临着内部不平衡、结构不合理、效益不明显等较为突出的现实问题，转型升级与行业创新有待进一步深化。为分析旅游系统影响因素的差异性，促进旅游资源配置优化，提升整体旅游竞争力，实现区域旅游协调发展，基于灰色关联度对广西区域旅游的产业状况进行综合研究，旨在为广西全域旅游的打造提供理论和实践参考。

一、研究现状

“灰色系统理论（Grey System Theory）”创立于20世纪80年代，邓聚龙教授在1982年时发表了系列论文，详细地阐述了“灰色系统的控制问题”等观点，确立了灰色系统理论的基础并在国际、国内引起高度重视，随后众多学者将作为灰色系统理论内容之一的灰色关联度分析引入应用研究领域，展示了极为广泛的研究前景。例如，王兆峰（2012）利用灰色关联度方法分析了张家界旅游产业结构内部各部门的相关性；李燕（2019）基于灰色关联度分析对北部湾海洋旅游业发展因素及对策进行了研究；田敏、周菲菲（2019）通过选用灰色系统理论测算了山东省旅游发展与经济增长的关联度；朱家明（2019）基于灰色关联法对山西旅游经济发展影响因素进行了计量分析；张洪、石婷婷（2018）采用灰色关联度研究了安徽省旅游经济效益的影响因素；刘福承、刘爱利（2016）采用灰色关联分析法量化分析了北京市 A 级景区、旅行社、星级饭店和城市旅游形象感知对入境旅游市场的具体关联；姚晓燕（2019）基于灰色关联度分析探讨了泰州市旅游业与各相关行业的融合潜力并提出对策建议；李锦宏、王君（2017）从接待能力、资本要素、劳动力供给、信息服务 4 个方面构建了影响贵州旅游业经济发展的供给因素指标体系并运用灰色关联法分析了各指标因子与贵州旅游经济增长的关联度大小；徐春红（2013）采用灰色关联度分析法对浙江省旅游产业内部六大行业进行了关联度分析并提出优化升级措施；武传表（2012）通过灰色关联度分析揭示了中国入境外国旅游市场发展变化态势等。从已有研究成果来看，将灰色关联度应用于旅游研究总体上仍然较少，以“灰色关联旅游”为关键字在中国知网共检索到 221 条相关文献，而针对广西全区域范围的旅游灰色关联度研究文献仅为 2 条，即张自敏等（2014）利用灰色关联分析方法对影响广西国内旅游收入相关的 9 个因素进行的实证分析和甘永萍（2011）采用灰色系统关联度分析法对广西入境旅游业各部门收入与入境旅游外汇总收入之间的关联度进行的分析。按照灰色系统理论的定义，客观存在的各类系统是由若干因素组成的，系统因素之间的相互关系交错影响，造成了认知信息的不充分、不全面，灰色关联度分析则是明确其主要关系和找准主要矛盾的研究手段，本质是最终实现有效决策的作用。旅游业是一门综合性的产业，涉及的影响因素跨度较大、数量较多，灰色关联度分析具有“构建的序列模型属于非函数形式、计算便捷、样本要求不论多寡、序列数据不必要求符合正态分布”等基本特征，较为符合研究现代旅游业发展规律的需要。因此，借鉴前人的研究成果，基于灰色关联度分析对广西区域旅游协调发展的影响因素展开研究。

二、研究方法与指标数据

（一）研究方法及其步骤

灰色关联度分析是一种依据各因素数列曲线形状的接近程度判定系统发展态势的量化分析，如果两个因素在系统发展过程中变化的态势是一致的，同步变化的程度越高则两者的关联度越大，反之则关联度越小。具体的计算方法步骤如下：

（1）构建评价指标体系，设 n 个数据序列的矩阵。

$$X'_1,\ X'_2,\cdots,\ X'_n=\begin{pmatrix} x'_1(1) & x'_2(1) & \cdots & x'_n(1) \\ x'_1(2) & x'_2(2) & \cdots & x'_n(2) \\ \vdots & \vdots & \vdots & \vdots \\ x'_1(m) & x'_2(m) & \cdots & x'_n(m) \end{pmatrix} \tag{1.1}$$

在式 1.1 中，m 表示指标的长度，$X'_i=\left(x'_i(1),x'_i(2),\cdots,x'_i(m)\right)^T$，$i$=1，2，…，$n$，$n$ 表示指标的个数。

（2）确定参考数据序列。

参考数据序列作为比较的标准，可以根据评价目的选择适合的参考值，记作：

$$X'_0=\left(x'_0(1),x'_0(2),\cdots,x'_0(m)\right) \tag{1.2}$$

（3）对评价指标原始数据进行无量纲化。

由于原始指标数值单位不同，需要进行标准化处理。常用的指标数据无量纲化方法有均值化、初值化、导数化、区间值化等，本次研究采用的是初值化法，如式 1.3 所示，其中 k=1，2，…，m，i=0，1，…，n。

$$x_i(k)=\frac{x'_i(k)}{x'_i(1)} \tag{1.3}$$

无量纲化后的指标数据矩阵为：

$$X_0,\ X_1,\cdots,\ X_n=\begin{pmatrix} x_0(1) & x_1(1) & \cdots & x_n(1) \\ x_0(2) & x_1(2) & \cdots & x_n(2) \\ \vdots & \vdots & \vdots & \vdots \\ x_0(m) & x_1(m) & \cdots & x_n(m) \end{pmatrix} \tag{1.4}$$

（4）逐一计算每个对比数据序列指标与参考数据序列对应指标的绝对差值。

$$\Delta_i(k)=\left|x_0(k)-x_i(k)\right| \tag{1.5}$$

在式 1.5 中，k=1，…，m，i=1，…，n，n 为比较数据序列的个数。确定绝对差值的最小值 m 和最大值 M。

$$m=\min_{i=1}^{n}\min_{k=1}^{m}\left|x_0(k)-x_i(k)\right| \tag{1.6}$$

$$M=\max_{i=1}^{n}\max_{k=1}^{m}\left|x_0(k)-x_i(k)\right| \tag{1.7}$$

（5）逐一计算每个对比数据序列指标与参考数据序列对应指标的关联系数。

$$\zeta_i(k)=\frac{\min\limits_i\min\limits_k\left|x_0(k)-x_i(k)\right|+\rho\cdot\max\limits_i\max\limits_k\left|x_0(k)-x_i(k)\right|}{\left|x_0(k)-x_i(k)\right|+\rho\cdot\max\limits_i\max\limits_k\left|x_0(k)-x_i(k)\right|} \tag{1.8}$$

在式 1.8 中，k=1，…，m，i=1，…，n，ρ 表示分辨系数，$\rho\in$（0，1），ρ 越小关联系数间差异越大且区分能力越强，反之则关联系数间差异越小且区分能力越弱，一般情况下 ρ 取值 0.5。

（6）逐一计算每个比较数据序列指标与参考数据序列对应指标的关联系数均值，即关联度。

$$\gamma_i=\frac{1}{m}\sum_{k=1}^{m}\zeta_i(k) \tag{1.9}$$

（二）评价指标体系构建

全域旅游是指在一定区域内以旅游业为优势产业对旅游资源及相关经济、社会、环境等资源进行全方位、系统化优化提升的全新发展理念和模式，目的是通过旅游业带动区域资源有机整合、产业融合发展、社会共建共享，促进区域经济社会实现协调发展。根据全域旅游的概念，考虑到数据指标的实用性和可获性，从旅游基础、经济社会、环境生态、文体卫生 4 个主要系统着手，选取 2014—2018 年 27 个影响广西旅游业发展的主要因素，构建广西区域旅游协调发展评价指标体系（见表 1.1）。将能够从宏观上反映区域旅游业整体水平的旅游总消费指标作为参考数据序列，将反映旅游基础的旅游总消费占 GDP 比重、接待入境旅游者人数、国内游客人数、第三产业从业人员、A 级旅游景区数、星级饭店数、旅行社数、游客周转量，反映经济社会的国内生产总值、人均 GDP、第三产业贡献率、社会消费品零售总额、城镇居民恩格尔系数、社会固定资产投资总额、城镇居民用于教育文化娱乐人均消费支出，反映生态环境的人均城市道路面积、人均公园绿地面积、公共厕所数、生活垃圾无害化处理率、污水处理厂集中处理率，反映文体卫生的博物馆机构数、艺术表演团体从业人员、全年公共电视节目播出时间、平均每万人拥有电话机数、卫生机构数等指标作为比较数据序列。评价指标的原始数据均来源于广西壮族自治区统计局编写的《广西统计年鉴》（2015—2019）。

表 1.1　广西区域旅游协调发展评价指标体系

目标层	因子层	指标层
A- 区域旅游协调发展	B1- 旅游基础	C0- 旅游总消费（亿元）
		C1- 旅游总消费占 GDP 比重（%）
		C2- 接待入境旅游者人数（人次）
		C3- 国内游客人数（万人次）
		C4- 第三产业从业人员（万人）
		C5-A 级旅游景区数（家）
		C6- 星级饭店数（家）
		C7- 旅行社数（家）
		C8- 游客周转量（亿人公里）

续表

目标层	因子层	指标层
A– 区域旅游协调发展	B2– 经济社会	C9– 国内生产总值（亿元）
		C10– 人均 GDP（元 / 人）
		C11– 第三产业贡献率（%）
		C12– 社会消费品零售总额（万元）
		C13– 城镇居民恩格尔系数（%）
		C14– 社会固定资产投资总额（亿元）
		C15– 城镇居民用于教育文化娱乐人均消费支出（元）
	B3– 环境生态	C16– 人均城市道路面积（平方米）
		C17– 人均公园绿地面积（平方米）
		C18– 公共厕所数（座）
		C19– 生活垃圾无害化处理率（%）
		C20– 污水处理厂集中处理率（%）
	B4– 文体卫生	C21– 博物馆机构数（个）
		C22– 艺术表演团体从业人员（人）
		C23– 全年公共电视节目播出时间（小时）
		C24– 平均每万人拥有电话机数（部）
		C25– 体育系统从业人员（人）
		C26– 卫生机构数（个）

三、广西区域旅游灰色关联度分析

（一）计算结果

按照研究方法及其步骤，首先选取 2014—2018 年影响广西区域旅游发展的 27 个主要指标原始数据作为观测对象，构建数据序列矩阵（见表 1.2）。

表 1.2　广西区域旅游灰色关联度分析参考数据序列与比较数据序列

指标	2014 年	2015 年	2016 年	2017 年	2018 年
旅游总消费（亿元）	2601.2	3254.2	4191.4	5580.4	7619.9
旅游总消费占 GDP 比重（%）	16.52	19.29	22.91	30.13	37.44
接待入境旅游者人数（人次）	4211845	4500562	4825160	5124381	5623253
国内游客人数（万人次）	28565	33661	40419	51812	67767
第三产业从业人员（万人）	805	880	918	929	950
A 级旅游景区数（家）	238	308	352	428	507
星级饭店数（家）	466	466	472	457	457
旅行社数（家）	608	638	722	830	857
游客周转量（亿人公里）	670.05	731.75	743.83	778.31	816.65
国内生产总值（亿元）	15742.62	16870.04	18293.66	18523.26	20352.51
人均 GDP（元 / 人）	33237	35330	37977	38102	41489
第三产业贡献率（%）	33.2	41.3	50.2	58.8	61.5
社会消费品零售总额（万元）	57728317	63480633	70273061	78130335	82915899
城镇居民恩格尔系数（%）	35.2	34.4	34.4	33.2	30.7
社会固定资产投资总额（亿元）	13843.21	16227.78	18236.78	20499.11	22590.00
城镇居民用于教育文化娱乐人均消费支出（元）	1689	1845	2003	2152	2467
人均城市道路面积（平方米）	15.75	16.28	17.06	17.56	19.22
人均公园绿地面积（平方米）	11.19	11.60	11.77	12.42	13.15
公共厕所数（座）	2129	1496	1503	1557	1644
生活垃圾无害化处理率（%）	95.4	98.7	99.0	99.9	100.0
污水处理厂集中处理率（%）	60.5	67.8	70.6	72.8	80.9
博物馆机构数（个）	106	124	125	132	131
艺术表演团体从业人员（人）	3042	4613	4716	4747	4727
全年公共电视节目播出时间（小时）	548710	576257	595786	596046	604617
平均每万人拥有电话机数（部）	8558	8572	8522	9607	10772
体育系统从业人员（人）	3971	4457	4440	3981	5418
卫生机构数（个）	11469	11770	11991	12288	12477

然后对表 1.2 中的原始数据进行无量纲化处理，利用公式 1.3 进行计算，得到标准化后的数据序列（见表 1.3）。

表 1.3　广西区域旅游灰色关联度分析标准化数据序列

指标	2014 年	2015 年	2016 年	2017 年	2018 年
旅游总消费（亿元）	1.0000	1.2510	1.6113	2.1453	2.9294
旅游总消费占 GDP 比重（%）	1.0000	1.1674	1.3866	1.8233	2.2659
接待入境旅游者人数（人次）	1.0000	1.0685	1.1456	1.2167	1.3351
国内游客人数（万人次）	1.0000	1.1784	1.4150	1.8138	2.3724
第三产业从业人员（万人）	1.0000	1.0932	1.1404	1.1540	1.1801
A 级旅游景区数（家）	1.0000	1.2941	1.4790	1.7983	2.1303
星级饭店数（家）	1.0000	1.0000	1.0129	0.9807	0.9807
旅行社数（家）	1.0000	1.0493	1.1875	1.3651	1.4095
游客周转量（亿人公里）	1.0000	1.0921	1.1101	1.1616	1.2188
国内生产总值（亿元）	1.0000	1.0716	1.1620	1.1766	1.2928
人均 GDP（元 / 人）	1.0000	1.0630	1.1426	1.1464	1.2483
第三产业贡献率（%）	1.0000	1.2440	1.5120	1.7711	1.8524
社会消费品零售总额（万元）	1.0000	1.0996	1.2173	1.3534	1.4363
城镇居民恩格尔系数（%）	1.0000	0.9773	0.9773	0.9432	0.8710
社会固定资产投资总额（亿元）	1.0000	1.1723	1.3174	1.4808	1.6318
城镇居民用于教育文化娱乐人均消费支出（元）	1.0000	1.0923	1.1859	1.2738	1.4606
人均城市道路面积（平方米）	1.0000	1.0337	1.0832	1.1149	1.2203
人均公园绿地面积（平方米）	1.0000	1.0366	1.0518	1.1099	1.1752
公共厕所数（座）	1.0000	0.7027	0.7060	0.7313	0.7722
生活垃圾无害化处理率（%）	1.0000	1.0341	1.0373	1.0474	1.0482
污水处理厂集中处理率（%）	1.0000	1.1204	1.1672	1.2032	1.3376
博物馆机构数（个）	1.0000	1.1698	1.1792	1.2453	1.2358
艺术表演团体从业人员（人）	1.0000	1.5164	1.5503	1.5605	1.5539
全年公共电视节目播出时间（小时）	1.0000	1.0502	1.0858	1.0863	1.1019

续表

指标	2014 年	2015 年	2016 年	2017 年	2018 年
平均每万人拥有电话机数（部）	1.0000	1.0016	0.9958	1.1225	1.2586
体育系统从业人员（人）	1.0000	1.1224	1.1181	1.0025	1.3644
卫生机构数（个）	1.0000	1.0262	1.0455	1.0714	1.0879

利用公式 1.5 对标准化数据进行计算，得到对比数据序列指标与参考数据序列对应指标的绝对差值（见表 1.4）。

表 1.4　广西区域旅游灰色关联度分析标准化数据序列绝对差值

指标	2014 年	2015 年	2016 年	2017 年	2018 年
旅游总消费占 GDP 比重（%）	0.0000	0.0836	0.2247	0.3220	0.6635
接待入境旅游者人数（人次）	0.0000	0.1825	0.4657	0.9286	1.5943
国内游客人数（万人次）	0.0000	0.0726	0.1963	0.3315	0.5570
第三产业从业人员（万人）	0.0000	0.1578	0.4709	0.9913	1.7493
A 级旅游景区数（家）	0.0000	0.0431	0.1323	0.3470	0.7991
星级饭店数（家）	0.0000	0.2510	0.5984	1.1646	1.9487
旅行社数（家）	0.0000	0.2017	0.4238	0.7802	1.5199
游客周转量（亿人公里）	0.0000	0.1589	0.5012	0.9837	1.7106
国内生产总值（亿元）	0.0000	0.1794	0.4493	0.9687	1.6366
人均 GDP（元 / 人）	0.0000	0.1880	0.4687	0.9989	1.6811
第三产业贡献率（%）	0.0000	0.0070	0.0993	0.3742	1.0770
社会消费品零售总额（万元）	0.0000	0.1514	0.3940	0.7919	1.4931
城镇居民恩格尔系数（%）	0.0000	0.2737	0.6340	1.2021	2.0584
社会固定资产投资总额（亿元）	0.0000	0.1913	0.8497	1.3821	1.2976
城镇居民用于教育文化娱乐人均消费支出（元）	0.0000	0.1587	0.4254	0.8715	1.4688
人均城市道路面积（平方米）	0.0000	0.2173	0.5281	1.0304	1.7091
人均公园绿地面积（平方米）	0.0000	0.2144	0.5595	1.0354	1.7542
公共厕所数（座）	0.0000	0.5483	0.9053	1.4140	2.1572
生活垃圾无害化处理率（%）	0.0000	0.2169	0.5740	1.0979	1.8812

续表

指标	2014 年	2015 年	2016 年	2017 年	2018 年
污水处理厂集中处理率（%）	0.0000	0.1306	0.4441	0.9421	1.5918
博物馆机构数（个）	0.0000	0.0812	0.4321	0.9000	1.6935
艺术表演团体从业人员（人）	0.0000	0.2654	0.0610	0.5848	1.3755
全年公共电视节目播出时间（小时）	0.0000	0.2008	0.5255	1.0590	1.8275
平均每万人拥有电话机数（部）	0.0000	0.2495	0.6155	1.0228	1.6708
体育系统从业人员（人）	0.0000	0.1287	0.4932	1.1428	1.5650
卫生机构数（个）	0.0000	0.2248	0.5658	1.0739	1.8415

由公式 1.6 和 1.7 分别计算得到各因子层的比较数据序列指标与参考数据序列对应指标绝对差值的最小值和最大值，其中，m_{B1}=0.0000，M_{B1}=1.9487，m_{B2}=0.0000，M_{B2}=2.0584，m_{B3}=0.0000，M_{B3}=2.1572，m_{B4}=0.0000，M_{B4}=1.8415。接着利用公式 1.8 进行计算，得到各因子层的比较数据序列指标和参考数据列对应指标的关联系数，最后利用公式 1.9 计算得到各因子层指标的灰色关联度（见表 1.5）。

表 1.5　广西区域旅游灰色关联度分析指标关联度

因子	指标	2014 年	2015 年	2016 年	2017 年	2018 年	关联度	关联度均值
B1	旅游总消费占 GDP 比重（%）	1.0000	0.9210	0.8126	0.7516	0.5949	0.8160	0.7301
	接待入境旅游者人数（人次）	1.0000	0.8423	0.6766	0.5120	0.3793	0.6820	
	国内游客人数（万人次）	1.0000	0.9307	0.8323	0.7462	0.6363	0.8291	
	第三产业从业人员（万人）	1.0000	0.8606	0.6742	0.4957	0.3577	0.6776	
	A 级旅游景区数（家）	1.0000	0.9576	0.8804	0.7374	0.5494	0.8250	
	星级饭店数（家）	1.0000	0.7952	0.6195	0.4555	0.3333	0.6407	
	旅行社数（家）	1.0000	0.8285	0.6969	0.5553	0.3906	0.6943	
	游客周转量（亿人公里）	1.0000	0.8598	0.6603	0.4976	0.3629	0.6761	

续表

因子	指标	2014 年	2015 年	2016 年	2017 年	2018 年	关联度	关联度均值
B2	国内生产总值（亿元）	1.0000	0.8516	0.6961	0.5151	0.3861	0.6898	0.7016
	人均 GDP（元 / 人）	1.0000	0.8455	0.6871	0.5075	0.3797	0.6840	
	第三产业贡献率（%）	1.0000	0.9932	0.9120	0.7334	0.4887	0.8255	
	社会消费品零售总额（万元）	1.0000	0.8718	0.7232	0.5652	0.4080	0.7136	
	城镇居民恩格尔系数（%）	1.0000	0.7899	0.6188	0.4613	0.3333	0.6407	
	社会固定资产投资总额（亿元）	1.0000	0.8433	0.5478	0.4268	0.4423	0.6520	
	城镇居民用于教育文化娱乐人均消费支出（元）	1.0000	0.8664	0.7075	0.5415	0.4120	0.7055	
B3	人均城市道路面积（平方米）	1.0000	0.8323	0.6713	0.5114	0.3869	0.6804	0.6657
	人均公园绿地面积（平方米）	1.0000	0.8342	0.6585	0.5102	0.3807	0.6767	
	公共厕所数（座）	1.0000	0.6630	0.5437	0.4327	0.3333	0.5945	
	生活垃圾无害化处理率（%）	1.0000	0.8326	0.6527	0.4956	0.3644	0.6690	
	污水处理厂集中处理率（%）	1.0000	0.8920	0.7083	0.5338	0.4039	0.7076	
B4	博物馆机构数（个）	1.0000	0.9189	0.6806	0.5057	0.3522	0.6915	0.6740
	艺术表演团体从业人员（人）	1.0000	0.7763	0.9378	0.6116	0.4010	0.7453	
	全年公共电视节目播出时间（小时）	1.0000	0.8209	0.6366	0.4651	0.3350	0.6515	
	平均每万人拥有电话机数（部）	1.0000	0.7868	0.5993	0.4737	0.3553	0.6430	
	体育系统从业人员（人）	1.0000	0.8774	0.6512	0.4462	0.3704	0.6690	
	卫生机构数（个）	1.0000	0.8038	0.6194	0.4616	0.3333	0.6436	

（二）结果分析

从表 1.5 可以看出，广西区域旅游协调发展与各主要影响指标的灰色关联度在 0.5945~0.8291，都在 0.5 以上，说明选取的指标因素对广西区域旅游发展的影响显著或重要显著，其中旅游总消费占 GDP 的比重、国内游客人数、A 级旅游景区数和第三产业贡献率的关联度较高，得分值分别为 0.8160、0.8291、0.8250、0.8255，说明旅游业已经成为区域国民经济中的主导产业和支柱产业，如何充分依托丰富的景区旅游资源进行产业融合，重点拓展国内旅游市场推进全域旅游建设是促进广西区域旅游协调发展的关键，而其他指标的关联度总体上得分相对较低，说明与旅游发展相关的经济社会、环境生态及文体卫生等因子支撑力度不够，需要强化彼此间的相互作用，为发展全域旅游创造条件。广西区域旅游发展与各因子的灰色关联度排序为旅游基础 > 经济社会 > 文体卫生 > 环境生态，说明广西区域旅游的发展仍然是以旅游资源驱动为主且具备一定的产业优势，各因子虽然也存在较为明显的增长潜力，但旅游产业对区域内相关资源的带动与融合仍有较大的提升空间，只有厘清区域旅游的发展战略，才能从根本上把握具体的举措对策，优化区域产业结构布局，全方位地促进区域旅游与社会各方面的协调发展，真正构建全域旅游发展模式，打造区域旅游品牌。

四、广西区域旅游协调发展策略

第二届全国全域旅游推进会提出了 5 种全域旅游的典型发展模式，包括“龙头景区带动型、城市全域辐射型、全域景区发展型、特色资源驱动型及产业深度融合型”。结合以上灰色关联度分析结果及广西现有的旅游状况，广西区域旅游协调发展策略应主要采取省域层面的全域景区发展型、市域层面的特色资源驱动型、县域层面的产业深度融合型。

（一）省域层面的全域景区发展型

根据《广西壮族自治区全域旅游发展规划纲要（2017—2020）》的目标，旅游业对国内生产总值的贡献率将超过 15%，旅游业增加值占国内生产总值的比重将超过 10%，印证了旅游总消费占 GDP 的比重、第三产业贡献率与广西区域旅游发展的灰色关联度得分较高。因此，可以把广西作为整体的旅游目的地进行打造，以南宁、桂林为南北片区两大旅游集散中心的支点，通过高速铁路与公路交通网络体系形成“三大国际旅游目的地、四大旅游发展带”的区域旅游发展格局，即“桂林国际旅游胜地、巴马长寿养生国际旅游区、北部湾国际旅游度假区”及“南北旅游发展带、东西（西江）旅游发展带、边关风情旅游带、粤桂黔旅游发展带”，将广西建设成为“国家全域旅游示范省”。同时，为了与“双核驱动，三区统筹”“三区一带”及“一带一路”等区域和国家发展战略及倡议相契合，筹建“桂林—中越边境和西江”国家风景道和“中越友谊关—友谊”“中国东兴—越南芒街”“靖西中越”“中越德天—板约瀑布”等国际旅游合作区以及崇左全国红色旅游国际合作创建区，以“海丝申遗”为契机，强化“中国—东盟”自由贸易区和“大湄公河次区域”等平台的国际旅游合作，将广西打造成为重要的区域性国际旅游大通道。在旅游产品方面，根据区域内各地的旅游资源特色，适时开发以“桂林山水历史文化、南宁壮乡民俗文化、北部湾（北海、钦州、防城港）滨海休闲文化、河池长寿养生文化、中越（崇左）边关商贸文化、左右江（百色）红色革命文化、桂中（柳州、来宾）生态旅游文化、桂东（梧州、玉林、贵港、贺州）岭南客家文化”等主题明确、各有特色、优势互补的系列文旅融合精品旅游线路，以优势旅游产业引领全区旅游“全地域覆盖、全资源整合、全领域互动、全社会参与”，实现“处处是景，时时见景”的旅游风貌。

（二）市域层面的特色资源驱动型

实施独具广西特色的“中国长寿之乡＋广西特色旅游名县＋全域旅游示范区”组合发展模式，将广西 14 个地级市作为全域旅游目的地，创新广西区域旅游品牌。据广西文旅厅的统计数据，目前广西共有“中国长寿之乡”25个，“广西特色旅游名县”27个，自治区级全域旅游示范区6个，国家级全域旅游示范区创建单位19个（含南宁、北海、贺州三个地市级单位），国家旅游综合改革试验区1个（桂林），广西全域旅游示范市1个（北海），交叉分布在广西14个地级市。以这些独具特色的旅游资源为基础，推动地方旅游资源与产业资源共生共荣，通过谋划能够满足旅游消费者“游、购、娱、商、养、学、闲、情、奇”等多种需求的新业态，既要因地制宜深挖特色，又要避免复制雷同千篇一律，重点开发升级山水观光、休闲度假、健康养生、滨海跨国、乡村旅游、国际慢城、民族民俗、绿色生态、红色文化等广西特色旅游产品，主推“龙胜—桂林—阳朔—荔浦—蒙山—昭平—贺州、北海—钦州—防城港—东兴—下龙湾（越南）、南宁—田阳—百色—巴马—凤山—东兰—河池—大化—南宁、南宁—防城港—东兴—爱店—宁明—凭祥—龙州—大兴—靖西—百色、柳州—宜州—罗城—融水—三江—龙胜—桂林、东兰—巴马—百色—田东—靖西—崇左—龙州—凭祥—宁明—东兴、柳州—鹿寨—金秀—蒙山—桂平—来宾—柳州以及南宁—贵港—玉林—梧州—贺州—桂林”等联通各市的精品旅游线路网络，形成“以点成线，以线带面”的各市旅游联动机体。截至2018年，广西14个地级市共有A级以上景区数达到507家，类型包括历史古迹、博物文化、主题乐园、园林公园、地质地貌、湖泊水景、滨海沙滩、特色村镇、地方物产等，丰富独特的资源成为驱动旅游发展的动力源泉，因而A级景区数量与广西区域旅游发展密切关联，应加强完善配套设施建设，增强城市旅游辐射功能，统筹规划促进旅游市场一体化发展。

（三）县域层面的产业深度融合型

通过实施“特色小镇培育”和“旅游+”组合发展战略，推动旅游产业深度融合转型升级。县域经济是区域国民经济的基本单元，对于促进经济结构调整旅游供给侧改革，拉动旅游投资和旅游需求，加快产业聚集具有重要的意义。目前，经广西壮族自治区人民政府公布的第一批特色小镇培育单位达到45个，在全区各地级市的县域均有分布。特色小镇培育单位依托旅游产业平台，将旅游资源开发与地方的第一、第二和第三产业进行深度融合，推出跨界创新旅游产品，提升县域旅游业的经济竞争力，实现全域旅游发展要素的深度整合，如"南宁市横县的茉莉小镇、柳州市柳南区的螺蛳粉小镇、桂林市永福县的罗汉果小镇、梧州市苍梧县的六堡茶小镇、北海市合浦县的月饼小镇、防城港市防城区的金花茶小镇、钦州市浦北县的红椎菌小镇、贵港市屏南县的节庆装饰品小镇、玉林市容县的沙田柚小镇、百色市田阳县的壮乡芒果风情小镇、贺州市昭平县的旅游文化小镇、河池市巴马县的养生养老小镇、来宾市忻城县的银白龙石材小镇、崇左市龙州县的边贸小镇"等，县域特色小镇的打造与全域旅游的创建将具体对接落实。此外，为深度发挥旅游产业在经济社会发展中的带动作用，健全县域旅游产品体系，针对广西区域旅游以国内旅游市场为主的特征，应着重实施"旅游 +"战略，把"旅游 +"作为实现全域旅游发展的重要载体，适时推出"旅游 + 科技智慧""旅游 + 产城融合""旅游 + 交通设施""旅游 + 民族文化""旅游 + 康体医疗""旅游 + 农林工商""旅游 + 研学休闲""旅游 + 扶贫攻坚"等举措，有效推动"景点旅游"向"全域旅游"转变。例如，南宁市上林县探索出以"四扶一共享"与"五变五受益"为主要内容的旅游扶贫"上林模式"、崇左市凭祥市依托"军事探秘、边关风情、红木文化、东盟跨境"四大旅游资源推出的"旅游 +"战略、河池市天峨县推出的"天峨有李""旅游 + 特色产业"模式等就是典型代表。

（四）特殊类型

经济社会、环境生态及文体卫生等影响因子与区域旅游协调发展的灰色关联度相对较低，整体上支撑力度有待提升，但按照全域旅游发展要求构建"大旅游、大产业、大市场、大品牌"的原则，作为广西旅游业两大龙头城市的南宁市和桂林市具备了较为全面均衡的全域旅游发展要素。据《广西统计年鉴》的数据，桂林市和南宁市 2018 年的旅游总消费分别为 1391.75 亿元和 1387.54 亿元，占全区比重分别为 18.26% 和 18.21%，南宁市作为面向"中国—东盟"自由贸易区的区域性国际城市和广西"首善之区"，应以城市旅游目的地为主体，利用青秀山风景旅游区、周边崇左市的德天跨国瀑布景区和百色市的百色起义纪念园等5A级旅游产品以及北部湾地区优越的国际性滨海旅游资源，配合完善的配套服务，构建城市全域辐射型的“大南宁国际都市旅游圈”，辐射带动全域旅游发展。桂林市作为广西知名国际旅游城市，不仅拥有漓江景区、“两江四湖”—象山景区、独秀峰—王城景区、乐满地休闲世界等4家5A级景区和七星景区等31家4A级景区，旅游资源最集中、规模最大、品质最高，而且旅游接待及交通等基础设施比较齐全，应围绕作为吸引核和动力源的龙头景区推行“景城一体化”发展，适宜构建龙头景区带动型“大桂林山水文化旅游圈”。

五、总结与讨论

（一）总结

本次研究基于灰色关联度分析，结合广西旅游发展实际，从旅游基础、经济社会、环境生态、文体卫生4个系统的27个评价指标入手，对影响广西区域旅游协调发展的主要影响因素进行了相关研究，目的是为广西全域旅游的发展提供理论和实践参考，形成结论如下：

（1）旅游总消费占GDP的比重、国内游客人数、A级旅游景区数和第三产业贡献率等指标与广西区域旅游发展的关联度较高，广西区域旅游发展与各因子的灰色关联度排序为：旅游基础 > 经济社会 > 文体卫生 > 环境生态。依托优势旅游资源带动相关产业融合、加强经济社会各因素的支撑保障作用、重点拓展国内旅游市场是广西推进全域旅游构建和区域旅游协调发展的重点。

（2）广西区域旅游协调发展的策略主要有：省域层面的全域景区发展型、市域层面的特色资源驱动型、县域层面的产业深度融合型及“大南宁国际都市旅游圈”的城市全域辐射型和“大桂林山水文化旅游圈”的龙头景区带动型。

（二）讨论

由于旅游业的敏感性和脆弱性，其发展受到的影响因素是多方面的，由于数据与资料原因，本次研究结论仅针对灰色关联度分析结果得出，对发展趋势未做预测评价。虽然新冠疫情导致旅游业遭受重大冲击，但以绿色旅游、康养旅游、研学旅游为主题的重振、重构与重塑将成为旅游市场恢复秩序的突破口，对于坐拥“壮美”旅游资源的广西而言将迎来新的历史机遇，其发展从长远来看也将呈现平稳增长态势。

参考文献：

［1］邓聚龙.灰色控制系统［J］.华中工学院学报，1982（3）：9-18.

［2］王兆峰.基于灰色关联度的张家界旅游产业结构相关性研究［J］.旅游论坛，2012，5（6）：56-61.

［3］李燕.基于灰色关联度分析的北部湾海洋旅游业发展影响因素及对策研究［J］.西南师范大学学报（自然科学版），2019，44（1）：56-61.

［4］田敏，周菲菲.基于灰色关联度分析的旅游发展与经济增长研究——以山东为例［J］.重庆理工大学学报（自然科学），2019，33（2）：208-215.

［5］朱家明.基于灰色关联法对山西旅游经济发展影响因素的计量分析［J］.山西大同大学学报（自然科学版），2019，35（3）：32-36.

［6］张洪，石婷婷.基于灰色关联分析的旅游经济效益影响因素研究——以安徽省为例［J］.北京化工大学学报（社会科学版），2018（3）：8-15.

［7］刘福承，刘爱利.基于灰色关联分析法的旅游因素关系分析——以北京入境旅游市场为例［J］.首都师范大学学报（自然科学版），2016，37（3）：84-90.

［8］姚晓燕.全域旅游视域下泰州市旅游产业融合发展探究——基于灰色关联度分析［J］.江苏商论，2019（9）：63-67.

［9］李锦宏，王君.影响贵州旅游经济增长的供给因素研究——基于灰色关联分析法［J］.贵州大学学报（社会科学版），2017，35（3）：75-79.

［10］徐春红.浙江省旅游产业结构优化升级研究——基于灰色关联度分析［J］.经济论坛，2013（9）：34-38.

［11］武传表.中国入境旅游市场灰色关联度分析及启示［J］.旅游论坛，2012，5（4）：

91–94.

［12］张自敏，李坚基，樊艳英，陈冠萍．基于灰色关联分析的国内旅游收入影响因素实证分析——以广西为例［J］．科技和产业，2014，14（5）：25–27.

［13］甘永萍．基于偏离—份额和灰色关联分析法的广西入境旅游产业结构分析［J］．资源开发与市场，2011，27（1）：79–82.

［14］邓聚龙．灰色系统综述［J］．世界科学，1983（7）：1–5.

［15］许辉云．基于变异系数权重—灰色关联—TOPSIS 法的中东部八省旅游产业竞争力研究［J］．伊犁师范学院学报（自然科学版），2018，12（4）：17–20.

［16］王钰，喻晓玲．基于灰色关联度的乌鲁木齐市旅游经济影响因素分析［J］．塔里木大学学报，2019，31（1）：38–45.

［17］翁钢民，李凌雁．基于灰色关联度分析的河北省旅游经济发展影响因子分析［J］．中国集体经济，2015（1）：165–167.

［18］何佳瑛，苏建军．基于灰色关联分析的山西旅游产业与经济增长关系研究［J］．经济论坛，2018（2）：35–39.

［19］李婧萱，刘旭玲．新疆旅游经济供给因素影响研究——基于灰色关联分析［J］．武汉商学院学报，2019，33（2）：20–23.

［20］李志伟，赵志峰．中国旅游服务贸易国际竞争力影响因素实证研究——基于灰色关联度模型［J］．商业经济研究，2018（16）：139–141.

第二章　广西旅游业演变与三次产业发展的关联探析

随着人们生活水平的不断提高，旅游需求的多样性和个性化日益丰富，异质性旅游资源得到广泛挖掘，使现代旅游呈现出了“吃、住、行、游、购、娱、健、闲、体”等广泛内容。旅游产业演变以及旅游产业与相关产业融合已成为学术界关注的热点，如：内部异质性和外部不确定性是旅游产业网络形成和演变的主要动力（杨颖等，2010），区域经济和旅游业的协调耦合发展为旅游产业演变提供基础和保障（胡凤英等，2015），旅游产业融合是旅游产业结构升级的重要动力来源（李锋等，2013），资源融合、市场融合、技术融合和功能融合是旅游产业与各产业融合的主要路径（麻学锋等，2010），推动电子商务与旅游业深度融合将是未来旅游业发展的重要动力（傅凌玲，2017）等相关主张相继提出。

实施“旅游+”战略，创新旅游发展新业态，推动旅游与新型工业化、农业现代化和现代服务业的融合发展，是国家“十三五”期间促进旅游业转型升级所明确的新要求与具体途径。“关联融合”是旅游产业发展融合模式的重要类型，对于实现旅游产业要素与其他产业的嫁接具有重要的研究意义。母涛（2006）基于现实层面论述了旅游资源开发与三次产业的关联状况。刘婕等（2011）运用投入产出分析法对旅游业与房地产业的关联度进行分析，得出二者之间具有十分密切的相关性和互补性，并提出发展旅游复合地产的必要性。王琪延等（2013）结合投入产出表对北京旅游业与农业的关联度及变化趋势进行了探析，得到北京旅游业与农业的关联度逐渐提高，但整体关联水平还比较低。然而广西旅游产业演变及其与三次产业[①]之间的关联状况还未引起学者们的关注，随着“全域旅游”全新发展理念的提出与全面深入，旅游业将迎来新一轮黄金发展期。

广西自东向西与广东、湖南、贵州、云南接壤，与越南毗邻，面向东南亚，拥有奇特的喀斯特地貌、亮丽的海岸风光、神奇的长寿圣殿、灿烂的文物古迹、浓郁的民族风情。近年来，广西旅游产业规模不断扩大、旅游基础设施不断完善、旅游市场不断扩展、跨区域旅游合作不断深化、旅游产业体系日趋完备、经济贡献度显著提高，已发展成为享誉国内外的旅游大省（区）。2015 年，广西旅游收入 3254.2 亿元，占全区 GDP 的 19.37%，远高于全国整体水平 6.1%，旅游业已成为推动广西经济发展的支柱产业。本次研究以广西近五年（2011—2015）经验数据为基础，深入探析广西旅游产业演变及其与三次产业之间的关联度状况，以期为今后广西旅游产业的跨越式发展提供决策参考。

一、广西旅游产业规模、结构以及国民经济地位演变

（一）旅游总收入规模的演变

旅游总收入是旅游产业规模的集中和直观体现。如图 2.1 所示：近五年来，广西总收入规模整体呈现较高增长态势，由 2011 年的 1277.81 亿元增长到 2015 年的 3254.19 亿元，每年保持 20% 的环比名义增长率，其中 2011 年增长率最大并超过 30%；随后两年受国民经济下滑影响，旅游业增速回落到 24%；进入经济新常态以来，在国家创新驱动战略的拉动下，广西旅游业从“三期叠加”（增长速度换挡期、结构调整阵痛期、前期刺激政策消化期）的

---

① 本次研究关于三次产业的界定采用《广西统计年鉴》上对三次产业的统计指标解释，即第一产业为农业（包括种植业、林业、牧业和渔业）；第二产业为工业（包括采掘业，制造业，电力、煤气及水的生产和供应业）和建筑业；第三产业为除第一、第二产业以外的其他各业。由于在产业分类中，旅游业归属于第三产业，因此只进行旅游业与除旅游业本身以外的第三产业的关联测度，文中的第三产业均指剔除旅游业后的其余产业，之后不再赘述。

宏观背景下出现了一定幅度的反弹，平均增速提高了 1.5 个百分点，但仍远低于 2011 年和 2012 年的增长速度。

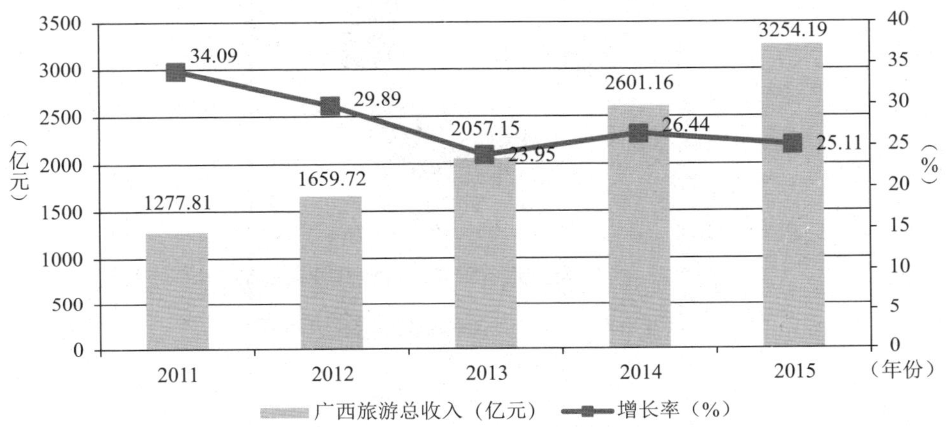

图 2.1　2011—2015 年广西旅游业总收入规模及增长率演变

资料来源：《广西统计年鉴》（2012—2016）

（二）旅游业规模空间结构和产业结构演变

产业空间结构演变是区域产业协调发展的重要指标，在一定程度上衡量某一区域要素的空间分布与利用情况。如图 2.2、图 2.3 所示[①]：2011 年和 2015 年广西各区域旅游业总收入的占比变化程度较小，但作为经济后发地区的桂西资源富集区旅游业总收入在全区旅游业中的占比提高了 3 个百分点，北部湾经济区、珠江—西江经济带和桂北经济区旅游业总收入在全区旅游业中的占比均下降了 1 个百分点。表明：桂西资源富集区已将旅游业作为重要的经济增长极，并加强了对于旅游业资源的开发与利用；从全区来看，旅游资源要素的分布和利用进一步趋向平衡。

① 北部湾经济区、珠江—西江经济带和桂西资源富集区是广西现阶段关于区域一体化发展的重要规划，而桂林作为广西重要的旅游市尚未归属于上述三大区域，因此采用 2010 年以前统计年鉴上的划分（单独列为桂北经济区）；北部湾经济区是指南宁市、北海市、防城港市、钦州市、崇左市和玉林市 6 市合计，珠江—西江经济带是指南宁市、柳州市、梧州市、贵港市、百色市、来宾市和崇左市 7 市合计，桂西资源富集区是指崇左市、河池市和百色市 3 市合计。

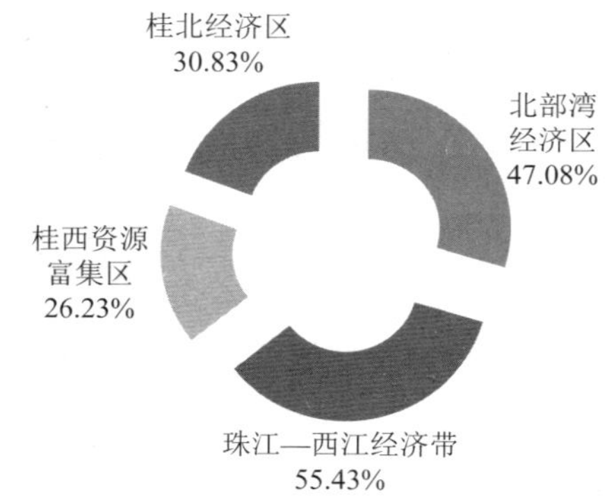

图 2.2 2011 年广西各区域旅游业总收入占比

资料来源：《广西统计年鉴》（2012）

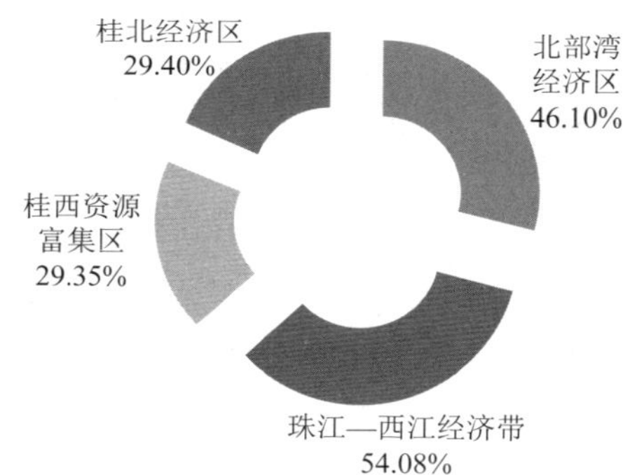

图 2.3 2015 年广西各区域旅游业总收入占比

资料来源：《广西统计年鉴》（2016）

区位熵[①]是产业结构研究中反映某一产业部门的专业化程度以及某一区域在高层次区域的地位和作用等方面的重要指标，本次研究运用区位熵来衡量

① 区位熵的计算公式为 $LQ_{ij}=(q_{ij}/q_j)/(q_i/q)$，其中 LQ_{ij} 为 j 地区的 i 产业在全国的区位熵，q_{ij} 为 j 地区的 i 的相关指标（产值、就业人数等），q_j 为 j 地区所有产业的相关指标；q_i 为全国范围内 i 产业的相关指标，q 为全国所有产业的相关指标；当 $LQ_{ij}>1$ 表示 j 地区的 i 产业相对于全国来说具有优势，反之则具有劣势，LQ_{ij} 越大，说明 j 地区的 i 产业集聚水平越高，且相对于全国来说具有的优势越大；本次研究的旅游业指标采用旅游业总收入，所有产业指标采用国内生产总值（GDP）。

广西旅游业专业化程度的演变状况。如图 2.4 所示：2011—2015 年，广西旅游业区位熵均大于 2，并由 2011 年的 2.39 上升到 2015 年的 3.20，其中前四年增长幅度较大，基本呈直线增长趋势，第五年增长幅度有所回落，但仍有所提高。表明：近五年来，广西旅游业集聚水平和专业化程度较高，相对全国旅游业发展来说具有较强优势，且优势在逐年提高。

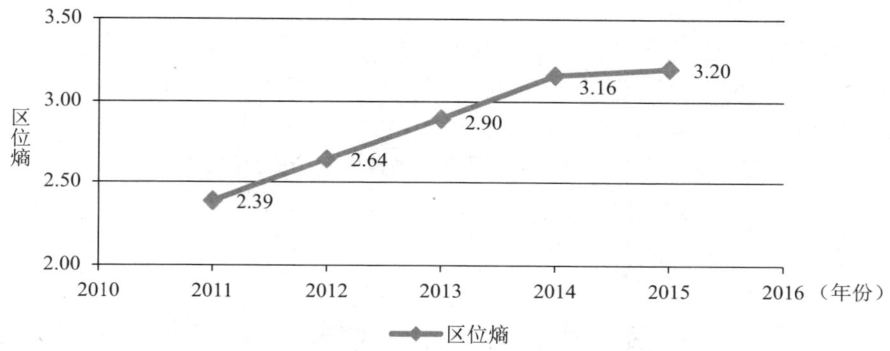

图 2.4　2011—2015 年广西旅游业区位熵演变

资料来源：《中国统计年鉴》（2012—2016）、《广西统计年鉴》（2012—2016）

（三）国民经济地位演变

旅游产业作为区域经济发展的策动力，具有拓展消费市场规模、优化产业结构、增加就业机会、创新扶贫模式和提升城市品质等功能。如图 2.5 所示：自 2010 年以来，广西旅游总收入在国民经济中的贡献率呈稳步较快增长趋势，旅游业总收入占国民总收入的占比从 2010 年的 9.96% 连续上升至 2015 年的 19.37%，6 年内呈现接近 10 个百分点的增幅。由此可见，旅游业已成为拉动广西国民经济发展的支柱产业、朝阳产业，为广西经济快速增长、劳动者充分就业发挥着日益重要的作用。

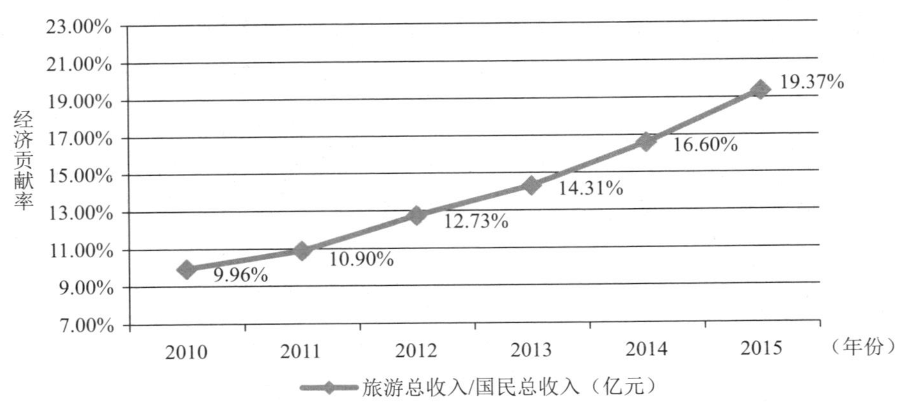

图 2.5　2010—2015 年广西旅游总收入的国民经济贡献率

资料来源：《广西旅计年鉴》（2011—2016）

二、旅游产业与三次产业发展关联的理论依据：产业融合理论

产业融合由于具有优化资源配置、创新产业业态、拓展市场空间等功能，在产业经济学相关理论与实践中得到了广泛研究，并成为当今产业创新发展的显著特征和重要趋势。马健（2002）在梳理西方产业融合理论研究的基础上提出：由于技术进步和放松管制，在产业边界和交叉处发生技术融合、产品与业务融合以及市场融合，从而改变了原有产业的组织模式、市场结构和产业绩效，并成为传统产业创新以及产业结构转换和升级的重要方式和手段。旅游资源的异质性及供给的无限性、旅游需求的动态性、旅游发展进入软要素主导阶段，决定了旅游产业已成为全新的“无边界产业”，通过产业集成能拓展无边界产业的价值空间、构建无边界产业的动态竞争优势，融合是产业集成的重要形式，能作为旅游产业发展的新模式，通过与其他产业的关联融合、功能融合与结构融合塑造旅游产业新业态、形成新的旅游产业体系，并带动其他相关产业的发展（王慧敏，2007）。

旅游产业作为涵盖餐饮业、交通运输业、建筑业和房地产业等众多产业在内的无边界综合性产业，产业关联大而广且内在具有极强的融合能力，推动旅游业与农业现代化、工业现代化与服务业现代化的深度融合，有利于整合区域内资源要素、创新产业形态，实现产业间资源共享、品牌共享和市场共享，形成融合型的产业新体系。

三、广西旅游产业演变与三次产业发展的关联测度：基于灰色关联度分析

（一）指标选取和数据来源

本次研究分别从总收入、区位熵和国民经济贡献率三个指标来进行2011—2015广西旅游产业产值规模、产业专业化程度和国民经济贡献率与三次产业发展的关联测度。具体基础数据如表2.1、表2.2和表2.3所示：

表2.1　旅游业与三次产业的总收入规模

单位：亿元

年份	旅游业	第一产业	第二产业	第三产业
2011	1277.81	2047.23	5675.32	2720.52
2012	1659.72	2172.37	6247.43	2955.58
2013	2057.15	2290.64	6731.32	3370.79
2014	2601.16	2413.44	7324.96	3333.33
2015	3254.19	2565.45	7717.52	3265.96

资料来源：作者根据《广西旅游统计年鉴》（2012—2016）相关数据整理所得

表2.2　旅游业与三次产业的区位熵

年份	旅游业	第一产业	第二产业	第三产业
2011	2.390	1.858	1.044	0.586
2012	2.640	1.773	1.035	0.560
2013	2.900	1.705	1.059	0.559

续表

年份	旅游业	第一产业	第二产业	第三产业
2014	3.160	1.692	1.084	0.499
2015	3.200	1.715	1.123	0.440

资料来源：作者根据《广西统计年鉴》和《中国统计年鉴》（2012—2016）相关数据整理所得

表 2.3　旅游业与三次产业的国民经济贡献率

年份	旅游业	第一产业	第二产业	第三产业
2011	0.109	0.175	0.484	0.232
2012	0.127	0.167	0.479	0.227
2013	0.143	0.159	0.466	0.233
2014	0.166	0.154	0.467	0.213
2015	0.194	0.153	0.459	0.194

资料来源：作者根据《广西统计年鉴》（2012—2016）相关数据整理所得

（二）关联度计算方法与步骤[①]

第一步：对各数列作均值化处理。由于原始数据各因素具有不同的计量单位，因而其存在量纲和数量上的差异，通过初值化或均值化对原始数据进行无量纲处理（文章采用均值化处理方法），分别算出个数列的均值，并用均值去除相应原始数列得到均值化数列。

第二步：计算各比较数列同参考数列在同一时期的绝对差。本次研究分别将旅游业相关指标数据作为参考数列 $x_0(t)$，将广西第一、二、三次产业的相关指标数据作为比较数列 $x_0(t)$（$k=1, 2, 3$）；计算各比较数列同参考

① 用灰色关联分析法分别从总收入、区位熵和国民经济贡献率三个指标对广西旅游产业演变与三次产业发展的关联测度时，由于计算方法与步骤完全相同（均严格按照上述方法与步骤进行计算），加之文章篇幅有限，因此文章对计算过程的具体数据不详细列出。

数列在同一时期的绝对差：

$$\Delta_{OR}(t)=\left|x_k(t)-x_o(t)\right|\ (t=1,\ 2,\ \cdots,\ n) \quad (2.1)$$

从而得到绝对离差值数列，并分别找出其中的最大值（Δ_{max}）和最小值（Δ_{min}）。

第三步：计算关联系数。根据灰色关联度分析理论和方法，比较数列和参考数列在 t 时期的关联系数计算式为：

$$\zeta_{ok}(t)=\frac{\Delta_{min}+\rho\Delta_{max}}{\Delta_{OR}(t)+\rho\Delta_{max}},\ \rho=0.5^{①} \quad (2.2)$$

从而得到关联系数序列。

第四步：计算关联度，并排关联序。分别求各个关联系数序列每个时期的平均值，其计算公式为：

$$r_{ok}=\tfrac{1}{n}\sum_{t=1}^{n}\zeta_{ok}(t)\ (t=1,\ 2,\ \cdots,\ n) \quad (2.3)$$

并根据关联度数值的大小顺序进行排列，从而得出各比较数列对于同一参考数列关联的关联程度和“主次”关系。

（三）计算结果

运用上述指标数据与计算方法，计算得到 2011—2015 年广西旅游产业演变与三次产业发展的关联序。如表 2.4 所示：在产值规模、产业专业化与国民经济贡献度三个指标上，旅游业演变与第二产业的关联度均为最大，表明近五年来二者之间呈现较好的融合协调发展，其中在总产值和区位熵上的关联度超过 0.7，进一步说明在总量规模的增长上尤其在产业专业化水平的提升上对于第二产业（工业和建筑业）的发展均具有较大的推动力；在三项指标上旅游业演变与第一产业的关联度均排第二，表明旅游业的演变对于第一产业的发展具有一定的推动力，但从区位熵指标来看，广西旅游业较全国旅游业

① ρ 为分辨系数，用来削弱 Δ_{max} 过大而使关联系数失真的影响。人为引入该系数是为了提高关联系数之间的差异显著性和敏感性，$0<\rho<1$。

产业专业化水平的不断提升和优势地位的进一步巩固对于第一产业在该层次上的发展推动力较小；在三项指标上旅游业演变与第三产业（除旅游业自身外）的关联度均最小，表明旅游业与第三产业还未形成良好的融合协调增长态势。

表 2.4　旅游业与三次产业关联度及排序

排序＼指标	总收入（总产值）	区位熵	国民经济贡献率
1	第二产业（0.7137）	第二产业（0.7323）	第二产业（0.6250）
2	第一产业（0.6778）	第一产业（0.6020）	第一产业（0.5990）
3	第三产业（0.6339）	第三产业（0.5230）	第三产业（0.5496）

四、结论与启示

本次研究从产业规模、结构以及国民经济地位三个方面深入探析广西旅游产业（2011—2015 年）的演变状况，并从产业融合视角论述旅游产业与三次产业发展关联的理论依据，在此基础上运用灰色关联分析法，从产值规模、产业专业化与国民经济贡献度三个方面对广西旅游业演变与三次产业的关联度进行测度，结果均显示 2011—2015 年间广西旅游产业演变与第二产业的关联度最大，与第一产业的关联度次之，与第三产业的关联度均为最小。

从广西旅游业演变来看：旅游产业竞争实力不断增强、在国民经济中的贡献度不断提高，但由“经济新常态”所带来的常态性增速下降要求旅游产业不断深化供给侧结构性改革、逐渐实现从资源驱动和低水平要素驱动向创新驱动转变、进一步推进“旅游 +”战略，以培育旅游经济新的增长极、锻造旅游产业高端价值权利。从旅游产业与三次产业发展关联的理论基础和实证分析来看促进旅游业与三次产业的融合发展是创新旅游新业态、发挥旅游带动效应的重要途径，因而广西需从以下方面进行提升：需进一步深化旅游业与第一产业的协调融合发展，通过发展观光农业、会展农业、休闲农业与创意农业等新模式以创新“旅游业＋农业”新业态；需进一步发挥旅游业专业化对于三次产业的推动作用以发展集聚经济；需重点从民族文化、健康医疗、长寿养生、电子商务等方面着手，逐步攻克旅游业与现代服务业融合协调发展的大难题。具体来看：

第一，加强交通、水利、通信、网络和环境等基础设施建设。基础设施建设程度往往是资本在区域和行业间合理流动的制约因素，推动旅游业与第一产业的协调融合，关键在于将游客吸引到跨边界的融合产业中，由此对基础设施水平提出了更高的要求，而作为该融合产业的所在地农村往往是基础设施发展滞后的地区（欠发达地区广西尤其凸出），因而加强基础设施是破除旅游业与第一产业融合发展的基础瓶颈问题。

第二，进一步完善创新人才和高端资本引进制度和保障体系。推动旅游业与三次产业的融合发展，关键在于新业态和新模式的创新，而做好具有深厚的学科理论背景和实践背景的创新人才以及具有先进管理理念和经验的高端企业资本的引进工作是决定成功的重要因素。广西是高端要素匮乏的“重灾区”，需建立多元化的高端要素引进机制，并从多方面、宽领域做好高端要素入驻后的保障体系建设。

第三，构建多层次的产业协调机制，有效推进旅游业与三次产业融合发展。加强全区层面的“旅游＋现代农业”“旅游＋现代工业”“旅游＋现代服务业”的顶层规划设计，注重战略层面的引导与协调；搭建“政产学研”在旅游业与三次产业融合发展领域的交流合作平台，实现资源、信息、创意跨产业共享；以加强产业价值链升级为指引，加强微观层面的旅游业与三次产业融合发展机制探索。

参考文献：

[1] 杨颖，庄德林，陶婷芳．旅游产业网络及其演变分析［J］．生态经济，2010（7）：91–94.

[2] 胡凤英，郑毅，刘小静．城市旅游业与经济发展互促关系的评价研究——以广西

区 14 个地级市为例［J］. 商业经济研究，2015（23）：120–122.

［3］李锋，陈太政，辛欣 . 旅游产业融合与旅游产业结构演化关系研究——以西安旅游产业为例［J］. 旅游学刊，2013（1）：69–76.

［4］麻学锋，张世兵，龙茂兴 . 旅游产业融合路径分析［J］. 经济地理，2010（4）：678–681.

［5］傅凌玲 . 我国电子商务与旅游业相结合的框架结构分析［J］. 商业经济研究，2017（3）：102–104.

［6］王慧敏 . 旅游产业的新发展观：5C 模式［J］. 中国工业经济，2007（6）：13–20.

［7］毋涛 . 四川旅游资源开发与三次产业的关联［J］. 经济管理，2006（3）：61–63.

［8］刘婕，谭华芳 . 旅游与房地产业的关联融合度研究［J］. 经济体制改革，2011（2）：150–153.

［9］王琪延，徐玲 . 基于产业关联视角的北京旅游业与农业融合研究［J］. 旅游学刊，2013（8）：102–110.

［10］马健 . 产业融合理论研究评述［J］. 经济学动态，2002（5）：78–81.

第三章　基于泰尔指数的广西旅游经济区域差异特征研究

对于某个区域旅游经济差异特征国内学者进行了多层次、多角度的相关研究，研究区域包括国家尺度、省域尺度和地方政府划定的经济区域，研究指标主要涉及国内旅游收入、国际旅游外汇收入、入境旅游者人数、国内旅游人数，主要研究思路是通过利用官方统计年鉴的数据构建数学模型对研究区域旅游经济差异特征开展定量研究，分析其发展差异的原因然后提出应对策略。定量分析大多采用标准差、极差、离差、基尼系数、变异系数、首位度、赫芬达尔—赫希曼指数、旅游经济发展水平指数、耦合协调度、地理集中指数、泰尔指数、市场竞争态及亲景度模型、因子分析、聚类分析等区域经济学数理统计方法。以广西旅游经济区域差异特征为研究对象进行的类似研究成果比较丰硕，但以泰尔指数为主要手段的研究较少，较具代表性的研究成果有：姜尧、谭丽林（2012）采用标准差、变异系数及泰尔指数对广西入境旅游区域发展差异进行了分析；覃小华、甘永萍（2014）利用泰尔指数、标准差及变异系数等方法研究了广西国内旅游发展的区域差异。从以上研究成果可以发现，研究基点均侧重于广西入境旅游或国内旅游某一方面的旅游经济差异特征，整体性的广西旅游经济差异特征研究不足。据 2014 年广西壮族自治区国民经济和社会发展统计公报数据，2014 年广西共接待入境过夜游客 421.18 万人次，同比增长 7.6 %，国际旅游（外汇）收入达 17.28 亿美元，同比增长 11.7%，共接待国内游客 28564.93 万人次，同比增长 17.7%，国内旅游收入达 2494.99 亿元，同比增长 27.2%，旅游总收入为 2601.99 亿元，同比增长 26.5%，在把旅游业打造成为全区战略性支柱产业中取得了显著成效，但区域内旅游产业发展不平衡的空间分布格局依然存在。因此，在借鉴前人研究成果的基础上，本次研究尝试以泰尔指数为主要研究方法，对广西旅游经济区域差异特征进行整体性的研究，旨在为广西在旅游产业发展新常态下打造旅游强区提供决策参考。

一、广西旅游经济差异的计算方法及数据来源

（一）计算方法

基于广西 14 个地级市 2006—2013 年的有关旅游经济数据资料，对广西旅游经济区域差异特征进行分析研究，在采用泰尔指数分析广西整体旅游经济空间特征及演变发展过程的基础上构建旅游经济发展水平与旅游产业地位指标，之后分析其空间的分异性。

1. 泰尔指数（Theil 指数）

泰尔指数或称锡尔指数、锡尔熵，是常被应用于衡量区域差异特征的重要指标之一，其数值越大则说明区域间的不均衡性越强，反之则越弱。采用泰尔指数研究旅游经济区域差异特征，不仅可以分析总体差异特征，而且还可以分析区域内部的差异演变，同时不受空间单元个数及外部环境因素的影响，能够将不同区域内的旅游经济发展差异相比较。广西旅游经济区域差异的泰尔指数依次可以分解为：

（1）地带内地市间差异程度泰尔指数 T_{pi}：

$$T_{pi}=\sum_{j}\frac{Y_{ij}}{Y_{i}}ln\left(\frac{Y_{ij}/Y_{i}}{N_{ij}/N_{i}}\right) \quad (3.1)$$

（2）地带间差异程度泰尔指数 T_{br}：

$$T_{br}=\sum_{i}\frac{Y_{i}}{Y}ln\left(\frac{Y_{i}/Y}{N_{i}/N}\right) \quad (3.2)$$

（3）市际差异程度泰尔指数 T_{p}：

$$T_{p}=\sum_{i}\sum_{j}\frac{Y_{ij}}{Y}ln\frac{Y_{ij}/Y}{N_{ij}/N} \quad (3.3)$$

在上述公示中，Y_{ij} 表示 i 地带 j 市旅游总收入，N_{ij} 表示 i 地带 j 市年末总人口数，Y_i 表示 i 地带旅游总收入，N_i 表示 i 地带年末总人口数，Y 表示广西旅游总收入，N 表示广西年末总人口数。根据公式 3.1 和 3.2 可知，市际差异程度泰尔指数等于地带间差异 T_{br} 和地带内差异 T_{wr} 之和，即

$$T_p=\sum_i\sum_j\frac{Y_{ij}}{Y}ln\frac{Yij/Y}{N_{ij}/N}=\sum_i\frac{Y_i}{Y}T_{pi}+T_{br}=T_{wr}+T_{br} \tag{3.4}$$

（4）若区域内各部分发展差异对广西旅游区域发展差异形成的贡献率为 T_i，地带内旅游发展差异对广西旅游区域发展差异形成的贡献率为 T_w，地带间旅游发展差异对广西旅游区域发展差异形成的贡献率为 T_b，则

$$T_i=\frac{\frac{Y_i}{Y}T_{pi}}{T_p}\times 100\% \tag{3.5}$$

$$T_w=\frac{T_{wr}}{T_p}\times 100\%=\frac{\sum_i\frac{Y_i}{Y}T_{pi}}{T_p}\times 100\% \tag{3.6}$$

$$T_b=\frac{T_{br}}{T_p}\times 100\% \tag{3.7}$$

2. 旅游经济发展水平指数

旅游经济发展水平指数反映的是广西旅游经济差异的空间格局，即 $D_t=y_t/Y_t$，D_t 表示某市第 t 年的旅游经济发展水平指数，y_t 表示第 t 年该市的旅游总收入，Y_t 表示第 t 年广西的旅游总收入，D_t 越大表明该市的旅游经济发展水平在全区中的地位越高。

3. 旅游产业地位指数

其含义是广西某市第 n 年的旅游总收入占当年该市地区生产总值（GDP）的比重，是反映某地旅游产业地位的重要指标。用 D_n 表示第 n 年某市的旅游产业地位指数，y_n 表示第 n 年该市的 GDP，Y_n 表示第 n 年该市的 GDP，则有 $D_n=y_n/Y_n$。

（二）数据来源

为保证数据的可信度及说服力，原始数据均来源于广西壮族自治区统计局编写的《广西统计年鉴》，选取了 2006—2013 年广西 14 个地级市的旅游总收入、年末总人口数、GDP 值等指标数据作为统计依据。

二、广西旅游经济区域差异特征及演变分析

为深入分析广西旅游经济区域差异特征及演变过程，引入泰尔指数，根据《国务院关于进一步促进广西经济社会发展的若干意见》中划定的“两区一带”区域发展总体布局，将广西 14 个地级城市划分为“北部湾经济区（包括南宁市、北海市、钦州市、防城港市）”“西江经济带（包括柳州市、桂林市、梧州市、贵港市、玉林市、贺州市、来宾市）”及“桂西资源富集区（包括百色市、河池市、崇左市）”共 3 个地带，分别从市际差异、地带间差异、地带内差异、区域旅游经济发展差异贡献率、旅游经济发展水平及产业地位空间分异 5 个方面展开研究。

（一）市际差异 T_{P}、地带间差异 T_{br} 及地带内差异 T_{wr} 差异演变分析

根据计算公式 3.1 至 3.3 及分解式计算得出市际差异（总差异）泰尔指数 T_P、地带间差异泰尔指数 T_{br} 及地带内差异泰尔指数 T_{wr}，结果如图 3.1 所示。从图 3.1 可知，2006—2013 年地带内差异泰尔指数 T_{wr} 与市际差异泰尔指数 T_{P} 走势相一致，总体上都呈现出逐步下降的趋势，表明市际差异与地带内差异在逐步缩小。地带间差异泰尔指数 T_{br} 一直维持在较低的水平以下，表明地带间差异变化不大，处于相对稳定的状态。地带内差异泰尔指数 T_{wr} 大于地带间差异泰尔指数，表明广西整体的旅游经济区域差异主要是由地带内差异造成的。

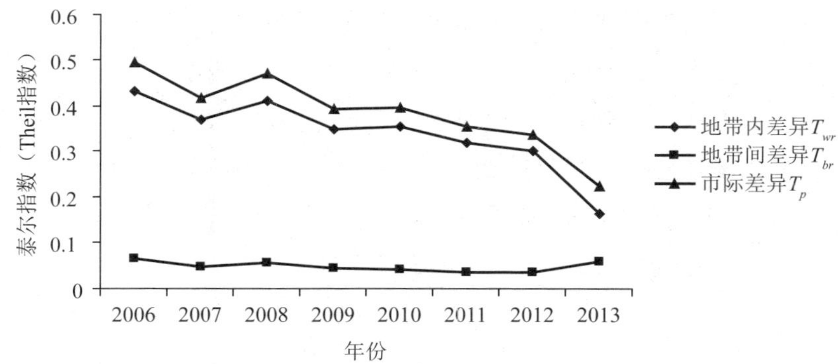

图 3.1　2006—2013 年广西旅游区域差异泰尔指数演变过程

数据来源：根据 2007—2014 年《广西统计年鉴》整理

（二）广西旅游经济地带间差异 T_{br} 演变分析

利用公式 3.2 计算广西旅游经济地带间差异，结果如图 3.2 所示。从图 3.2 可以看出，2006—2013 年广西旅游经济地带间差异虽然偶有升降交替变化但变化幅度较小，北部湾经济区的地带间差异泰尔指数在较小的正值范围内平缓变化且与广西旅游经济地带间差异变化相似，桂西资源富集区与西江经济带的地带间差异泰尔指数均为负值，说明它们对广西旅游经济地带间差异泰尔指数起到了抑制作用并已经没有负向影响，相反却促进了广西旅游经济地带间差异泰尔指数的下降，使得广西旅游经济朝着更加均等的方向发展。因此，广西旅游经济地带间的差异主要是北部湾经济区地带间差异影响的结果。桂西资源富集区是广西少数民族主要聚居地区，喀斯特地质景观、民族民俗文化、长寿养生文化、红色革命文化等旅游资源丰富，依托得天独厚的资源优势旅游业发展取得较为明显的成效，旅游资源的强大发展潜力逐步转化成为旅游经济竞争力。随着珠江—西江经济带上升为国家战略、桂林国家旅游综合改革试验区建设规划获得国务院审批，广西西江经济带以观光游览为主体的旅游产业正处于转型升级阶段，在政府加大旅游基础设施投入及强化区域旅游合作的带动下，得益于宗教、历史名人、古建筑、地域民俗与自然景观、侨乡风情等文化旅游资源，其旅游经济增长日益显著。自“十一五”规划实施以来，特别是2008年北部湾经济区开放开发提升为国家战略以来，广西经济战略中心开始逐步南移，北部湾经济区的商务旅游、休闲旅游、会展旅游、滨海旅游发展比较迅速。由此可见，在全域旅游发展模式下，旅游供给侧改革的实施致使旅游产业品质不断提升，适应了旅游市场需求的新形势，因而北部湾经济区、西江经济带及桂西资源富集区的旅游产业发展均呈现出良好态势，旅游发展格局也逐步趋于均衡化。

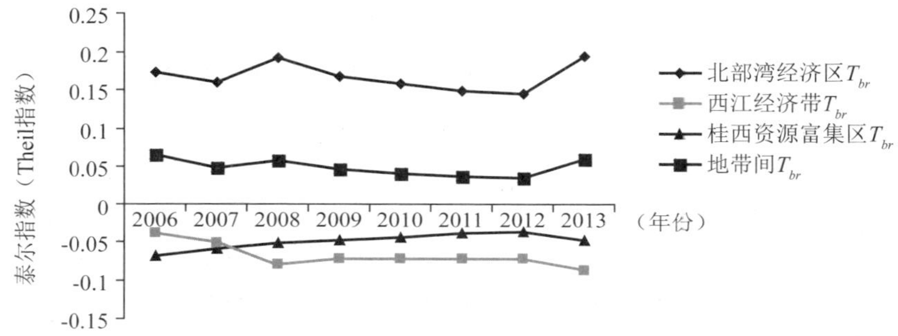

图3.2　2006—2013年广西旅游三大地带间差异演变过程

数据来源：根据2007—2014年《广西统计年鉴》整理

（三）广西旅游经济地带内差异T_{wr}演变分析

利用公式3.1与分解式对广西旅游经济地带内差异进行计算，结果如图3.3所示。由图3.3可知，2006—2013年广西旅游经济地带内差异整体上呈现出逐步减少的态势，变化幅度较为明显。西江经济带与北部湾经济区地带内差异泰尔指数变化趋势相似程度较高，除2008年稍微上升以外均逐步下滑，桂西资源富集区地带内差异泰尔指数在类似的平缓变化中也逐步走低，西江经济带T_{wr} > 北部湾经济区T_{wr} > 桂西资源富集区T_{wr}。桂林是著名的国际旅游目的地城市，入境旅游经济在广西“一枝独秀”，南宁是广西的首府与政治经济中心，交通区位优势明显，作为中国—东盟自由贸易区的桥头堡，旅游总收入及接待游客总人数均名列广西第一，它们的旅游业在地带内均占有相当大的比重。随着广西打造旅游“千亿元产业”政策指导思想的落实，西江经济带、北部湾经济区中的部分地市都把旅游产业作为重要的支柱产业或主导产业来抓，通过整合优势旅游资源力促当地旅游经济快速发展，因而使得广西旅游经济地带内差异逐步缩小。以上情况表明，桂西资源富集区内部旅游经济发展比较平衡，而西江经济带与北部湾经济区则相对不平衡，可以认为广西旅游经济地带内差异主要由后面二者主导形成。

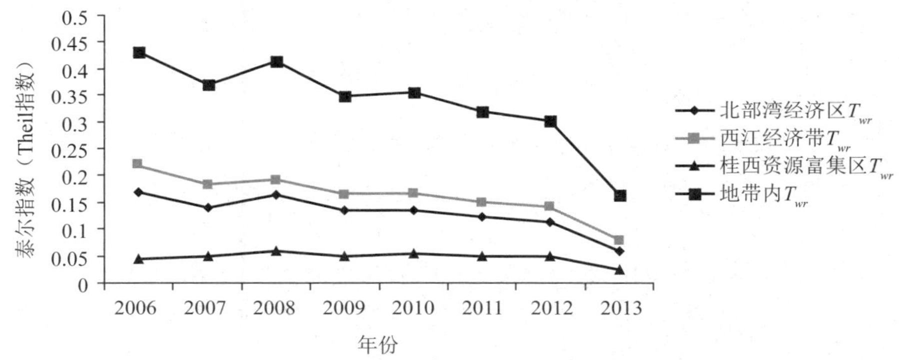

图 3.3　2006—2013 年广西旅游三大地带内差异演变过程

数据来源：根据 2007—2014 年《广西统计年鉴》整理

（四）广西旅游经济区域贡献率演变分析

利用公式 3.5 至 3.7 对广西旅游经济区域贡献率进行计算，结果如图 3.4 所示。从图 3.4 可以看出，2006—2013 年地带内差异是广西总体差异的最主要贡献者，地带内差异贡献率除了 2013 年为 73.05% 以外，其余年份均保持在 85% 以上，均值高达 86.67%。地带间差异贡献率相对而言要低得多，维持在 10.33%~26.95% 变动，均值仅为 13.33%。北部湾经济区与西江经济带贡献率比较接近，均值分别为 33.11% 和 41.42%，桂西资源富集区贡献率均值则相对较低，为 12.14%。三个地带的贡献率均在较小的值域内变化且走势平缓，没有出现占绝对统治地位的贡献者，这与三大地带旅游总收入占全区的比重相吻合（见表 3.1）。由于地带内差异远大于地带间差异，广西的旅游经济区域差异基本上由北部湾经济区及西江经济带的地带内差异共同决定。

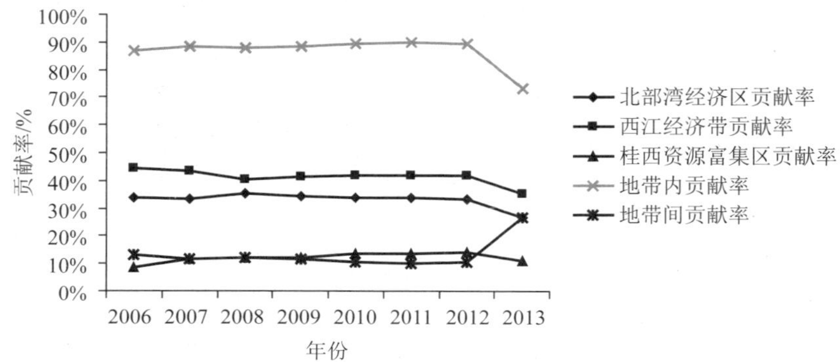

图 3.4　2006—2013 年广西旅游经济地带贡献率演变过程

数据来源：根据 2007—2014 年《广西统计年鉴》整理

表 3.1　2006—2013 年广西三大地带旅游总收入占全区比重

年份	2006	2007	2008	2009	2010	2011	2012	2013
北部湾经济区	39.19%	38.37%	40.49%	38.81%	38.34%	37.81%	37.42%	36.19%
西江经济带	50.57%	49.09%	45.72%	46.77%	47.01%	47.19%	46.79%	48.41%
桂西资源富集区	10.24%	12.54%	13.79%	14.42%	14.66%	15.00%	15.79%	15.40%

资料来源：根据 2007—2014 年《广西统计年鉴》整理

（五）广西旅游经济发展水平与产业地位的空间分异状况

以广西各地市旅游总收入占全区旅游总收入的比重反映该市旅游业在全区旅游业中的地位，以广西各地市旅游总收入占该市 GDP 的比重反映该市旅游业在该市社会经济中的产业地位，对广西各市旅游经济发展水平和产业地位的空间差异进行计算分类。2006—2013 年广西各市旅游经济发展水平指数的均值变化范畴为 1.85%~25.76%，旅游产业地位指数的均值变化范畴为 4.78%~16.09%，分别以 2 个范畴的平均值 7.14% 和 9.51% 为中间划分值，结合广西旅游发展实际情况将旅游经济发展水平及产业地位依次分为低、较低、中等、较高、高 5 个等级，结果如表 3.2 所示。从表 3.2 可以看出，广西 14 个地级城市的旅游经济发展水平与产业地位的等级并不完全对应。二者相互一致的有南宁、桂林（高，高），梧州、玉林（较低，较低），钦州、来宾（低，低）；基本一致的有防城港、贵港、崇左（低，较低），百色、河池（较低，中等）；柳州的旅游经济在全区的地位大于其在本市的产业地位，北海、贺州则刚好相反，其中贺州的不对称情况最为显著。

表 3.2　广西旅游经济发展水平与旅游产业地位的空间组合

指标	低	较低	中	较高	高
旅游经济发展水平	崇左，防城港，钦州，来宾，贵港，贺州	百色，河池，玉林，梧州	北海	柳州	南宁，桂林
旅游产业地位	来宾，钦州	崇左，防城港，柳州，贵港，玉林，梧州	百色，河池	贺州	南宁，桂林，北海

三、结论与讨论

（一）结论

本次研究以广西 14 个地级城市的旅游产业为研究对象，引入泰尔指数、旅游经济发展水平指数、旅游产业地位指数等计算方法，分析了 2006—2013 年广西整体旅游经济区域差异的特征及时空演变过程，得出结论如下：

（1）地带内差异泰尔指数 T_{wr} 与市际差异泰尔指数 T_p 走势相一致，总体上都是呈现出逐步下降的趋势，地带间差异泰尔指数 T_{br} 一直维持在较低的水平以下并处于相对稳定的状态。北部湾经济区、西江经济带及桂西资源富集区的地带间差异泰尔指数虽然偶有升降交替变化但变化幅度较小，为不规则变动状态。西江经济带与北部湾经济区地带内差异泰尔指数变化趋势相似程度较高，除2008年稍微上升以外均逐步下滑，桂西资源富集区地带内差异泰尔指数在类似的平缓变化中也逐步走低。北部湾经济区、西江经济带及桂西资源富集区的贡献率均在较小的值域内变化且走势平缓。

（2）地带内差异泰尔指数 T_{wr} 大于地带间差异泰尔指数，表明广西整体的旅游经济区域差异主要是由地带内差异造成的。桂西资源富集区、西江经济带与北部湾经济区的差异趋于均衡化，广西旅游经济地带间的差异主要是北部湾经济区地带间差异影响的结果。西江经济带 T_{wr} > 北部湾经济区 T_{wr} > 桂西资源富集区 T_{wr}，桂西资源富集区内部旅游经济发展比较平衡，而西江经济带与北部湾经济区则相对不平衡，可以认为广西旅游经济地带内差异主要由后面二者主导形成，又因地带内差异是广西旅游经济总体差异的绝对贡献者，因此广西的旅游经济区域差异基本上由北部湾经济区及西江经济带的地带内差异共同决定。

（3）以广西旅游经济发展水平和产业地位两个指标作为区域旅游经济空间分异的划分标准，广西14个地级城市的旅游经济发展水平与产业地位的等级相互一致的有南宁、桂林、梧州、玉林、钦州、来宾6个城市；基本一致的有防城港、贵港、崇左、百色、河池5个城市；柳州的旅游经济在全区的地位大于其在本市中的产业地位，北海、贺州则刚好相反，其中贺州的不对称情况最为显著。

（4）因各市旅游产业发展的基础条件不同，旅游经济区域差异是客观存在的，分析与研究其演变特征只是为了更好地认识到差距产生的原因，切实找准发展的方向，因地制宜地制定出科学合理的战略实施途径，构建区域旅游发展总体布局。未来广西应在“一带一路”大背景下深化与东盟地区的旅游产业交流合作，以南广高铁、贵广高铁、云桂高铁、贵南高铁、湘桂高铁等现代交通主干线为框架强化与泛珠三角经济圈的旅游联动发展，以重大旅游项目建设和创建特色旅游名县为载体，在旅游产品转型升级、旅游市场营销模式创新、旅游基础设施投入、生态环境保护、旅游智力支持培育、旅游市场秩序完善等方面加大推进力度，统筹兼顾、层次分明、亮点突出，形成“点、线、面”全面发展的多元化格局，为新常态下实现广西区域旅游产业的整体协调发展夯实基础。

（二）讨论

评价区域旅游经济的发展差异状况还需要充分考虑多种因素的综合影响，相关研究仍然有待于进一步的探讨。本次研究选取的指标主要局限于经济范畴，从旅游经济的角度展开论证，可以为地方政府的旅游发展决策提供实用的借鉴依据。从数据分析的结果来看，2006—2013 年广西的总体差异泰尔指数由原来的 0.4964 下降至 0.2234，地带内差异泰尔指数由 0.4321 下降至 0.1632，而地带间差异泰尔指数维持在 0.0354 至 0.0643 之间，三者都处于一个较低的水平线上且接近 0，再一次印证了广西旅游经济区域平衡性在不断增强的事实，同时地带内差异作为引起整体差异的主要因素也说明了南宁、桂林等区域旅游中心城市的过度极化作用制约了区域旅游经济的合理分布，必须加以改革优化。

参考文献：

［1］王建军．基于 Theil 指数的广东省入境旅游经济时空差异研究［J］．地域研究与开发，2012，31（1）：99–103.

［2］汪德根，陈田．中国旅游经济区域差异的空间分析［J］．地理科学，2011，31（5）：528–535.

［3］陆林，余凤龙．中国旅游经济差异的空间特征分析［J］．经济地理，2005，25（3）：406–410.

［4］陈秀琼，黄福才．中国入境旅游的区域差异特征分析［J］．地理学报，2006，61（12）：1271–1280.

［5］姜海宁，陆玉麒，吕国庆．江苏省入境旅游经济的区域差异研究［J］．旅游学刊，2009，24（1）：23–28.

［6］王凯一，李华，贺曲夫．我国旅游经济发展水平省际差异的空间分析［J］．地域研究与开发，2007，26（1）：63–67.

［7］沈惊宏，孟德友，陆玉麒，等．中国入境旅游经济地区差距演变及其结构分解［J］．人文地理，2013，129（1）：80–86.

［8］秦欣，石惠春，吕娜．甘肃省入境旅游区域差异的时空演变特征分析［J］．干旱区资源与环境，2012（2）：174–179.

［9］甘永萍．广西入境旅游发展的区域差异及影响因素分析［J］．商业研究，2010，（3）：149–154.

［10］韦福巍，黄荣娟．广西旅游产业规模差异演变及与城市经济的耦合分析［J］．广西社会科学，2015（1）：24–29.

［10］陈思源．区域旅游目的地竞争优势的空间聚类分析［J］．地域研究与开发，2012，31（1）：85–88.

［11］姜尧，谭丽林．广西入境旅游区域发展差异分析［J］．中南林业科技大学学报（社会科学版），2012，6（6）：23–27.

［12］覃小华，甘永萍．广西国内旅游发展的区域差异研究［J］．江苏商论，2014（6）：34–39.

［13］方应波，雄宏涛，张中旺，等．广东省旅游经济区域差异特征研究［J］．华中师范大学学报（自然科学版），2014，48（4）：601–605.

［14］马燕，何伦志，韩洪凌，等．基于 Theil 指数的新疆入境旅游经济时空差异研究［J］．宁夏大学学报（自然科学版），2014，35（3）：1–4.

［15］张广海，冯英梅．我国旅游产业效率测度及区域差异分析［J］．商业研究，2013（5）：101–107.

第四章 区域旅游产业与城镇化建设耦合协调发展研究

——以广西14个地级市为例

一、引言与文献综述

“产城协调发展”作为一种新的区域协调发展理念和模式，其强调城镇化建设要以产业发展为基础，产业发展要以城镇化建设为载体，且两者间需存在一定的协调度，已引起社会各界的广泛关注。随着收入、消费水平的不断提高，旅游已成为一种生活必需品进入大众市场，而旅游产业凭借强大的关联性成为各地区经济增长的重要动力，如何推动地区旅游产业与城镇化耦合协调发展已得到学术界的深入研究。从国外的文献来看，具体研究旅游产业与城镇化建设协调发展的文献缺少，大多从旅游对于城镇化的影响、城镇化对旅游的影响以及旅游与城镇化的相关性进行研究：Qian Jun–Xi 等（2011）通过以广东省乍坡镇为案例阐述了旅游驱动型城镇化在小城镇发展中的作用机制；Luo Jian–Ming 等（2016）以时间序列数据研究了中国城镇化对于旅游产业发展的影响；Di Francesco 等（2016）通过调查意大利三个不同的城镇对意大利的食品葡萄酒旅游与当地城市发展的关联进行了定性研究；Palamalai 等（2016）基于格兰杰因果关系检验对 1995—2014 年印度旅游扩张、城市化与经济增长之间的因果关系进行了实证研究。从国内的相关文献来看，旅游产业与城镇化建设协调发展较为系统，一是对旅游产业与城镇化建设协调发展的机理阐释：王兆峰等（2012）论述了张家界旅游发展对于小城镇建设的推动机制以及小城镇建设对于旅游发展的促进机理；窦银娣等（2015）运用系统论分析法从定性的角度阐述了旅游产业和与新型城镇化的耦合机理和耦合过程，并进一步从空间效应、人口效应、生态效应和服务效应等角度对旅游产业与新型城镇化两大系统的耦合效应进行了定性分析。二是旅游产业与不同内容的城镇化建设协调发展研究：舒小林等（2015）从作用机制、指标体系构建、定量分析对贵阳市旅游产业与生态文明城市建设间的协调发展与耦合关系进行了系统研究；唐新平等（2016）和彭邦文等（2016）在构建旅游产业发展与新型城镇化耦合系统指标体系的基础上，分别对湘西地区旅游产业成长与新型城镇化耦合协调度时空分异、云南各区域耦合协调度进行了具体分析。三是运用不同研究方法对旅游产业与城镇化建设协调发展进行研究：梁坤等（2014）运用数理模型对西南地区旅游产业与城镇化耦合协调度的时空特征进行了实证分析；庞笑笑等（2014）结合实证案例分析了旅游产业与城镇化协调发展作用过程与格局；舒小林等（2014）运用 VAR 模型分析了中国城镇化与旅游业发展的动态关系；张炜等（2018）运用面板 Granger 因果关系检验等计量模型实证分析了我国国家层面和省级层面旅游产业发展、区域经济增长、城镇化之间相互关系。

综上所述，学者们已从旅游产业与城镇化建设的相互作用、耦合协调机理、耦合协调指标体系构建与测度、耦合协调效应等方面进行了较为系统的相关研究，为本次研究的架构提供了理论参考和思路指导。然而，在推进“全域旅游”发展的时代背景下，进一步厘清旅游产业与城镇化耦合协调发展的作用机制、明晰广西各地级市旅游产业与城镇化建设耦合协调发展阶段、演进进程及空间差异将有利于广西寻找旅游产业与城镇化耦合协调发展的短板问题和制约因素，提高决策制定的针对性。因此，本次研究将以广西 14 个地级市为研究对象，运用熵权法、耦合协调度模型与面板聚类分析法对区域旅游产业与城镇化建设耦合协调发展进行实证分析，以期为促进“全域旅游”背景下区域旅游产业与城镇化建设耦合协调发展提供实践指导和决策参考。

二、区域旅游产业与城镇化建设耦合协调发展的内在作用机制

“全域旅游”的核心要求凸显出发展视角的全局性、发展空间范围的区域

性、对经济社会协调发展的推动力、对社会经济各类资源的整合力、发展成果的全民共享。可见，“全域旅游”既强调对于地区各类资源的整合利用，也强调对于地区经济社会发展的带动作用。而推进旅游产业与城镇化建设耦合协调发展迎合了“全域旅游”发展的核心要求：一是区域旅游产业发展对促进城镇化建设具有核心动力作用；二是区域城镇化建设对推动旅游产业发展具有重要的载体功能。

（一）区域旅游产业发展对促进城镇化建设具有核心动力作用

区域旅游产业发展对于促进城镇化建设的核心动力作用主要体现在旅游产业发展具有强大的收入效应、对外效应、就业效应和龙头效应。收入效应：随着工业化进程的推进和服务业的兴起，旅游产业已成为众多地区国民收入增长的重要动力，一方面旅游产业的发展大大提高了当地居民的收入水平与幸福感，并为地方企业扩大规模、开拓市场以及产品服务创新提供资本积累；另一方面旅游产业的发展为地方政府带来了丰硕的可用于基础设施建设、公共服务供给和生态环境保护等方面的财政收入，为地方政府进一步推进城镇化进程提供了财政资金保障。对外效应：一方面随着国际旅游市场的不断开拓，各旅游地区迎来了与日俱增的国外游客，为国家和地区扩大对外经贸合作提供了外汇基础，同时各旅游集聚地获得了向国外企业家展现地区投资机会的平台，为地区城镇化经济建设吸引外商直接投资、承接国际产业转移提供了窗口；另一方面通过国际旅游，进一步促进旅游集聚地与各国在经济、文化上的交流合作，为地区城镇化经济建设主动融入经济全球化浪潮创造条件。就业效应：推动就业是民生之本、安国之策，而旅游产业作为服务业的大门类，且具有覆盖面广的特征，不仅自身对地区就业具有强大的吸附力，而且对关联产业吸收就业具有较大的促进力，通过旅游产业的发展，能有效解决地区城镇化进程中人口集聚所带来的失业问题，并进一步激发地区人口红利，促进社会安定。龙头效应：旅游产业作为涵盖众多子产业在内的无边界综合性产业，融合能力和带动能力强，通过充分挖掘地区异质性旅游资源，提高旅游产业发展专业化水平，并进一步推动旅游产业与地区特色农业、特色工业、现代服务业、特色文化产业、房地产业的深度融合，能有效激发旅游产业对于地区城镇化建设进程中的龙头带动效应。

（二）区域城镇化建设对推动旅游产业发展具有重要的载体功能

区域城镇化建设对于推动旅游产业发展的重要载体功能主要体现在城镇化建设具有强大的基础效应、消费效应、集聚效应和形象效应。基础效应：一方面通过城镇基础设施建设，能为旅游产业的发展提供便利的交通、通信、市政平台，为游客节省了大量的时间成本、通勤成本，旅客可将所节省下来的时间与金钱用于游、购、娱、健、闲、体等旅游的核心环节，从而提高旅客在旅行、游览过程中的获得感；另一方面通过城镇化建设推动基础服务的完善、良好公共秩序的塑造、公民道德文明的展现以及良好生态环境的呈现，能为游客营造一个安全可靠、舒适便捷的旅游环境。消费效应：随着城镇化经济建设进程的推进，地区居民的收入水平、消费水平显著提高，并形成大量具有地域性特征的高消费新业态，由于外来游客具有“入乡随俗”“参与体验”等心理效应和生活性消费所具有的“低弹性”，从而形成旅游高端消费需求，并激发旅游产业及其相关产业高附加值环节的产生，进而促进区域旅游产业的专业化发展。集聚效应：一方面旅游产业发展需要大额资本的入驻和大量人力资源的跟进，随着城镇化建设所带来的完善的地区软硬件条件能推动区域资本、人才、技术和管理经验等各类资源向城镇集聚，为发展旅游产业提供有效资源保障；另一方面由于城镇化建设自身具备强大的产业集聚和空间集聚效应，将成为“旅游＋”和“＋旅游”实现的重要推动力，并推动旅游产业价值链的重构与升级。形象效应：塑造区域旅游品牌是地区优化旅游供给、开拓旅游市场的必由之路，而区域旅游品牌的塑造需各个方面的耦合协调，通过打造良好的城镇基础设施、较高的城镇经济发展水平和美丽的城镇生态环境，能成为地区对外宣传的亮丽名片，并为地区塑造高规格的对外旅游品牌提供重要保障（见图 4.1）。

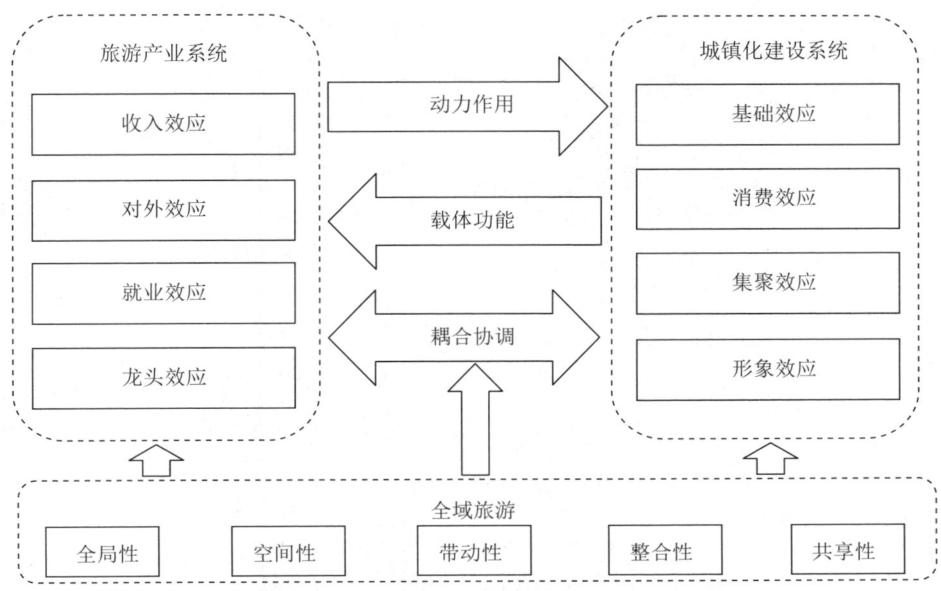

图 4.1 区域旅游产业与城镇化建设耦合协调发展的作用框架

三、区域旅游产业与城镇化建设耦合协调发展的实证分析

（一）指标体系构建

耦合协调状况是衡量系统之间或系统内部要素之间在发展过程中相互作用、彼此影响的程度。从旅游产业和城镇化建设的科学内涵出发，参照前人相关成果，遵循动态性、系统性和可操作性的基本原则，充分考虑区域旅游产业状况和城镇化建设状况的综合评价以及旅游产业与城镇化建设耦合协调发展的作用机制，构建旅游产业与城镇化建设耦合协调发展综合评价指标体系（见表 4.1）。

表 4.1　区域旅游产业与城镇化建设耦合协调发展评价指标体系

目标层	系统层	Ⅰ级指标层	Ⅱ级指标层
旅游产业与城镇化建设耦合协调发展度	旅游产业系统	旅游市场发展	国际旅游收入（亿元）
			旅游总收入（亿元）
			入境旅游人数（人次）
			旅游总人数（万人次）
		旅游机构发展	星级饭店数（家）
			旅行社数（家）
			3A 级以上景区数（家）
		旅游专业化发展	旅游产业国民经济地位（%）
			旅游产业区位熵（比率）
	城镇化建设系统	城镇化基础建设	人均公园绿地面积（平方米）
			人均城市道路面积（平方米）
			建成区排水管道密度（公里 / 平方公里）
			用水普及率（%）
			城镇单位从业人员数（万人）
		城镇化经济建设	城镇居民人均可支配收入（元）
			城镇固定资产投资额（亿元）
			二、三产业总产值（亿元）
			商品房屋销售面积（万平方米）
		城镇化生态建设	污水处理率（%）
			建成区绿化覆盖率（%）
			生活垃圾无害化处理率（%）

（二）研究方法

1. 熵权法

由于旅游产业综合发展水平和城镇化建设综合发展水平的评价是将多个指标综合成单一指标进行衡量，文章采用能更客观、深刻地反映指标信息熵效用的熵权法来计算各原始指标权重，最后运用线性加权法分别将多个指标综合成反映旅游产业系统和城镇化建设系统综合发展水平的单一值进行衡量。为说明熵权法的计算过程，接下来将以旅游产业系统为例进行分解，其过程如下：

（1）对指标进行非负化处理，以避免非正数数值取对数时的无意义，计算公式为

$$x_{j,it}{}' = \frac{x_{j,it} - \min(x_j)}{\max(x_j) - \min(x_j)} + 0.01 \quad (4.1)$$

其中，$x_{j,\ it}$ 为第 i 个市第 t 年第 j 个指标值，max（x_j）、min（x_j）为第 j 个指标值的最大值和最小值。

（2）计算旅游产业系统中各指标的比重 $s_{j,\ it}$，计算公式为

$$s_{j,it} = \frac{x_{j,it}{}'}{\sum_{j=1}^{m} x_{j,it}{}'} \quad (4.2)$$

其中，$s_{j,\ it}$ 为第 i 个市第 t 年第 j 个指标值的比重值，因旅游产业系统有 9 个指标值，故 $m = 9$。

（3）计算旅游产业系统第 i 个市第 j 个指标的熵值 h_{ji}，计算公式为

$$h_{ji} = -\frac{1}{\ln m} \sum_{t=1}^{n} s_{j,it} \ln s_{j,it} \quad (4.3)$$

其中，n=7，因旅游产业系统中有 7 年的数据。

（4）计算旅游产业系统第 i 个市第 j 个指标的差异度 a_{ji}，计算公式为

$$a_{ji} = 1 - h_{ji} \quad (4.4)$$

（5）计算旅游产业系统第 i 个市第 j 个指标的权重 w_{ji}，计算公式为

$$w_{ji} = \frac{a_{ji}}{\sum_{j=1}^{m} a_{ji}} \quad (4.5)$$

（6）计算旅游产业系统第 i 个市第 t 年的综合发展水平 $U_{1,\ it}$，计算公式为

$$U_{1,,it}=\sum_{j=1}^{m}w_{ji}(x_{j,it}{}'-0.01) \quad (4.6)$$

用R软件对步骤（1）~（6）进行编程，即可获得旅游产业系统各市2010—2017年的综合发展水平$U_{1,it}$；同样的，对城镇化建设系统的各个指标重复步骤（1）~（6），即可获得城镇化建设系统各市2010—2017年的综合发展水平$U_{2,it}$。

2. 耦合协调度模型

基于物理学科中的容量耦合理论与模型，建立耦合协调度模型，用以计算衡量旅游产业系统和城镇化建设系统间耦合协调发展状况，其具体步骤如下：

（1）计算各市第t年旅游产业系统和城镇化建设系统间的耦合度C_{it}，计算公式为

$$C_{it}=\left\{\left(U_{1,it}\times U_{2,it}\right)/\left[\left(U_{1,it}+U_{2,it}\right)\times\left(U_{1,it}+U_{2,it}\right)\right]\right\}^{1/2} \quad (4.7)$$

（2）计算各市第t年旅游产业发展系统和城镇化建设系统间的综合协调指数T_{it}，计算公式为

$$T_{it}=\alpha U_{1,it}+\beta U_{2,it} \quad (4.8)$$

其中，α和β为待定系数，由于旅游产业系统与城镇化建设系统间相互作用具有同等地位，均取0.5。

（3）计算各市第t年耦合协调度D_{it}，计算公式为

$$D_{it}=\sqrt{C_{it}\times T_{it}} \quad (4.9)$$

用R软件对步骤（1）~（3）进行编程，即可获得旅游产业系统与城镇化建设系各市2010—2017年的耦合协调度D_{it}。

3. 面板聚类分析法

传统的聚类分析（截面数据）是从空间维度分析事物的类别，仅能从静态角度进行分析。而面板数据的聚类分析因其同时包含截面数据和时序数据，是从空间维度和时间维度对事物的类别进行分析，即能从动态的角度剖析事

物的类别，故相比于截面数据，面板数据的聚类分析在解决实际问题的能力上，具有更加优良的特性。本次研究所分析的旅游产业与城镇化建设耦合协调发展水平为单指标面板数据，故采用单指标面板数据的聚类方法。

单指标面板数据的聚类方法可分为系统聚类方法和有序聚类方法，其中，系统聚类方法是将单指标面板数据转换为截面数据，然后用传统的系统聚类方法完成面板聚类的一种方法。本次研究使用系统聚类法进行单指标面板聚类，其基本过程如下：

（1）将旅游产业系统与城镇化建设系 14 个地级市 2010—2017 年的耦合协调度面板数据转换为截面数据，其方法为将面板数据中的时间看成截面数据中的指标，如此一来每个城市的近 8 年的耦合协调度将由原来的 8 行 1 列变为 1 行 8 列，这样就把原来的 112 行 1 列的单指标面板数据转化为 14 行 8 列的截面数据了。

（2）对（1）中的截面数据运用 SPSS 软件进行系统聚类分析，首先将每个面板数据看作一类，共有 14 个类；然后将“距离”最近的两个面板数据聚为一类，此时类的个数变为 13 个，并将“距离”最近的两个类合为一类，类的个数降为 12 个，……继续按此规则进行聚类，直到将所有的面板数据合并为一个大类为止，最后绘制分类的树状图。

（三）实证测度与分析

1. 测度结果

根据区域旅游产业与城镇化建设耦合协调发展评价指标体系，首先运用熵权法计算广西各地级市旅游产业系统综合发展评价指数 U_1（见表 4.2）和城镇化建设系统综合发展评价指数 U_2（见表 4.3）；然后运用耦合协调度模型计算两系统之间的耦合协调度 D，并参见相关文献划分等级（见表 4.4）。由于文章篇幅有限，且分析结果重点在于突出相关指数的变化趋势以及近期状况，因此表 4.2、表 4.3、表 4.4 均只详细列出 2010 年、2013 年、2016 年和 2017 年四年的相关结果，其他年份的结果如有需要可向作者索取。各指标基础数据均从 2011—2018 年《广西统计年鉴》中获取，通过 R 软件编写代码依次实现上述数理模型的计算过程，且 14 个地级市各自的结果通过循环代码在 R 软件中可一次输出，无须一个个单独运算，有需要可向作者索要相关代码。为进一步分析 2010—2017 年广西各市域旅游产业与城镇化建设耦合协调发展水平的动态变化空间差异，运用 SPSS 软件进行面板聚类分析。

表 4.2　广西市域旅游产业综合发展指数 U_1（2010—2017 年）

城市	2010	2013	2016	2017	平均值	市	2010	2013	2016	2017	平均值
南宁	0.33	0.38	0.51	0.57	0.42	贵港	0.05	0.09	0.12	0.14	0.09
柳州	0.12	0.20	0.28	0.29	0.21	玉林	0.05	0.10	0.18	0.25	0.12
桂林	0.47	0.59	0.74	0.90	0.64	百色	0.10	0.16	0.22	0.23	0.16
梧州	0.08	0.10	0.16	0.19	0.12	贺州	0.12	0.21	0.30	0.33	0.22
北海	0.21	0.20	0.26	0.29	0.23	河池	0.13	0.24	0.33	0.36	0.25
防城港	0.07	0.12	0.16	0.17	0.13	来宾	0.01	0.06	0.15	0.17	0.09
钦州	0.04	0.07	0.14	0.18	0.09	崇左	0.09	0.15	0.26	0.29	0.17

表 4.3　广西市域城镇化建设综合发展指数 U_2（2010—2017 年）

城市	2010	2013	2016	2017	平均值	市	2010	2013	2016	2017	平均值
南宁	0.49	0.74	0.84	0.88	0.74	贵港	0.37	0.41	0.43	0.43	0.41
柳州	0.56	0.53	0.55	0.52	0.54	玉林	0.52	0.54	0.54	0.56	0.54
桂林	0.50	0.49	0.55	0.57	0.53	百色	0.38	0.43	0.48	0.47	0.44
梧州	0.37	0.43	0.46	0.44	0.43	贺州	0.20	0.38	0.48	0.52	0.40
北海	0.41	0.50	0.50	0.54	0.49	河池	0.43	0.47	0.52	0.58	0.50
防城港	0.27	0.54	0.51	0.49	0.45	来宾	0.26	0.51	0.52	0.51	0.45
钦州	0.43	0.50	0.57	0.57	0.52	崇左	0.15	0.25	0.31	0.42	0.28

2. 截面静态分析

根据 U_1 和 U_2 的关系，可将每种耦合协调度分为三种类型，旅游产业发展滞后型（$U_1>U_2$）、城镇化建设滞后型（$U_1<U_2$）、旅游产业发展和城镇化建设同步型（$U_1=U_2$）。由表 4.2、表 4.3 所示，2010 年广西 14 个地级市旅游产业与城镇化建设耦合协调度状况均处于失调状态，具体可分为四种情形：一是南宁市和桂林市耦合协调状况在所有地级市中状况最好，但也仅为濒临失调，其中南宁市表现为旅游发展滞后型，桂林市表现为城镇建设发展滞后型；二是柳州市、北海市、百色市、河池市为轻度失调状态，且四市均表现为旅游发展滞后型；三是梧州市、防城港市、钦州市、贵港市、玉林市、贺州市、崇左市为中度失调状态，且均表现为旅游发展滞后型；四是来宾市为严重失调状态，且表现为旅游发展滞后型。

由表 4.2、表 4.3 所示，随着工业化和城镇化进程的快速推进，2017 年广西 14 个地级市旅游产业发展水平和城镇化建设水平较之于 2010 年均有了较大幅度的提升，同时旅游产业与城镇化建设耦合协调度状况较之于 2010 年有所改善，且地区间差距有所减小，但大多仍处于失调状态，具体可分为四种情形：一是桂林市耦合协调状况在所有地级市中等级为最高，表现为初级协调，且仍为城镇建设发展滞后型；二是南宁市表现为勉强协调，但仍没形成相互促进的良好状态，且仍为旅游发展滞后型；三是柳州市、北海市、钦州市、玉林市、百色市、贺州市、河池市、崇左市为濒临失调状态，且 8 市均表现为旅游发展滞后型；四是梧州市、防城港市、贵港市、来宾市为轻度失调状态，且均表现为旅游发展滞后型。

由此可见，2010—2017 年广西 14 个地级市旅游产业虽获得了快速发展，但基本（桂林除外）滞后于城镇化建设的发展，这可能由于受制于地区旅游资源禀赋、经济发展阶段、基础设施条件等要素的制约，使得作为第三产业的旅游业发展基础较薄弱。在推进“全域旅游”发展进程中，各市城镇化建设对于旅游产业发展的载体功能将进一步得到凸显，如何进一步挖掘各市异质性旅游资源、扩大旅游市场、激发旅游产业对于城镇化建设进程中的动力作用成为充分发挥各市旅游产业与城镇化建设耦合协调发展效应的重要方向。

表 4.4 广西市域旅游发展与城镇建设耦合协调度及等级

城市	年份	耦合协调度	耦合等级	城市	年份	耦合协调度	耦合等级
南宁	2010	0.45	濒临失调	贵港	2010	0.26	中度失调
	2013	0.51	勉强协调		2013	0.31	轻度失调
	2016	0.57	勉强协调		2016	0.34	轻度失调
	2017	0.59	勉强协调		2017	0.35	轻度失调
柳州	2010	0.36	轻度失调	玉林	2010	0.28	中度失调
	2013	0.40	濒临失调		2013	0.34	轻度失调
	2016	0.44	濒临失调		2016	0.40	濒临失调
	2017	0.44	濒临失调		2017	0.43	濒临失调
桂林	2010	0.49	濒临失调	百色	2010	0.31	轻度失调
	2013	0.52	勉强协调		2013	0.36	轻度失调
	2016	0.57	勉强协调		2016	0.40	濒临失调
	2017	0.60	初级协调		2017	0.41	濒临失调
梧州	2010	0.29	中度失调	贺州	2010	0.28	中度失调
	2013	0.32	轻度失调		2013	0.38	轻度失调
	2016	0.37	轻度失调		2016	0.44	濒临失调
	2017	0.38	轻度失调		2017	0.46	濒临失调
北海	2010	0.38	轻度失调	河池	2010	0.35	轻度失调
	2013	0.40	濒临失调		2013	0.41	濒临失调
	2016	0.42	濒临失调		2016	0.46	濒临失调
	2017	0.44	濒临失调		2017	0.48	濒临失调
防城港	2010	0.27	中度失调	来宾	2010	0.14	严重失调
	2013	0.36	轻度失调		2013	0.29	中度失调
	2016	0.38	轻度失调		2016	0.37	轻度失调
	2017	0.38	轻度失调		2017	0.39	轻度失调
钦州	2010	0.25	中度失调	崇左	2010	0.24	中度失调
	2013	0.30	轻度失调		2013	0.31	轻度失调
	2016	0.37	轻度失调		2016	0.38	轻度失调
	2017	0.40	濒临失调		2017	0.42	濒临失调

3. 面板动态及聚类分析

从2010—2017年期间广西14个地级市旅游产业与城镇化建设耦合协调发展水平的演进状况来看（见表4.4），旅游产业与城镇化建设耦合协调发展水平变化特征基本稳定，大体呈上升趋势，但耦合协调水平仍有很大提高空间。桂林市呈现濒临失调—勉强协调—初级协调的基本状况，在所有地级市中耦合协调等级最高，主要得益于“山水甲天下”的自然风光，已成为著名的国际性旅游城市及国家级旅游综合改革试验区，旅游产业发展基础好且后劲足，但城市老区改造难度大、建设进度慢，因此在耦合协调发展上整体表现为城镇建设发展滞后型；南宁市呈现为濒临失调—勉强协调的基本状况，主要得益于近些年着力推动城市基础设施、经济和生态等全方位建设，并取得了较好的成效，2016年被住房和城乡建设部评为首批“国家生态园林城市”，在耦合协调发展上整体表现为旅游发展滞后型；柳州市、北海市、百色市、河池市呈现为轻度失调—濒临失调的基本状况，表明四市的旅游产业和城镇化建设并未达到耦合协调发展状态，但状况有所好转，具体表现为：柳州市在城镇化建设上成效显著，素有“桂中商埠”之称，并赢得了“山清水秀地干净”的美誉，在旅游发展上，虽基础中等，但后劲较足，在耦合协调发展水平上虽为旅游发展滞后型，但从二者的综合评价水平增长率来看，旅游产业和城镇化建设的差距呈明显缩小态势；北海市是我国最美的海滨城市之一，也是广西传统的旅游城市，旅游产业发展基础仅次于桂林市，但由于受气候及景区承载力等方面的制约，近年来发展后劲呈现不足，在耦合协调上表现为旅游发展滞后型，且旅游产业和城镇化建设差距缩小不明显；百色市得益于红色旅游、养生旅游资源优势，旅游发展后劲较足，随着经济实力的整体增强，城镇建设水平也有了较大提升；河池市得益于得天独厚的长寿养生环境以及丰富的旅游资源，旅游发展势头良好，而城镇化建设受限于“喀斯特地貌”的地形和经济发展滞后等条件，进程较缓，整体上虽表现为旅游发展滞后型，但二者差距较小且呈缩小态势。梧州市、防城港市、贵港市呈现为中度失调—轻度失调的基本状态，表明三市的旅游产业发展和城镇化建设仍处在失调状态，但有所好转，主要是由于三市的旅游资源较欠缺，发展基础较差，因而整体上均表现为旅游发展滞后型。钦州市、玉林市、贺州市和崇左市呈现中度失调—轻度失调—濒临失调的基本状态，表明该四市的旅游产业发展和城镇化建设虽未达到耦合协调状态，但改善明显，整体上虽均表现为旅游发展滞后型，但从二者的综合评价水平增长率来看，旅游产业发展和城镇化建设的差距呈明显缩小态势，旅游产业发展势头强劲，其中钦州市得益于沿海旅游资源优势、玉林市得益于历史人文旅游资源优势、贺州市得益于自然人文长寿等多方面旅游资源优势、崇左市得益于边境人文旅游资源优势。来宾市的耦合协调指数相对最低，呈现严重失调—中度失调—轻度失调的基本状态，主要原因可能在于来宾市作为新兴城市，发展基础较差，旅游产业发展以及整体协调规划滞后，耦合协调整体上表现为旅游发展滞后型。

从面板聚类谱系图观测（见图 4.2），可以得出 2010—2017 年期间广西

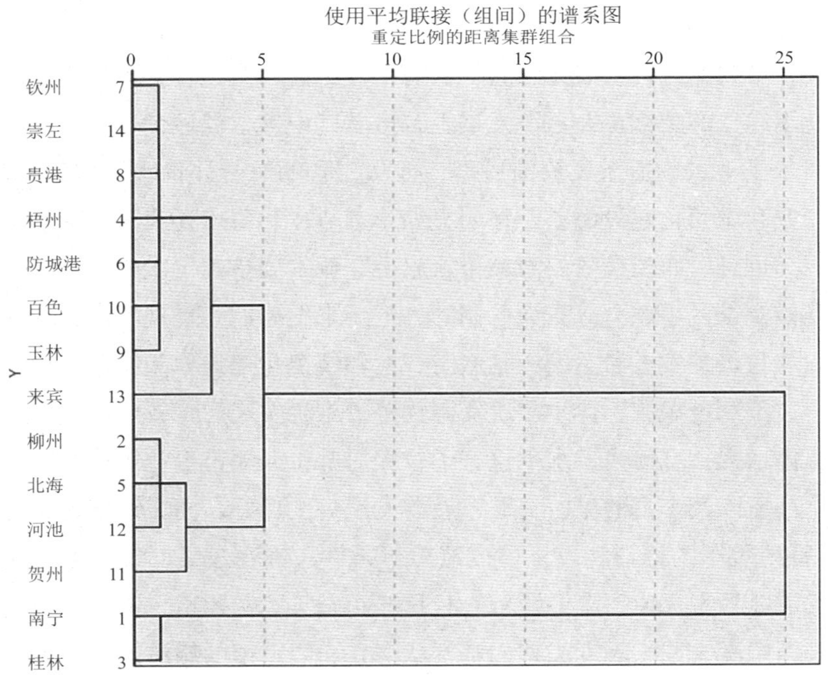

图 4.2　2010—2017 年广西市域旅游产业与城镇化建设耦合协调度面板聚类谱系图

14个地级市旅游产业与城镇化建设耦合协调发展水平的空间差异明显，大致可分为五个层次类型：第一类为南宁市和桂林市，第二类为贺州市，第三类为柳州市、北海市、河池市，第四类为梧州市、防城港市、玉林市、百色市、贺州市、河池市、钦州市、贵港市、崇左市，第五类为来宾市。结合耦合协调发展水平可以看出，第一类为五类耦合协调层次中最高类型，可见南宁市作为广西的政治、经济、文化、外交中心，受益于具有推动旅游产业、城镇化建设以及二者耦合协调发展的“首府优势”、财政支持以及人才智力支持；桂林市受益于坚实的旅游产业发展基础、享誉中外的旅游发展品牌以及推陈出新的旅游产品创意与战略，使之为该市的城镇化建设带来强大的动力作用。从耦合协调发展水平层次较低地级市可以得出：旅游产业发展基础滞后和经济基础滞后都将成为旅游产业与城镇化建设耦合协调发展的制约因素，因此推进广西各市旅游产业与城镇化建设耦合协调发展水平的提高及耦合协调发展效应的体现还需较长的发展周期。

四、结论与讨论

本次研究认为通过区域旅游产业与城镇化建设耦合协调发展能够有效释放旅游产业对于促进城镇化建设的收入效应、对外效应、就业效应和龙头效应以及城镇化建设对于推动旅游产业发展的基础效应、消费效应、集聚效应和形象效应，而区域旅游产业与城镇化建设耦合协调发展的测度应体现全面性、可操作性和动态性原则。在构建区域旅游产业与城镇化建设耦合协调发展评价指标体系的基础上，① 运用熵权法对广西2010—2017年14个地级市旅游产业发展水平与城镇化建设水平进行了综合测度，实现了将多指标客观赋值并综合为单一指标；② 运用耦合协调度模型对广西2010—2017年14个地级市旅游产业与城镇化建设耦合协调发展水平进行测度，直观地展现出14个地级市旅游产业与城镇化建设耦合协调发展的演进进程与发展阶段；③ 运用面板聚类分析模型对广西2010—2017年14个地级市旅游产业与城镇化建设耦合协调发展的空间差异进行测度，实现了从空间维度和时间维度对事物的类别进行分析。

研究得到以下结论：① 2010—2017 年，广西 14 个地级市旅游产业与城镇化建设耦合协调发展水平变化特征基本稳定，大体呈上升趋势，桂林市呈现濒临失调—勉强协调—初级协调的基本状况，南宁市呈现为濒临失调—勉强协调的基本状况，柳州市、北海市、百色市、河池市呈现为轻度失调—濒临失调的基本状况，梧州市、防城港市、贵港市呈现为中度失调—轻度失调的基本状态，钦州市、玉林市、贺州市和崇左市呈现中度失调—轻度失调—濒临失调的基本状态，来宾市呈现严重失调—中度失调—轻度失调的基本状态；② 2010—2017 年，广西 14 个地级市旅游产业与城镇化建设耦合协调发展空间差异显著，大致可分为五个层次类型：第一类为南宁市和桂林市，第二类为贺州市，第三类为柳州市、北海市、河池市，第四类为梧州市、防城港市、玉林市、百色市、贺州市、河池市、钦州市、贵港市、崇左市，第五类为来宾市。

由此可见：① 广西 14 个地级市旅游产业与城镇化建设耦合协调发展水平整体较低，未来仍有很大提高空间，旅游产业发展基础滞后和经济基础滞后都将成为旅游产业与城镇化建设耦合协调发展的制约因素，推进广西各市旅游产业与城镇化建设耦合协调发展水平的提高还需较长的发展周期；② 广西各地级市，尤其是旅游产业与城镇化建设耦合协调发展水平较低的来宾市、梧州市、防城港市、玉林市、百色市、贺州市、河池市、钦州市、贵港市、崇左市还需进一步强化各主体相关认识、凸显各方合力，进一步引领区域旅游产业发展和城镇建设两类规划的相互衔接和彼此促进。因此，可从以下方面做进一步提升。①加强理念认识，厘清作用机制。具体来看，建立旅游产业发展与城镇化建设耦合协调理念与政策学习班，重点阐述旅游产业发展与城镇建设耦合协调的理论内涵、动力源泉、发展模式、提升路径以及对于促进区域“全域旅游”发展的重要意义，切实加强各相关主体部门对于旅游产业发展与城镇化建设耦合协调的全方位深度认识。②统筹发展规划，形成政策合力。制定旅游产业和城镇建设咨询与协调会议制度，畅通沟通渠道，突出政策制定主体间的相关共识；坚持旅游产业的动力作用和城镇的载体功能，引领两类规划的相互衔接和彼此促进，推动重大基础设施共同建设和功能共享。③促进深度耦合，形成品牌合力。加强对旅游产业发展和城镇建设的耦合协调监测和机理研究，从深层次、宽领域、多手段促进二者向最优耦合协调方向转变；进一步完善旅游城镇的基础设施，深入挖掘旅游城镇的文化底蕴、民俗风情和自然生态等，打造“旅游”和“城镇”双品牌，发挥双弓品牌营销合力，助推“全域旅游”发展。

应该指出：① 本次研究所用的熵权法是最为常见的综合评价方法之一，其基于外部环境原始信息的客观赋值完全忽视了研究者对于现实对象的主观认定，如运用主客观相结合的方法进行赋值更显合理性；② 本次研究对区域旅游产业与城镇化建设耦合协调发展的作用机制进行了定性分析，对广西各地级市旅游产业与城镇化建设耦合协调发展阶段、演进进程及空间差异进行了实证分析，然而区域旅游产业发展对于促进城镇化建设所具有的核心动力作用、区域城镇化建设对于推动旅游产业发展所具有的重要载体功能以及区域旅游产业与城镇化建设耦合协调发展的作用效应仍需进行定量分析与实证检验。

参考文献：

［1］谢呈阳，胡汉辉，周海波．新型城镇化背景下“产城融合”的内在机理与作用路径［J］．财经研究，2016，42（1）：72.

［2］QIAN JUN-XI，FENG DAN，ZHU HONG. Tourism-driven urbanization in China's small town development：A case study of Zhapo Town，1986–2003［J］. Habitat International，2011，36（1）：152.

［3］LUO JIAN-MING，QIU HAN-QIN，GOH CAREY，WANG DAN. An Analysis of Tourism Development in China From Urbanization Perspective［J］. Journal of Quality Assurance in Hospitality & Tourism，2016，17（1）：24.

［4］PALAMALAI，SRINIVASAN，KALAIVANI M. Tourism Expansion，Urbanization and Economic Growth in India：An Empirical Analysis［J］. IUP Journal of Business Strategy，2016，13（4）：36.

［5］Di Francesco，Gabriele. Food and wine tourism and urban local development［J］.

Transnational Marketing Journal，2016，Special Issue（4）：133.

［6］王兆峰，余含．张家界旅游产业发展与小城镇建设耦合发展研究［J］．经济地理，2012，32（7）：166.

［7］窦银娣，李伯华，刘沛林．旅游产业与新型城镇化耦合发展的机理、过程及效应研究［J］．资源开发与市场，2015，31（12）：1525.

［8］舒小林，高应蓓，张元霞，杨春宇．旅游产业与生态文明城市耦合关系及协调发展研究［J］．中国人口．资源与环境，2015，25（3）：82.

［9］唐新平，刘彬，麻学锋．湘西地区旅游产业成长与新型城镇化耦合协调度时空分异分析［J］．吉首大学学报（社会科学版），2016，37（5）：52.

［10］彭邦文，武友德，曹洪华，李松志，王辉．基于系统耦合的旅游业与新型城镇化协调发展分析——以云南省为例［J］．世界地理研究，2016，25（2）：103.

［11］梁坤，杜靖川，吕宛青．西南地区旅游产业与城镇化耦合协调度的时空特征分析［J］．经济管理，2014，36（12）：125.

［12］庞笑笑，王荣成，王文刚．欠发达地区旅游发展与城镇化耦合研究——以吉林省抚松县为例［J］．地理与地理信息科学，2014，30（3）：130.

［13］舒小林，刘东强，齐培潇，高应蓓．中国城镇化与旅游业发展的动态关系研究——基于 VAR 模型的分析［J］．经济问题探索，2014（11）：122.

［14］张炜，马鑫杰，张毓峰．旅游产业、区域经济与城镇化关系研究——基于线性、非线性、面板 Granger 因果关系检验［J］．城市规划，2018，42（8）：51.

［15］罗文斌．全域旅游的发展背景、本质特征和价值目标解读［N］．中国旅游报，2016-09-13（003）.

［16］王威峰．产业融合视角下广西巴马长寿旅游产业价值链升级探究［J］．河池学院学报，2017，37（6）76.

［17］杜傲，刘家明，石惠春．1995—2011 年北京市旅游业与城市发展协调度分析［J］．地理科学进展，2014，33（2）：196.

［18］任娟．多指标面板数据融合聚类分析［J］．数理统计与管理，2013，32（1）：58.

［19］郑兵云．多指标面板数据的聚类分析及其应用［J］．数理统计与管理，2008，27

（2）：266.

［20］朱建平，陈民恳．面板数据的聚类分析及其应用［J］．统计研究，2007，24（4）：13.

［21］廖重斌．环境与经济协调发展的定量评判及其分类体系——以珠江三角洲城市群为例［J］．热带地理，1999，19（2）：173.

第五章　省级区域旅游产业、社会经济、生态环境耦合协调度空间相关性研究

——以广西为例

一、引言

探索性空间数据分析（Exploratory Spatial Data Analysis，ESDA）的构思来源于地理学第一定律，即在地理空间中邻近的现象比距离远的现象更加趋于相似。探索与地理位置相关的数据间的空间相关性并根据空间位置构建数据间的统计关系是ESDA分析与研究的第一要义。利用有关统计分析方法建立空间统计模型，在凌乱无序的数据中挖掘空间自相关与空间变异规律则是ESDA的关键任务。作为现代计量地理学一个快速发展的方向领域，空间统计分析技术被广泛应用于揭示多方面的区域空间聚集与分异特征，并呈现出与其他相关技术结合进行复合研究的态势。利用ESDA技术设置空间权重矩阵，借助Arcgis、Geoda等平台将空间数据结构描述可视化，分析研究区域旅游经济的差异演变规律被认为是一种切实可行的有效方法，旅游经济与社会经济、生态环境的耦合协调研究也一直是国外学者关注的热点。目前，我国的旅游业已进入全域旅游发展时代，全域旅游模式作为旅游供给侧改革的重要实现载体，是推动旅游产业转型升级和可持续发展的必然选择，对于整体提升旅游产业竞争力具有十分重要的现实意义。全域旅游是指通过依托旅游产业的优势地位对区域内经济社会资源、旅游资源、生态环境、公共服务、政策法规、体制机制、文明素质及相关产业等环节进行整合优化，以实现区域资源融合协调发展的一种全新理念和模式。由于旅游资源禀赋、社会经济

基础、生态环境影响等因素的不同，广西 14 个地级市的旅游产业发展存在明显的区域差异。据《广西统计年鉴》（2015）的数据，南宁、桂林、柳州的旅游总收入分别为 608.79 亿元、432.07 亿元和 233.14 亿元，3 个城市的旅游总量占据了全区 48.98% 的份额。因此，基于全域旅游视角并以广西旅游产业、社会经济、生态环境耦合协调度为研究对象，动态研究与静态研究相结合，探讨其空间相关性机制，以期待为新常态下广西旅游产业的发展决策及区域布局优化提供实用参考依据。

二、数据来源与研究方法

（一）数据来源及整理

按照评价指标体系设计遵循的原则，以国内旅游人数、国内旅游收入、入境旅游者人数、国际旅游收入、旅游总收入、星级饭店数等指标为旅游产业子系统指标，以 GDP 值、人均 GDP 值、社会消费品零售总额、城镇在岗职工平均工资、第三产业占 GDP 比重、第三产业产值等指标为社会经济子系统，以污水年排放量（负向指标）、污水处理率、生活垃圾无害化处理率、人均公园绿地面积、建成区绿化覆盖率、人口密度（负向指标）等指标为生态环境子系统，构建广西旅游产业—社会经济—生态环境耦合协调度评价指标体系。经过计算，得到广西 14 个地级市 2010—2014 年耦合协调度，整理后如表 5.1 所示。原始数据均来源于广西壮族自治区统计局编写的《广西统计年鉴》。

表 5.1　2010—2014 年广西各地级城市旅游产业—社会经济—生态环境耦合协调度

年份 城市	2010	2011	2012	2013	2014
南宁	0.8598	0.8668	0.932	0.8693	0.8687
柳州	0.6558	0.6396	0.8149	0.6737	0.6641
桂林	0.7922	0.8115	0.8816	0.799	0.7773
梧州	0.4643	0.4874	0.686	0.4641	0.4706

续表

城市 \ 年份	2010	2011	2012	2013	2014
北海	0.5811	0.5683	0.7415	0.5834	0.5498
防城港	0.4691	0.4484	0.6756	0.484	0.4565
钦州	0.3996	0.3986	0.6083	0.4183	0.3700
贵港	0.4288	0.4012	0.6548	0.4577	0.4287
玉林	0.4986	0.4875	0.7139	0.5259	0.5096
百色	0.4597	0.4561	0.6796	0.4818	0.4619
贺州	0.3949	0.4106	0.6489	0.4704	0.4211
河池	0.4521	0.473	0.7101	0.5033	0.5042
来宾	0.000	0.1886	0.5863	0.2627	0.3438
崇左	0.3734	0.3892	0.6444	0.4292	0.4153

数据来源：根据《广西统计年鉴》（2011—2015）计算整理。

（二）基本原理和方法

1. 空间权重矩阵

以空间权重矩阵的概念对空间对象的相互邻近关系进行界定并探索现象之间的空间联系是 ESDA 分析与研究的首要环节，若以空间权重矩阵 W 表示 n 个位置的空间区域的邻近关系，则有：

$$W=\begin{bmatrix} w_{11} & w_{12} & \cdots & w_{1n} \\ w_{21} & w_{22} & \cdots & w_{2n} \\ \cdots & \cdots & \cdots & \cdots \\ w_{n1} & w_{n2} & \cdots & w_{nn} \end{bmatrix}$$

其中区域 i 与 j 的邻近关系用 W_{ij} 表示，以邻接或距离标准度量。

简单的二进制邻接矩阵和基于距离的二进制空间权重矩阵被认为是确定空间权重矩阵规则最主要的方法。如果区域 i 和 j 相互邻接或区域 i 和 j 的距离小于 d 的时候，W_{ij} 等于 1，否则等于 0。区域 i 与区域 i 不属于邻接关系，

即 $W_{ij}=0$。

2. 全局空间自相关

Moran 指数是反映空间邻近或邻接的区域单元属性值相似程度的重要指标。基于研究目的需要，本次研究采用 Moran 指数进行，若以 X_i 表示位置或区域 i 的观测值，那么则有相应的全局 Moran 指数 I 可以用计算公式表达如下：

$$I=\frac{\sum_{i=1}^{n}\sum_{j=1}^{n}w_{ij}(x_i-\bar{x})(x_j-\bar{x})}{S^2\sum_{i=1}^{n}\sum_{j=1}^{n}w_{ij}} \tag{5.1}$$

在公式 5.1 中，全局 Moran 指数用 I 表示，$S^2=\frac{1}{n}\sum_{i=1}^{n}(x_i-\bar{x})^2$，$\bar{x}=\frac{1}{n}\sum_{i=1}^{n}x_i$，全部的区域观测值的平均值以 $\overline{X}$ 表示，区域单元的总数以 n 表示，空间权重矩阵用 W_{ij} 表示，i 与 j 等于 1，2，3，…，n。一般地，−1 至 1 是 Moran 指数 I 的取值范围，若 Moran 指数 I 的值小于 0、等于 0 或大于 0，则分别表示空间单元呈负相关、不相关或正相关状态。

Moran 指数可以通过标准化统计量 Z 对 n 个区域是否存在空间自相关关系进行检验，标准化统计量 Z 的计算公式为：

$$Z=\frac{I-E(I)}{\sqrt{VAR(I)}} \tag{5.2}$$

对空间自相关关系进行显著性检验，可以依据公式 5.2 计算得到的检验统计量来判断，均值和方差都是理论上的均值和标准方差。以标准化 Z 值的 P 值对显著性水平的确定进行检验，在计算得出 Z 值的 P 值以后将显著性水平 α 与 P 值进行对比并确定是否接收零假设。若 P 值大于给定的显著性水平 α 时表示接收零假设，若 P 值小于给定的显著性水平 α 则表示零假设被拒绝：当 Z 值大于 0 时，空间相关性属于正向自相关关系，相似的观测值（高值或低值）表现为空间的聚集状态，显著性越强则表明聚集状态趋势越明显；当 Z 值小于 0 时，空间相关性属于负向自相关关系，相似的观测值表现为分散的分布状态，显著性特征越明显则表明分散的分布状态趋势越大；当 Z 值为

0 时，观测值表现为独立的随机分布状态。

3. 局部空间自相关

Moran 指数 I 的不足之处在于其往往忽略了空间过程的潜在不稳定性，若要进一步细化探索研究局部空间的聚集状态及局部空间状况在多大程度上对全局空间状况存在相互影响关系时，就必须进行局部空间自相关分析。LISA、G 统计与 Moran 散点图是局部空间自相关分析的三种方法，本次研究采用 LISA 和 Moran 散点图相结合的研究方法。

局部 Moran 指数 I_i 被定义为：$I_i=\frac{\left(x_i-\bar{x}\right)}{S^2}\sum_j w_{ij}\left(x_j-\bar{x}\right)$ （5.3）

公式 5.3 中相关变量的含义与公式 5.1 中相同。显然，公式 5.3 可以进一步写成：$I_i=Z_i'\sum_j w_{ij}Z_j'$ （5.4）

公式 5.4 中，Z_i' 与 Z_j' 是经过标准差标准化的观测值，局部 Moran 指数 I_i 的检验方法与公式 5.2 一致。

研究局部的空间不稳定性可以运用（W_Z，Z）为坐标点的 Moran 散点图进行，Moran 散点图以二维图示的形式将空间滞后因子 W_Z 和 Z 数据可视化。将 LISA 显著性水平和 Moran 散点图相互结合起来以得到显示出显著 LISA 区域的 Moran 显著性水平图，同时分别标识出对应于 Moran 散点图中不同象限的相应区域。在给定置信水平下，若 I_i 显著＞ 0 且 $Z_i>0$，则区域 i 位于 HH 象限（第一象限）；若 I_i 显著＞ 0 且 $Z_i<0$，则区域 i 位于 LL 象限（第三象限）；若 I_i 显著＜ 0 且 $Z_i>0$，则区域 i 位于 HL 象限（第二象限）；若 I_i 显著＜ 0 且 $Z_i<0$，则区域 i 位于 LH 象限（第四象限）。

三、实证研究过程

借助 Geoda 和 Arcgis 软件，基于 Queen 邻接概念构建广西 14 个地级市的空间权重矩阵，然后计算全局 Moran 指数和 Z 得分并对全局 Moran 指数进行显著性检验，绘制反映局部空间自相关的 Moran 散点图和 LISA 聚集图，对广西旅游产业、社会经济、生态环境耦合协调度的空间相关性进行整体研究。

（一）广西 14 个地级市空间权重矩阵的构建

采用 Queen 邻接标准构建广西 14 个地级市的空间权重矩阵，揭示广西 14 个地级市空间权重矩阵的特性，表明具有不同数量邻接空间单元的空间地域及拥有同等邻接单元的空间地域数量。结果显示，贺州、北海两市分别拥有 2 个空间邻接单元，柳州、百色、崇左、防城港 4 个地级市分别拥有 3 个空间邻接单元，桂林、河池、玉林 3 个地级市分别拥有 4 个空间邻接单元，贵港、钦州、梧州 3 个地级市分别拥有 5 个空间邻接单元，来宾拥有 6 个空间邻接单元，南宁则拥有最多的 7 个空间邻接单元。对广西各地级市空间邻接关系的准确定位，将有助于进一步分析研究广西旅游产业、社会经济、生态环境耦合协调度的空间相关性分析。

（二）广西旅游产业、社会经济、生态环境耦合协调度全局空间自相关

利用广西旅游产业、社会经济、生态环境耦合协调度的相关数据，借助 Geoda、Arcgis 软件计算 2010—2014 年广西 14 个地级市全局 Moran 指数 *I*，以此为依据判断其全局空间自相关的正负相关性，根据蒙特卡罗模拟的方法，通过 *Z* 得分及 *P* 值检验其全局空间自相关的显著程度，结果如表 5.2 所示。从表 5.2 的计算结果可以看出，2010—2014 年广西旅游产业、社会经济、生态环境耦合协调度的全局 Moran 指数 *I* 均为负值，在 –0.3401~0.2892 之间，表明其全局空间自相关关系为负相关且相关程度趋于不显著。检验 Z 得分及 *P* 值时可见，虽然除了 2012 年以外其他年份的 P 值均小于 0.05，但只有 2010 年与 2011 年的 *Z* 值稍微小于 –1.65，说明在 Moran 指数 *I* 的正态函数分布中，Z 的得分值小于 $P = 0.10$ 时的临界值 –1.65，研究区域空间属性值在置信度 90% 的水平上呈一般显著的负自相关关系，表现出高值空间单元与低值空间单元相邻近、低值空间单元与高值空间单元相邻近的空间离散状态，即

2010年与2011年广西旅游产业、社会经济、生态环境耦合协调度的空间分布并不是完全随机分布的，而是空间位置上相邻的区域单元具有不同属性值，2012—2014年则没有通过显著性检验，呈随机分布状态。由此可以认为，广西旅游产业、社会经济、生态环境耦合协调度的空间分布特征从微弱的替代关系在向无序状态转化。

表5.2　2010—2014年广西旅游产业、社会经济、生态环境耦合协调度全局空间自相关分析结果

年份	Moran' *I* 指数	预期指数	方差	*Z* 得分	*P* 值
2010	−0.3401	−0.0769	0.1537	−1.6690	0.0370
2011	−0.3382	−0.0769	0.1578	−1.6657	0.0280
2012	−0.3045	−0.0769	0.1592	−1.4362	0.0580
2013	−0.3188	−0.0769	0.1502	−1.6340	0. 0440
2014	−0.2892	−0.0769	0.1575	−1.4623	0. 0410

（三）广西旅游产业、社会经济、生态环境耦合协调度局部空间自相关

1. Moran散点图

由于全局空间自相关的计算结果只是表明广西旅游产业、社会经济、生态环境耦合协调度在一定程度上具有较为明显的空间负相关关系，其耦合协调发展水平呈现出高低邻接、低高邻接的离散分布特征，并不能表明具体是哪些局部区域出现了这些特征。为了清晰地展示广西旅游产业、社会经济、生态环境耦合协调度的空间格局及其关联模式、差异程度，需要通过局部空间自相关分析进行深入探讨。采用Geoda软件对相关数据进行计算，绘制Moran散点图（见图5.1），然后将散点图与行政单元进行链接，从而具体区分各地级市所处的对应象限，最终得到判断各地级市与邻接单元的空间联系模式（见表5.3）。

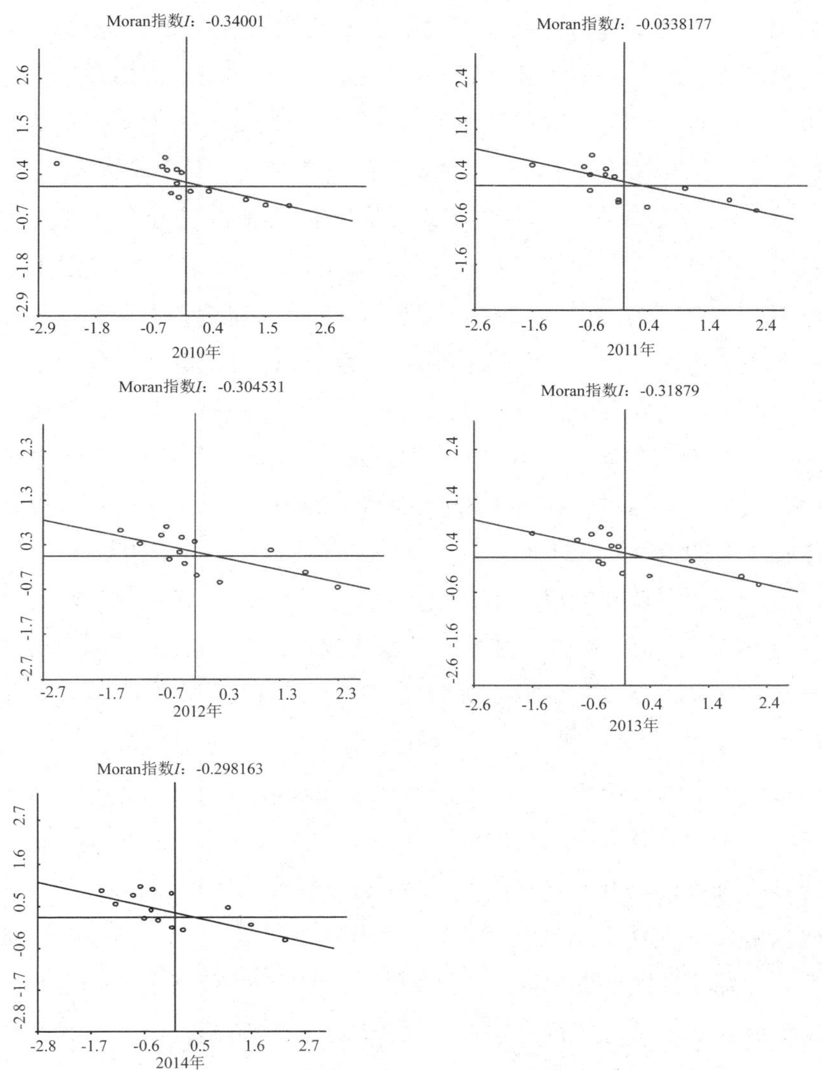

图 5.1　2010—2014 年广西旅游产业、社会经济、生态环境耦合协调度 Moran 散点图

Moran 散点图以所研究空间地域的标准化属性值 Z 为横坐标，以由空间权重矩阵所决定的空间滞后变量 W_Z 为纵坐标，其空间关联形式可以分为四种：第一象限为“高高（HH）”空间关联，代表高属性值空间单元被高属性值邻接空间单元包围；第二象限为“低高（LH）”空间关联，代表低属性值空间单元被高属性值邻接空间单元包围；第三象限为“低低（LL）”空间关联，代表低属性值空间单元被低属性值邻接空间单元包围；第四象限为“高低（HL）”空间关联，代表高属性值空间单元被低属性值邻接空间单元包围。从图 5.1 中 2010—2014 年的 Moran 散点图来看，回归直线的斜率即为 Moran’ I 的值，其基本上一直位于第二和第四象限内且处于下降态势，空间联系模式逐步趋于离散，空间单元也大多位于第二和第四象限内，表明 2010—2014 年广西旅游产业、社会经济、生态环境耦合协调度的空间局部自相关主要以“低高（LH）”空间关联和“高低（HL）”空间关联为主，表现为具有较低（高）耦合协调水平的空间单元与具有较高（低）耦合协调水平相邻接的空间分布模式。从表 5.3 可知，除了 2012 年桂林及 2014 年柳州的耦合协调发展水平属于“高高（HH）”空间关联形式以外，其他年份均没有出现这一类型的地级市，表明广西区域内旅游产业、社会经济、生态环境耦合协调度发展水平较高的地级市在很大程度上与周边地级市存在较为显著的差异，尚未形成高水平的聚集区域及扩散效应；2010—2014 年耦合协调发展水平属于“低高（LH）”空间关联形式的地级市非常稳定，一直是贺州、来宾、百色、河池、崇左、防城港及钦州 7 个，占广西地级市数量的 50%，表明这 7 个地级市的旅游产业、社会经济、生态环境耦合协调度发展水平较低而且被耦合协调发展水平较高的地级市包围，主要是因受制于邻接高水平地级市的影响所致，正处于过渡发展的阶段；属于“低低（LL）”空间关联形式的地级市除了玉林市在 2010 年和 2012 年偶有变化以外，还包括梧州和贵港两市，三者共占地级市数量的 21.43%，表明这 3 个地级市的耦合协调发展水平比较低，处于低水平耦合协调发展阶段；耦合协调发展水平属于“高低（HL）”空间关联形式的地级市变化不大，一般维持在桂林、柳州、南宁、北海 4 个地级市，占地级市总量的 28.57%，表明这些地级市的旅游产业、社会经济、生态环境耦合协调发展水平较高并被耦合协调度发展水平较低的地级市包围，具有明显的极化效应，说明了桂林、柳州、南宁、北海作为广西区域旅游主要城市的重要作用，但它们却抑制了周边相邻接地级市的发展，导致全区旅游整体协调发展水平差异扩大。总体而言，位于第一、第三象限的地级市显示了相似值的正向空间关联，偏离了全域负向空间自相关，而位于第二、第四象限的地级市显示了非相似值的空间关联。广西旅游产业、社会经济、生态环境耦合协调发展水平的空间特征为明显的“低高（LH）”和“高低（HL）”二元结构，两者所含地级市占总量比重的78.57%。纵观广西地级市空间单元结构可以发现，南宁、桂林、柳州、北海等旅游产业、社会经济、生态环境耦合协调发展水平较高的地级市被贺州、来宾、百色、河池、崇左、防城港、钦州、玉林、贵港、梧州等耦合协调发展水平较低的地级市分割包围，形成典型的离散空间分布状态，空间差异较为明显。

表5.3　2010—2014年广西14个地级市旅游产业、社会经济、生态环境耦合协调度空间联系模式

年份	第一象限（HH）	第二象限（LH）	第三象限（LL）	第四象限（HL）
2010		贺州、来宾、河池、百色、崇左、防城港、钦州	贵港、梧州	桂林、柳州、南宁、玉林、北海
2011		贺州、来宾、河池、百色、崇左、防城港、钦州	梧州、贵港、玉林	桂林、南宁、柳州、北海
2012	桂林	贺州、来宾、河池、百色、崇左、防城港、钦州	梧州、贵港	柳州、南宁、玉林、北海
2013		贺州、来宾、河池、百色、崇左、防城港、钦州	玉林、梧州、贵港	桂林、南宁、柳州、北海
2014	柳州	贺州、来宾、河池、百色、崇左、防城港、钦州	玉林、梧州、贵港	桂林、南宁、北海

2. LISA分析

Moran散点图直观反映了区域空间单元与其邻接单元之间的空间关联形式，同时区分研究区域内空间单元具体属于何种类型的空间联系类型，探测某种属性值或特征值分布异常表现在局部空间的不稳定性，但并没能反映各个区域空间单元自相关的程度。LISA分析可以在Moran散点图的基础上进一步研究空间分析的结果，它的值是衡量空间单元属性和周围单元的正相关及相近或负相关及相异程度的指标。通过软件 Geoda 计算相关数据，得到 2010—2014 年广西旅游产业、社会经济、生态环境耦合协调度的 LISA 聚集结果（见表 5.4）。

表 5.4 显示，2010—2014 年南宁、来宾的旅游产业、社会经济、生态环境耦合协调发展水平均通过了置信水平 95% 以上的检验，一直分别处于“高低（HL）”和“低高（LH）”的显著区域，表明南宁与来宾的耦合协调发展呈现出与周边地级市紧密相互影响、相互联系的趋势，南宁的耦合协调发展水平显著高于周边地级市，而来宾则刚好与之相反。其他 12 个地级市没有通过显著性检验，说明这些地市与周边邻接区域单元相互影响、相互联系的程度比较弱小，基本上处于孤立发展的状态，连片的显著区域没有出现，说明广西旅游产业、社会经济、生态环境耦合协调发展并未存在明显的聚集效应，造成以上局面的原因在于旅游产业、社会经济及生态环境的区域差异及综合作用的结果。

表 5.4　2010—2014 年广西旅游产业、社会经济、生态环境耦合协调度的 LISA 结果

年份	南宁		来宾	
	类型	*P* 值	类型	*P* 值
2010	HL	0.01	LH	0.05
2011	HL	0.001	LH	0.05
2012	HL	0.01	LH	0.05
2013	HL	0.001	LH	0.05
2014	HL	0.01	LH	0.05

四、广西旅游产业、社会经济、生态环境耦合协调度模拟预测

（一）灰色预测模型

灰色预测模型（Grey Dynamic Model，GM），作为一种抽象系统的动态

演变预测模型，可以将原始统计数据进行数学方法处理后转化为动态微分方程，用于描述原系统的内在特征，因其具有精确高效、使用便捷，目前被广泛应用于多项领域的预测研究。运用 GM（1，1）模型对 2015—2019 年广西旅游产业、社会经济、生态环境耦合协调度进行模拟预测。

（二）模拟预测分析

以 2010—2014 年广西旅游产业、社会经济、生态环境耦合协调度计算结果数据为依据，借助相关软件进行计算，得到 2015—2019 年的广西旅游产业、社会经济、生态环境耦合协调度模拟预测结果（见表 5.5）。根据表 5.5 可知，广西旅游产业、社会经济、生态环境耦合协调度的预测值准确率除了来宾偏低以外，大多保持在 81.93%~97.46%，准确率达到较高的要求。在接下来的 5 年间，耦合协调度变化幅度比较平稳，变化幅度维持在 0.1 左右的范围内，但发展形势依然严峻。按照耦合协调度的评价标准，仅有南宁属于良好协调、桂林属于中级协调及柳州属于初级协调，其余地级市均有不同程度的失调现象，这就意味着空间相关性及联系特征难以在短期内产生根本性转变，即空间单元耦合协调度发展的离散状态将得以延续，也预示着广西各地级市必须在区域一体化进程中强化合作共谋发展，打造新的区域发展格局。

表 5.5　2015—2019 年广西旅游产业、社会经济、生态环境耦合协调度模拟预测结果

城市＼年份	2015	2016	2017	2018	2019	平均相对误差	耦合协调度类型
南宁	0.8702	0.8647	0.8593	0.8538	0.8484	2.54%	良好协调
柳州	0.6822	0.6759	0.6697	0.6636	0.6575	8.10%	初级协调
桂林	0.7731	0.7561	0.7396	0.7234	0.7075	3.35%	中级协调
梧州	0.4668	0.4449	0.4241	0.4042	0.3853	13.67%	轻度或濒临失调
北海	0.5625	0.5444	0.5269	0.5099	0.4935	9.77%	勉强或濒临失调
防城港	0.4793	0.4655	0.452	0.4389	0.4262	14.55%	濒临失调
钦州	0.3785	0.3454	0.3152	0.2876	0.2625	18.07%	轻度或中度失调
贵港	0.4606	0.451	0.4416	0.4324	0.4234	16.75%	濒临失调

续表

年份 城市	2015	2016	2017	2018	2019	平均相对误差	耦合协调度类型
玉林	0.5319	0.5214	0.5111	0.501	0.4911	13.22%	勉强或濒临失调
百色	0.4801	0.4651	0.4507	0.4366	0.4231	14.40%	濒临失调
贺州	0.4559	0.4439	0.4321	0.4207	0.4096	15.68%	濒临失调
河池	0.5222	0.5124	0.5028	0.4933	0.484	14.24%	勉强或濒临失调
来宾	0.3761	0.3893	0.4029	0.417	0.4316	36.47%	濒临或轻度失调
崇左	0.4398	0.4285	0.4175	0.4068	0.3963	17.78%	濒临失调

五、结论与讨论

引入ESDA方法分析研究2010—2014年广西旅游产业、社会经济及生态环境耦合协调度的空间分布结构特征，得到主要结论如下：在全局空间自相关分析中，综合权衡全局Moran指数*I*、*Z*得分及*P*值，广西14个地级市旅游产业、社会经济、生态环境耦合协调度呈较为明显的空间负自相关关系，空间单元为离散状态并逐步向随机无序状态转化；Moran散点图与LISA聚集图进一步显示了广西旅游产业、社会经济、生态环境耦合协调发展水平的局部空间自相关关系，空间特征主要表现为“低高（LH）”和“高低（HL）”两种关联模式，南宁、来宾通过了5%显著水平检验，分别处于“高低（HL）”和“低高（LH）”区域，两者与周边邻接区域单元互动关系密切，区域单元总体上为离散分布状态且各自与周边邻接单元差异较大；灰色预测模型分析显示，2015—2019年广西14个地级市的旅游产业、社会经济、生态环境耦合协调度发展态势平稳但仅有南宁、桂林、柳州水平较高，其余地级市仍然处于较为低端水平的耦合协调状态，导致近期整体的空间关联格局不会产生根本性变化。

综上所述，广西旅游产业发展水平较高的地级市主要集中在南宁、桂林、柳州、北海4个点，其中南宁促进了周边区域旅游资源要素的向心流动，极化作用比较突出，在一定程度上“屏蔽”了相邻地级市的旅游发展，而其他3个主要旅游中心城市则呈现出“割据一方”的“孤岛型”发展形态，未能辐射带动周边区域的旅游发展，导致区域整体旅游产业的差异程度加大。为改变不合理的现状，《广西壮族自治区国民经济和社会发展第十三个五年规划纲要》要求，要通过实施“334”旅游发展规划打造旅游强区，即“建设桂林国际旅游胜地、北部湾国际旅游度假区、巴马长寿养生国际旅游区等三大国际旅游目的地，打造南北、西江、边关风情三条旅游发展带，建设发展南宁、桂林、北海、梧州四个旅游集散地，培育高铁旅游带、环北部湾旅游圈、海上丝绸之路旅游带、桂湘黔粤旅游圈”。除此之外，为进一步推动旅游产业与社会经济、生态环境融合发展，广西壮族自治区党委、政府还出台了《关于加快服务业发展的若干意见》，在旅游产品形式上实施创新发展，按照旅游产业新六大要素“商、养、学、闲、情、奇”的要求，“主推保健旅游、长寿养生、山水观光、自驾旅游、历史文化、会展商务、民族风情、低空旅游、红色旅游、乡村旅游、运动体验、邮轮旅游、边境旅游、休闲度假等旅游新业态产品，通过培育一批具有强大核心竞争力的跨所有制、跨行业、跨地区的大型旅游企业集团及产业联盟，积极发展节能环保、新能源、生物制药等新兴产业和优势产业，形成以旅游业、新兴工业及现代农业为主的产业集群，依托创建国家级旅游度假区、生态旅游示范区、特色旅游名县名镇名村、研学旅游目的地、旅游扶贫试验区等契机平台，为旅游产业、社会经济、生态环境耦合协调发展的区域一体化构建提供动力支持，把各地级市的旅游产业资源、社会经济发展及生态文明建设进行区域统筹整合，全面提升区域旅游市场的品牌形象”。以上情况表明，广西正在通过大力发展多种现代旅游新业态产品，丰富旅游产品组合要素，推动旅游产业转型发展，强化公共服务保障体系，加强旅游基础设施建设，不断提升旅游品牌品质和旅游产业融合能力，积极构建区域旅游合作与一体化，旨在逐步缩小区域旅游产业空间差异，实现旅游产业的整体优化布局与全面发展，最终为新常态下区域旅游供给侧改革及全域旅游战略夯实基础。从广西14个地级市旅游产业、社会经济、生态环境的耦合协调度来看，南宁、桂林、柳州、北海的得分值依次排在广西各地级市前四位，印证了空间分析的结果并保持一致。相比于其他地级市，南宁、桂林、柳州、北海处于广西黄金旅游带上，旅游资源比较丰富，经济实力较为雄厚，近年来通过以保护生态环境和发挥生态优势为基础，以生态休闲旅游景区等建设为载体大力发展循环经济，生态文明建设亦取得成效，但终因各种原因实质上并未形成辐射带动周边区域发展的增长带，相互作用和联系的程度仍然十分微弱，因而尚停留在各个区域“中心点”的层面。其他地级市或因旅游资源禀赋、社会经济基础、生态环境条件等因素制约了耦合协调水平的均衡发展。随着“12310”高铁经济圈的打造，区域合作不断深化落实，产业经济转型不断推进向前，广西旅游产业、社会经济、生态环境的耦合协调发展局势将更加完善优化。

参考文献：

［1］方叶林，黄震方，王坤，等．不同时空尺度下中国旅游业发展格局演化［J］．地理科学，2014，34（9）：1025-1032.

［2］杨勇．中国旅游产业区域集聚程度变动趋势的实证研究［J］．旅游学刊，2010，25（10）：37-42.

［3］陈晓，王丹，张耀光，等．辽宁省旅游经济的时空差异演变分析［J］．经济地理，2009，29（1）：147-152.

［4］陈刚强．中国地市旅游经济差异的时空演变特征［J］．地域研究与开发，2012，31（4）：91-95.

［5］张燕，徐建华，王占永．基于ESDA-GIS的城市旅游者空间分异［J］．地域研究与开发，2010，29（4）：99-103.

［6］李丁，李平安，王鹏．基于ESDA的甘肃省县域经济空间差异分析［J］．干旱区资源与环境，2009，23（12）：1-5.

［7］黄薇，徐进进，马远军，等．基于ESDA的省域旅游综合竞争力的区域差异空间分析［J］．浙江师范大学学报（自然科学版），2013，36（1）：108-114.

［8］戈冬梅，姜磊．基于ESDA方法与空间计量模型的旅游影响因素分析［J］．热带

地理，2012，32（5）：561–567.

［9］王良健，李晶晶，陈锦龙．中国省际旅游业发展演进的时空特征［J］．地理科学进展，2010，29（10）：1249–1255.

［10］张广海，刘真真，李盈昌．中国沿海省份旅游产业发展水平综合评价及时空格局演变［J］．地域研究与开发，2013，32（4）：22–27.

［11］KHAN H PHANG S，TOH R. The Multiplier Effect：Singapore，Hospitality Industry［J］.Cornell Hotel and Restaurant Administration Quarterly，1995，36：64–69.

［12］LEE C，KWON K. Importance of secondary Impact of Tourism Receipts on the South Korean Economy［J］. Journal of Travel Research，1995，34（2）：50–54.

［13］JACINT BALAUGUER，MANUEL CANTAVELLA–JORDA. Tourism as a Long–run Economic Growth Factor：The Spanish Case［J］. Applied Economics，2002，34（6）.

［14］DRITSAKIS N. Tourism Us a Long–run Economic Growth Factor：An Empirical Investigation for Greece Using Causality Analysis［J］.Tourism Economics，2004，10（3）.

［15］CHI–OK OH. The contribution of tourism development to economic growth in the Korean Economy［J］.Tourism management，2005，26（1）：39–44.

［16］COLIN HUNTER. Sustainable tourism and the touristic ecological footprint［J］. Environment Development and Sustainability，2002，4（1）：7–20.

［17］韦福巍，周鸿，黄荣娟．区域城市旅游产业、社会经济生态环境耦合协调发展研究——以广西14个地级城市为例［J］．广西社会科学，2015，（3）：24–28.

［18］徐建华．计量地理学［M］．北京：高等教育出版社，2006：120–131.

［19］邓聚龙．灰色系统基本方法［M］．武汉：华中理工大学出版社，1987.

［20］傅立．灰色系统理论及其应用［M］．北京：科学技术出版社，1992.

［21］徐建华．现代地理学中的数学方法．［M］．北京：高等教育出版社，2002.

第六章　基于生态位理论的广西区域旅游协调发展研究

一、引言

生态位理论源自生态学领域，主要描述的是某一种群在生态系统中所处的时空范围及与其他相关种群之间的联系状况。Grinnell、Elton、Colwell、Abrams、Whittaker、Odum、Leibold、Pinak 等具有代表性的国外学者分别阐述了各自对生态位定义的解读并依据观点主张进行了概念拓展与实践应用。随着研究的广泛深入，生态位理论逐步向区域旅游发展评价、旅游产业经济管理、旅游资源规划开发等方面渗透，成为常见的实证研究方法之一，为旅游研究提供了全新的视角。自黄芳（2001）首次应用生态位理论研究旅游发展问题以来，国内学者借鉴生态位理论对旅游产业开展了大量的分析研究，提出了相应的区域旅游或旅游目的地发展策略。王兆峰（2009）认为产业集群生态位是其在区域生态系统中利用自身条件占有区域资源的空间，针对我国旅游产业集群的发展基于生态位理论提出生态位的泛化、特化与优化三种策略；彭莹等（2015）以浙江 11 个旅游城市为研究对象，运用生态位错位、生态位扩充等理论针对每个城市与其他城市间的生态位重叠度和自身旅游综合生态位的大小提出了相对应的基本竞争发展策略；苏章全等（2010）运用旅游生态位理论构建了滇中大昆明国际旅游区旅游发展模式并提出了相应的旅游发展策略；向延平（2010）分析研究了武陵源风景区与张家界市旅游收入生态位、旅游流生态位变化情况并得出景区旅游与城市旅游之间存在依附、联动和共生发展关系的结论；张颖（2015）运用生态位理论、聚类分析方法对粤北地区旅游城市进行生态位测评并提出了促进创新协调发展的策略；李淑娟等（2014）运用生态位态势模型计算山东省 17 个地市旅游生态位及其各要素的时空变化，认为各城市积极采取生态位分离、扩充等策略来优化竞争合作关系；孙海燕等（2015）运用生态位理论构建业绩维、潜力维、环境维三维指标体系对山东半岛蓝色经济区 7 个城市的旅游业竞争力进行了综合评价并提出了相应的提升策略；程乾等（2015）基于生态位视角构建了长三角文化旅游创意产业竞争力评价模型并进行了实证研究，然后得出了竞争力等级划分及发展策略；许峰等（2013）以山东省会都市圈为例探讨研究了生态位理论视角下区域城市旅游品牌系统构建；张亚明等（2016）基于生态位态势理论构建了涵盖旅游发展环境、旅游市场、旅游资源等维度的区域旅游生态位评价指标体系并提出了针对性的政策建议。从文献的梳理来看，目前未见利用生态位理论对广西区域旅游经济的研究成果。因此，本次研究引入生态位理论对广西区域旅游竞争态势进行全面分析，作为理论意义上的补充和完善。

党的十九大报告指出，要实施区域协调发展战略，促进区域旅游协调发展是推动全域旅游构建的重要抓手。广西自实施全域旅游发展战略以来，接待旅游总人数、旅游总收入等主要旅游经济指标实现快速增长，进一步加快了旅游强区的建设步伐，但区域旅游经济的不平衡性仍然比较明显，而经济社会及生态环境的综合作用则是重要的影响因素。基于生态位理论，研究探讨广西区域内 14 个主要城市之间旅游产业、经济社会、生态环境的相互关系及内在机理，旨在为区域旅游产业发展布局的优化设计提供实用借鉴。

二、旅游生态位评价指标体系构建

依据旅游生态位理论的核心思想，旅游生态位是指某一旅游地在特定的区域旅游系统中依托自身能量占有的地位特征及与其他旅游地发生的作用关系，它的形成确立是多种因素和多维空间共同影响产生的结果。受已有理论成果的启示，结合广西旅游产业发展实际，按照指标选取系统性、典型性、科学性、可操作性及综合性的原则，选取了能够基本反映广西区域旅游生态位的 24 个变量，构建了一个包含旅游产业维、经济社会维及生态环境维 3 个维度的评价体系（见表 6.1），对广西 14 个主要城市的旅游生态位竞争态势进行分析研究。

表 6.1　广西区域城市旅游生态位评价指标体系

系统层	状态层	变量层
广西区域城市旅游生态位	旅游产业维	旅游总收入（亿元）
		国际旅游收入（万元）
		国内旅游收入（亿元）
		入境旅游者人数（人次）
		国内游客人数（万人次）
		入境旅游者人均消费额（元）
		星级饭店（家）
		4A 级以上景区（家）
		旅行社（家）
	经济社会维	社会消费品零售总额（亿元）
		人均 GDP（元 / 人）
		第三产业总量（亿元）
		城镇居民人均可支配收入（元）
		邮电业务总量（亿元）
		社会保障和就业支出（亿元）
		第三产业占 GDP 比重（%）
		金融机构人民币存款（亿元）
		固定资产投资（亿元）
	生态环境维	污水处理率（%）
		人均绿地面积（平方米）
		建成区绿化覆盖率（%）
		生活垃圾无害化处理率（%）
		人均城市道路面积（平方米）
		每万人拥有公共汽车（标台）

三、研究方法

一般情况下，旅游生态位测度可以从静态和动态两个方面入手，相应地分解为“态”和“势”两个基本属性，“态”反映的是旅游地经过一定时间的发展导致的目前状态与所处的地位特征，“势”反映的是旅游地所具备的发展趋势和变化更新的能力，“态”和“势”合并反映了旅游地生态位的宽度，体现了旅游地在特定区域中生态位的大小。旅游生态位的计算公式可以表达为：

$$N_i=(S_i+A_iP_i)\Big/(\sum_{j=1}^{n}(S_j+A_jP_j)\qquad(6.1)$$

在上述计算公式6.1中：i，j=1，2，3，…，n；N_i 表示旅游地 i 的旅游生态位；S_i 和 P_i 分别表示旅游地 i 的“态”和“势”，S_j 和 P_j 分别表示旅游地 j 的“态”和“势”；A_i 和 A_j 表示量纲转化系数，若以1年为时间周期，量纲转化系数 A_i 和 A_j 取值为1，以此类推；$S_j+A_j\,P_j$ 表示绝对生态位。旅游地生态位的计算值在0~1之间，结果越趋向于1表明旅游地生态位宽度越大，在区域中的地位作用越大，反之则影响力越小，地位越低下。综合生态位的计算公式为：

$$M_{ij}=\sum_{i=1}^{n}N_{ij}\Big/n\qquad(6.2)$$

在上述计算公式6.2中：M_{ij} 表示综合生态位；N_{ij} 表示每个变量要素的生态位；n 表示因子个数；j 表示城市的个数。

旅游生态位的“态”和“势”会随着旅游地的发展而产生变化，呈现出增长或减少的态势，致使旅游生态位出现扩充或缩减的情况。旅游生态位的扩充模型可以用公式表达为：

$$T=P/S\qquad(6.3)$$

在上述公式6.3中：T 表示旅游地生态位的扩充程度；P 和 S 分别表示旅游地生态位的“势”和“态”。当 T 大于0时，说明旅游地生态位的“势”和“态”发展态势良好，处于扩充状态，影响力和地位增强。当 T 小于0时，说明旅游地生态位的“势”和“态”不增反降，处于压缩状态，影响力和地位变弱。当 T 等于 0 时，说明旅游地生态位的“势”和“态”没有变化，旅游发展停滞，影响力和地位平稳无变化。

四、数据来源与处理

（一）广西区域概况

广西位于我国南部沿海，现有 14 个地级市，分别是南宁、柳州、桂林、梧州、北海、防城港、钦州、贵港、玉林、百色、贺州、河池、来宾、崇左，陆地总面积为 23.67 万平方公里，占全国总面积 2.46%，位列各省、自治区、直辖市中第 9 位。官方统计年鉴的数据显示，2016 年广西全区接待旅游总人数为 4.09 亿人次，旅游总消费额为 4 191.36 亿元，旅游业综合增加值为 2 522.8 亿元，对 GDP 的综合贡献率为 13.8%，旅游业各项增幅均高于全国平均水平，旅游业成为推动全区国民经济稳增长的战略性支柱产业。

（二）广西区域城市旅游生态位测评结果

按照广西区域城市旅游生态位评价指标体系，选取广西 14 个地级城市 2011—2015 年的相关指标，以 2015 年的数据作为“态”的衡量指标，2011—2015 年期间指标的年平均增长量作为“势”的衡量指标，以时间为量纲转化系数，指标的原始数据全部来源于广西壮族自治区统计局编写出版的《广西统计年鉴》(2012—2016)。因各指标原始数值单位口径不一致，为便于对比，根据指标属性，运用极差标准化方法对所有原始指标数值进行归一化处理，指标标准化为正向标准化。计算公式为：

$$x_i' = \frac{x_i - min\, x_i}{max\, x_i - min\, x_i} \tag{6.4}$$

在上述公式 6.4 中：x_i' 表示指标 i 的标准值；$max\, x_i$、$min\, x_i$ 分别表示指标 i 的最大值和最小值。

将标准化处理后的数据代入公式 6.1、6.2、6.3，计算得到广西 14 个地级城市的旅游生态位得分及排序（见表 6.2）、旅游生态位扩充程度及排序（见表 6.3）。利用 SPSS 统计软件对旅游生态位得分进行系统聚类分析，采用“组间联接法”及“欧式距离平方”作为间隔尺度，得到广西区域城市旅游生态位等级分类结果（见图 6.1）。

表 6.2　广西 14 个地级城市旅游生态位得分及排序

城市	旅游产业维	排名	经济社会维	排名	生态环境维	排名	综合生态位	排名
南宁	0.157 267	2	0.203 678	1	0.081 767	1	0.155 802	1
柳州	0.083 644	3	0.103 700	2	0.074 567	6	0.088 896	3
桂林	0.249 822	1	0.098 967	3	0.074 200	7	0.149 347	2
梧州	0.046 356	10	0.058 000	5	0.066 483	11	0.055 762	9
北海	0.058 856	4	0.053 633	9	0.075 250	5	0.060 989	5
防城港	0.042 856	11	0.047 589	12	0.087 467	2	0.055 786	8
钦州	0.031 933	14	0.057 267	6	0.076 883	3	0.052 676	10
贵港	0.034 878	12	0.055 267	8	0.066 650	10	0.050 461	12
玉林	0.048 944	9	0.080 333	4	0.062 850	12	0.064 186	4
百色	0.051 722	6	0.055 278	7	0.070 467	8	0.057 749	7
贺州	0.049 900	8	0.040 889	14	0.061 367	13	0.049 387	13
河池	0.058 144	5	0.052 744	10	0.066 933	9	0.058 307	6
来宾	0.034 767	13	0.043 078	13	0.075 967	4	0.048 191	14
崇左	0.050 911	7	0.049 544	11	0.059 150	14	0.052 456	11

数据来源：根据《广西统计年鉴》（2012—2016）整理。

表 6.3　广西 14 个地级城市旅游生态位扩充程度及排序

城市	旅游产业维	排名	经济社会维	排名	生态环境维	排名	综合生态位扩充率	排名
南宁	0.091 289	7	0.088 800	7	0.014917	11	0.071263	10
柳州	0.100 467	3	0.081 667	10	0.031250	6	0.076119	4
桂林	0.079 522	13	0.085 756	9	0.018 200	9	0.066 523	12

续表

城市	旅游产业维	排名	经济社会维	排名	生态环境维	排名	综合生态位扩充率	排名
梧州	0.086 144	12	0.092 756	3	–0.008 833	13	0.064 883	13
北海	0.086 522	11	0.096 289	1	0.016 867	10	0.072 767	8
防城港	0.107 033	2	0.065 656	14	0.032 300	5	0.072 826	7
钦州	0.071 356	14	0.092 389	4	–0.020 850	14	0.056 191	14
贵港	0.088 244	10	0.090 211	5	0.025 717	7	0.073 345	6
玉林	0.097 122	4	0.089 889	6	0.003 300	12	0.070 955	11
百色	0.095 067	5	0.076 733	13	0.039 817	4	0.074 376	5
贺州	0.089 833	8	0.087 044	8	0.022 083	8	0.071 846	9
河池	0.110 622	1	0.078 756	12	0.050 433	2	0.083 623	2
来宾	0.092 511	6	0.080 733	11	0.047 517	3	0.076 844	3
崇左	0.088 644	9	0.092 911	2	0.066 200	1	0.084 635	1

数据来源：根据《广西统计年鉴》（2012—2016）整理。

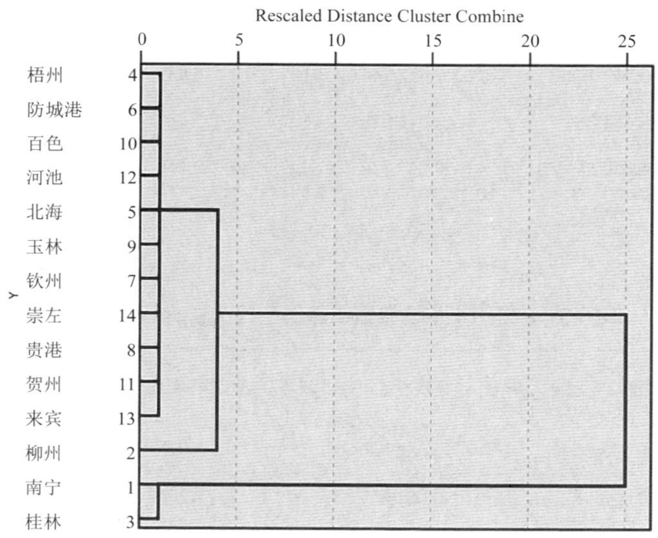

图 6.1　广西区域城市旅游生态位系统聚类分析树状结构图

五、结果分析

（一）生态位计算结果分析

从表 6.2 可知，广西 14 个地级城市的综合生态位均处于较低水平，在 0.048191 至 0.155802 之间变化，说明整体上广西 14 个地级城市在区域范围内的地位特征不够明显，影响力和辐射力比较小。为清晰地展示广西 14 个地级城市各维度生态位及综合生态位的对比差异，将有关计算结果数据可视化（见图 6.2）。

（1）综合生态位：由表 6.2 和图 6.2 可以看出，南宁、桂林 2 个城市的综合生态位得分值较为明显地高于其他地级城市，分别为 0.155802 和 0.149347，其余地级城市的综合生态位均处于相对较低的水平，表明广西区域城市综合生态位差异相对具有统计学意义。

（2）旅游产业维生态位：桂林市的得分值遥遥领先，排在所有地级城市的第 1 位，得分值为 0.249822，南宁市的得分值也比较高，排名第 2 位，达到 0.157267，表明桂林和南宁的旅游产业地位在区域内占有比较重要的地位，影响力相对较高，而其余地级城市的旅游产业维生态位得分值都低于 0.1，旅游产业地位和影响力偏低。南宁和桂林作为广西两个旅游业实力最强的城市，旅游产业基础十分雄厚，2015 年南宁与桂林的旅游总收入分别为 742.53 亿元和 517.33 亿元，分别占全区旅游总收入的 22.82% 和 15.9%，两者之和占全区旅游收入总量的 38.72%，因而在全区旅游产业中占有较大的优势地位。

（3）经济社会维生态位：南宁市可谓“一枝独秀”，以得分值 0.203678 的绝对优势排在全区所有地级城市中第 1 位，原因在于南宁市在社会消费品零售总额、第三产业总量、城镇居民人均可支配收入等各项经济指标方面居于领先地位。

（4）生态环境维生态位：各城市的得分值差距较小，呈现出均化状态，维持在 0.059150~0.081767，得分值偏低且变化幅度微小，相互之间的作用较弱。从表 6.3 可以看出，虽然钦州市和梧州市的生态环境维生态位扩充率小于

0，但广西14个地级城市的旅游生态位扩张率全都大于0，说明2011—2015年各市的旅游生态位处于良性发展阶段，在广西区域旅游系统中处于扩充状态且影响力呈逐步增强的态势，部分旅游后进城市扩充发展的势头稍强于旅游业比较发达的城市。

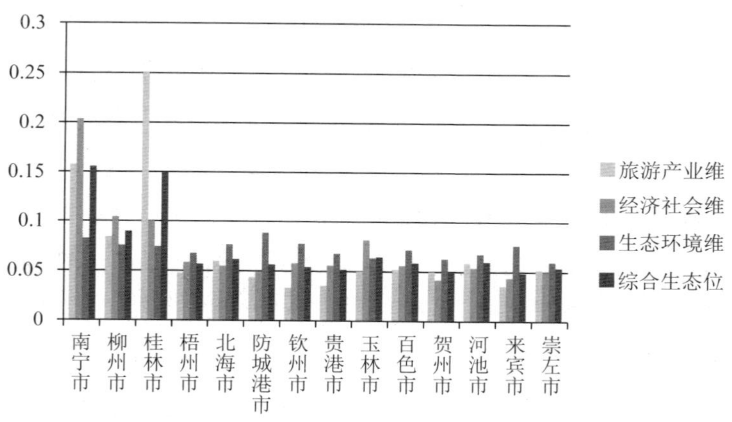

图6.2　广西14个地级城市旅游生态位对比分析

（二）区域城市旅游生态位空间结构分析

根据广西区域城市旅游生态位发展状况，结合图6.1的聚类分析结果，按照核心边缘理论的标准，可以将广西14个地级城市的旅游生态位等级划分三个等级类型：第一类城市，包括桂林市和南宁市，作为区域旅游系统的核心城市；第二类城市，柳州市，作为区域旅游系统的节点城市；第三类城市，包括来宾市、贺州市、贵港市、崇左市、钦州市、玉林市、北海市、河池市、百色市、防城港市、梧州市，作为区域旅游系统的网络城市。

（1）核心城市：南宁市是广西的“首善之区”和政治经济文化中心，地处中国—东盟及西南、华南、中南、东南亚区域经济合作的前沿阵地，区位优势十分突出。近年来，随着北部湾经济区、珠江—西江经济带、“一带一路”等国家战略规划的实施，南宁市旅游业进入新常态下高速发展的黄金时期，经济社会和生态文明建设卓有成效，被评为“2016年度中国最美特色旅游目的地”，以打造“壮乡歌海、中国绿城、东盟风情、养生之都”城市特色旅游品牌构建区域性国际旅游目的地和集散中心。南宁市的旅游产业维、经济社会维、生态环境维 3 个维度的生态位得分均名列前茅，说明南宁在广西 14 个地级城市中具有最强的综合旅游竞争力，在区域旅游系统中的地位作用和影响力也是最大的。桂林市是全国著名国际旅游城市及广西的旅游龙头城市，旅游基础设施完备，产业体系发达，自全面实施全域旅游发展战略及旅游产品服务供给侧改革以来，围绕国际旅游胜地建设目标不断调整优化产业结构扩质增效，通过产业融合继续做大做强旅游业，所以旅游产业维生态位得分为全区最高，在全区旅游系统中占有绝对领导地位。另外，从指标运行情况来看，桂林市各项反映社会发展和民生保障的核心指标持续向好，为支撑桂林综合旅游竞争力排名广西区域第 2 位奠定基础。

（2）节点城市：柳州市地处桂中地区腹地，是连接南宁市和桂林市两大国际旅游集散中心的节点城市，依托高铁经济圈形成的桂南黄金旅游线接受客源分流，同时深挖民族、生态特色旅游资源，因而旅游产业维生态位得分值为 0.083 644，次于南宁市和桂林市，排在全区第 3 位。此外，作为广西重要的工业经济城市，柳州市积极融入泛珠三角、珠江—西江经济带、“柳来河”区域地区经济合作，大力推进经济发展转型升级和循环经济建设，“电商柳州”“生态柳州”“智慧柳州”等一系列新举措的开展极大地提升了城市旅游形象和经济实力，强化了旅游行业服务品牌建设，因而经济社会维生态位得分值为 0.103 700，仅次于南宁市，排在全区第 2 位。柳州市综合生态位得分值为 0.088 896，低于南宁市和桂林市，高于其他城市，排名全区第 3，表明柳州市在广西区域旅游系统中占有比较大的比重，综合旅游竞争力较强。

（3）网络城市：受旅游资源禀赋、经济实力基础、交通易达程度、生态环境状况等综合因素的影响，来宾市、贺州市、贵港市、崇左市、钦州市、玉林市、北海市、河池市、百色市、防城港市、梧州市 11 个城市的旅游生态位得分处于较低水平，城市各维度的生态位发展不均衡或优势不明显，说明这些城市在广西区域旅游系统中属于边缘位置，综合旅游竞争力较弱。玉林市、梧州市的经济社会维生态位得分值分别为 0.080 333 和 0.058 000，排在第

4 位和第 5 位，旅游产业维生态位和生态环境维生态位却排名比较靠后；北海市、河池市的旅游产业维生态位得分值分别为 0.058 856 和 0.058 144，排在第 4 位和第 5 位，但经济社会维生态位和生态环境维生态位相对滞后；防城港市、钦州市、来宾市的生态环境维生态位得分值分别为 0.087 467 、0.076 883 和 0.075 967，排在第 2 位、第 3 位和第 4 位，旅游产业维生态位和经济社会维生态位却得分偏低；贺州市、贵港市、崇左市、百色市的各维度生态位的得分均比较落后，普遍低于较强城市的得分。

（三）区域城市旅游竞争力竞合模式分析

根据广西区域城市旅游生态位等级划分，为避免生态位重叠及不良竞争，促进区域旅游布局优化和有序发展，利用生态位理论中物种依存关系的有关定义，分析各等级城市旅游竞争力的竞合模式，主要措施包括：城市旅游生态位的竞争定位与错位发展。

（1）领先战略：截至 2015 年，南宁和桂林的 4A 级以上景区数量分别为 20 家和 33 家，旅游资源十分丰富，作为区域旅游系统中最具优势的“物种”，竞争定位适宜采取旅游生态位领先战略。南宁和桂林虽然同属于广西区域旅游的核心城市，但旅游资源类型存在差异。南宁市的旅游资源以“旅游 + 商务”产业融合模式为主，配套有“旅游 + 体育”“旅游 + 会展”“旅游 + 文化”等多种模式，衍生的旅游产品主要表现为会展旅游、会议旅游、奖励旅游、商务旅游、节事旅游、体育旅游、休闲旅游、文化旅游、观光旅游、生态旅游、养生旅游、修学旅游等形式，以满足打造区域性国际旅游目的地的需要。桂林市是历史悠久的文化名城和国际旅游胜地，文化旅游资源众多且等级品位高，史前文化、水利文化、藩王文化、山水文化、长征文化、抗战文化等文化底蕴深厚，因此旅游资源以“旅游 + 文化”产业融合模式为主，围绕和突出旅游、文化两大主题将商务、娱乐、休闲、观光等要素融入竞争力，推进旅游产品体系多样化，城市旅游知名度和品牌形象得到强化。对于区域旅游合作，南宁市与桂林市的目标市场应共同面向东南亚、东亚、北美及欧洲等国际旅游市场和国内旅游市场，通过全面拓展入境旅游和国内旅游，不断提升经济社会维和生态环境维生态位的发展潜力，巩固区域旅游系统的核心地位，发挥引领桂南和桂北片区旅游协同联动的作用，从而实现整体区域旅游的可持续发展。

（2）跟随战略：柳州市的旅游产业发展速度较快，从综合旅游生态位扩充率来看，排在全区第 4 位，扩张幅度较大，4A 级景区数从 2011 年的 8 家增长到 2015 年的 20 家，与南宁市持平，印证了其区域旅游系统节点城市的地位，也说明了其接受两大核心城市的旅游辐射是旅游生态位发展的重要动力源泉。柳州市的生态位等级低于核心城市，作为区域旅游系统中较具强势的“物种”，竞争定位适宜采取旅游生态位跟随战略。目前，柳州市依托全域旅游和旅游扶贫政策，主要通过乡村旅游、民俗旅游、工业旅游等旅游产品进一步完善区域旅游合作，与核心城市形成错位发展并相互照应。

（3）补缺战略：网络城市是区域旅游系统不可或缺的组成部分，既要接受高等级城市的旅游带动，也要强调自身的发展特色，作为区域旅游系统中较弱的“物种”，竞争定位适宜采用旅游生态位补缺战略，各城市应在“专”字上做文章，如河池市的长寿旅游、少数民族文化旅游，百色市的红色旅游、探险旅游，崇左市的边境旅游，钦州市、北海市、防城港市的滨海旅游、休闲度假游，贵港市、玉林市、梧州市的宗教旅游、侨乡文化旅游，贺州市、来宾市的古镇旅游、疗养旅游等，形成区域旅游生态系统的重要补充内容。

六、结论与建议

综上所述，将生态学领域的生态位理论引入到旅游研究的过程中，为旅游研究提供了全新的视角和切实可行的办法。本次研究利用 2011—2015 年广西 14 个地级城市的相关变量数据构建了包含旅游产业、经济社会、生态环境等维度的区域旅游生态位测度系统，经过计算得到旅游生态位竞争态势的综合评价结果并依据计算结果展开分析研究，提出相应的区域旅游竞合发展战略，研究结果如下：

（1）广西各城市的旅游生态位总体得分不高但内部差异相对具有统计学意义，旅游生态位发展态势持续扩充，影响力逐渐增强。

（2）区域旅游生态位等级可以划分为核心城市、节点城市、网络城市3种类型，其中核心城市为南宁市和桂林市，节点城市为柳州市，其余11个城市为网络城市。

（3）在区域旅游生态位竞合关系中，核心城市、节点城市、网络城市分别适宜采取领先战略、跟随战略、补缺战略。

实践证明，为避免无序重叠竞争造成的负面影响，必须优化区域旅游生态位竞争格局进而对各城市的旅游生态位等级进行划分，不同等级和同等级的旅游生态位应当遵循竞争定位战略实施错位发展，从全局上把握和促进区域的旅游规划发展。

参考文献：

［1］GRINNELL J. The Niche-Relationship of California Thrasher［J］. Auk，1917，34（4）：427-433.

［2］ELTON C. Animal Ecology［M］.London：Sidgwick and Jackon，1927.

［3］COLWELL R K，FUTUYMA D J. On the Measurement of Niche Breathe and Overlap［J］.Ecology，1971，52（4）：567-576.

［4］ABRAMS R. Some Comment on Measuring Niche Overlap［J］. Ecology，1980，61（1）：44-49.

［5］WHITTAKER R H，LEVIN S A，ROOT R B. Niche，Habitat and Ecotype［J］. American Naturalist，1973，107（955）：321-338.

［6］ODUM E P. Basic Ecology［M］. New York：CBS College Publishing，1983.

［7］LEIBOLD M A. The Niche Concept Revisited：Mechanistic Models and Community Context［J］.Ecology，1995，76（5）：1371-1382.

［8］PINAKA E R. Evolutionary Ecology［M］.6thed. San Francisco：Benjamin/Cummings Publ Com，2000.

［9］黄芳.优化旅游系统的生态学原理［J］.生态经济，2001（11）：19-20.

［10］王兆峰.旅游产业集群的生态位策略研究［J］.人文地理，2009（1）：12-15.

［11］彭莹，严力蛟．基于生态位理论的浙江省旅游城市竞争发展策略［J］．生态学报，2015，35（7）：2195–2205.

［12］苏章全，明庆忠，李庆雷．基于旅游生态位理论的旅游区发展策略研究—以滇中大昆明国际旅游区为例［J］．旅游学刊，2010，25（6）：37–44.

［13］向延平，向昌国，陈友莲．生态位理论在张家界市主要旅游景区评价中的应用［J］．应用生态学报，2010，21（5）：1315–1320.

［14］张颖．基于生态位理论的粤北地区旅游发展策略研究［J］．西南师范大学学报（自然科学版），2015，40（12）：53–58.

［15］李淑娟，陈静．基于生态位理论的山东省区域旅游竞合研究［J］．经济地理，2014，34（9）：179–185.

［16］孙海燕，孙峰华，吴雪飞，等．基于生态位理论的山东半岛蓝色经济区旅游业竞争力［J］．经济地理，2015，35（5）：198–203.

［17］程乾，方琳．生态位视角下长三角文化旅游创意产业竞争力评价模型构建及实证［J］．经济地理，2015，35（7）：183–189.

［18］许峰．生态位理论视角下区域城市旅游品牌系统构建研究—以山东省会都市圈为例［J］．旅游学刊，2013，28（9）：43–52.

［19］张亚明，党春梅，唐朝生，等．生态位视域下京津冀区域旅游发展协调度研究［J］．生态经济，2016，32（7）：148–152.

［20］候景新，尹卫红．区域经济分析方法［M］．北京：商务印书馆，2004.

第七章　基于共生理论的广西区域城市旅游协同发展研究

国务院办公厅于 2018 年 3 月出台了《关于促进全域旅游发展的指导意见》，为全域旅游专门从国家层面进行顶层设计，全域旅游被正式提升到国家战略层面。广西以此为契机，深入开展全域旅游创建工作，借助“全域旅游示范区和特色旅游名县评定”及“广西旅游资源开发利用与服务质量标准评定”等平台，通过“旅游 +”“+ 旅游”等产业融合模式丰富全域旅游产品，推动旅游产业与文化、农业、交通、康养、公益、体育等领域的衔接，确保广西旅游产业“一盘棋”发展部署得以实施。数据显示，2018 年广西全区接待旅游总人数为 6.78 亿人次，旅游总消费为 7619.9 亿元，分别同比增长 30.8% 和 36.5%，持续保持高速发展态势，区域城市旅游的协同发展是根本动因（数据来源于《2018 年广西壮族自治区国民经济和社会发展统计公报》）。因城市旅游在区域系统中存在差异性，协同发展旨在优化资源配置，强化互利合作，提升整体竞争力，实现区域旅游一体化发展。因此，基于共生理论对广西区域城市旅游的协同发展进行全面分析研究，找准区域城市旅游发展定位，能够从理论和实践上为广西全域旅游的创建提供参考依据。

一、共生理论现状

“共生”（Symbiosis）出自生物学领域，是生物学中的一个基本概念，最早由德国微生物学家 Anton de Bary 在 1879 年时提出，其原意是指不同种类的生物生活在一起并形成某种紧密的物质关系。从 20 世纪 50 年代开始，“共生”概念被引入社会科学研究，用于解决社会现象问题。自 1998 年国内学者袁纯清首次将共生理论应用于小型经济研究以来，共生理论得到了不断延伸拓展，涉及社会学、管理学、经济学、旅游学等学科。按照共生理论的既有界定，共生关系包括“共生单元、共生模式和共生环境”三个构成要素，这与旅游产业综合性、关联性、集群性的基本特征相似，以共生关系为主题的旅游研究相应地集中在区域旅游的竞合上，着重探讨如何通过加强旅游联动促进区域共同发展达到互惠共赢。国外学者 Peter 等（1984）、Habibah 等（2013）、Wong 等（2011）围绕共生关系分析研究了设定区域各旅游地之间进行协同发展的现状和对策。国内学者吴泓、顾朝林（2004）基于共生理论分析了淮海经济区区域背景和旅游竞合条件并对跨行政区域旅游竞合模式和机制进行了探讨，较早地开创了区域旅游共生关系研究的先例，随后相关研究得以快速跟进，形成了较为典型的研究成果，主要体现在从理论、实证的角度对共生模式、空间组织等方面展开研究。例如，彭曦（2016）引入共生理论分析了洞庭湖生态经济区旅游共生单元和共生环境的发展现状并提出要从打造一体化对称性互惠共生模式、追求最大共生能量、构建稳定共生界面三个方面加强区内的旅游竞合程度；马国强、汪慧玲（2018）从同质度、关联度和外向功能强度三个方面对兰西城市群的旅游共生性进行了分析并从完善共生要素、创新共生模式、提升共生环境三个方面提出了兰西城市群旅游产业协同发展的政策建议；孙振杰（2018）采用共生度和共生系数等方法研究了京津冀旅游共生关系的协调演化过程；唐仲霞等（2012）对青藏地区入境旅游共生关系进行了检验研究等。以广西为对象的区域旅游共生关系研究成果非常少，比较具有代表性的研究成果有：卢忠、朱奇志（2014）从共生理论视角论证了广西—东盟旅游合作实现对称互惠一体化共生模式的可行性条件；潘冬南（2016）分析研究了广西北部湾地区城市的竞合条件、竞合模式。综上所述，虽然共生理论与旅游的融合研究取得较快进展，但目前仍然没有形成权威的共识体系，以广西区域城市整体为对象的旅游共生关系研究尚无人涉足，在借鉴相关研究成果的基础上，拟采用定量与定性分析相结合的方法，从旅游能级、对外关联度、中心职能强度及外向功能强度等 4 个方面对广西区域 14 个地级城市的旅游共生关系开展研究。

二、广西区域城市旅游共生关系分析

（一）广西区域城市旅游能级

旅游能级反映了某个旅游地辐射影响周边地区的能量大小，能级大小与能量大小呈正向比例，因而可以被用来精准测度区域城市的旅游地位和层次。结合前人对区域城市旅游共生关系的研究成果，从旅游经济基础能级、旅游环境支撑能级、旅游市场潜力能级等 3 个方面构建广西区域城市旅游能级评价指标体系（见表 7.1）。评价指标体系的原始数据来源于广西壮族自治区统计局编写的《广西统计年鉴》。

表 7.1　广西区域城市旅游能级评价指标体系

一级指标	二级指标	指标内容
旅游能级	旅游经济基础能级	入境旅游者人数 / 人次（X_1）
		国际旅游消费 / 万元（X_2）
		入境旅游者人均消费额 / 元（X_3）
		国内旅游者人数 / 万人次（X_4）
		国内旅游消费 / 亿元（X_5）
		旅游总消费 / 亿元（X_6）
	旅游环境支撑能级	星级饭店数 / 家（X_7）
		旅行社数 / 家（X_8）
		4A 级以上景区数 / 家（X_9）
	旅游市场潜力能级	人均 GDP/ 元（X_{10}）
		地区生产总值 / 亿元（X_{11}）
		公路里程 / 公里（X_{12}）

利用评价指标的原始数据和 SPSS 统计软件，采用因子分析法提取主成

分，得到广西区域城市旅游能级（Tourism Level）的因子得分系数及权重，进而计算出得分值。首先对原始数据进行标准化处理，计算公式为：

$$x_{ij}=\frac{x'_{ij}-\bar{x}'_j}{s'_j} \quad (7.1)$$

在公式 7.1 中，x_{ij} 表示指标的标准化数据，x'_{ij} 表示指标的原始数据，$\bar{x}'_j$ 表示样本期望值，s'_j 表示样本标准差，各标准化数据的均值和标准差分别为 0 和 1。

表 7.2　广西区域城市因子得分系数矩阵及各能级得分值

城市	F_1	旅游经济基础能级	F_2	旅游环境支撑能级	F_3	旅游市场潜力能级	旅游总能级
南宁	2.90369	1.34150	−0.41864	−0.15992	−0.19548	−0.03049	1.15109
柳州	1.06302	0.49112	−0.34988	−0.13365	−0.59648	−0.09305	0.26441
桂林	0.34162	0.15783	3.35807	1.28278	0.57094	0.08907	1.52968
梧州	−0.38268	−0.17680	−0.20380	−0.07785	−0.41500	−0.06474	−0.31939
北海	−0.07784	−0.03596	0.06062	0.02316	−1.66006	−0.25897	−0.27177
防城港	−0.65913	−0.30452	−0.04245	−0.01622	−1.97252	−0.30771	−0.62845
钦州	−0.40267	−0.18603	−0.32371	−0.12366	−0.10035	−0.01565	−0.32535
贵港	−0.73069	−0.33758	−0.46750	−0.17859	0.57497	0.08970	−0.42647
玉林	0.18741	0.08658	−0.55168	−0.21074	0.83708	0.13058	0.00643
百色	0.27678	0.12787	−0.76458	−0.29207	1.30631	0.20378	0.03959
贺州	−1.02057	−0.47150	0.04397	0.01680	−0.04715	−0.00736	−0.46206
河池	−0.27005	−0.12476	−0.18718	−0.07150	1.39186	0.21713	0.02086
来宾	−0.78408	−0.36224	−0.31923	−0.12195	0.75588	0.11792	−0.36627
崇左	−0.44482	−0.20551	0.16597	0.06340	−0.45000	−0.07020	−0.21231

按照特征根大于 1 且累计贡献率大于 85% 的原则，经因子分析中主成分的提取，得到各市因子得分系数矩阵（Component Score Coefficient Matrix）（见表 7.2），广西区域城市的旅游能级指标划分为 3 类：第一类在旅游经济方面具有较高的载荷，命名为旅游经济基础能级因子（F_1）；第二类在旅游环境方面具有较高的载荷，命名为旅游环境支撑能级因子（F_2）；第三类在旅游潜

力方面具有较高的载荷，命名为旅游市场潜力能级因子（F_3）；三者的权重值依次分别为 0.462、0.382 和 0.156。

旅游能级的得分值等于旅游能级的因子得分系数乘以对应的权重值（见表 7.2），即：

$$L_{ij} = F_{ij} \cdot G_i \quad (i=1，2，3) \quad (j=1，2，3，\ldots，14) \qquad (7.2)$$

在公式 7.2 中，L_{ij} 表示第 j 个城市的第 i 个旅游能级得分值，F_{ij} 表示第 j 个城市的第 i 个因子得分系数，表示旅游能级对应的第 i 个权重值。

旅游总能级的得分值等于各旅游能级之和：

$$L_{总} = \sum_{i=1}^{n} L_{ij} \qquad (7.3)$$

为使数据更加直观且便于比较，将各旅游能级及总能级的得分值转化为百分制表 7.3，计算公式为：

$$Z_{ij} = \left(\frac{L_{ij}-L_{min}}{L_{max}-L_{min}}\right) \times 60 + 40 \qquad (7.4)$$

在公式 7.4 中，Z_{ij} 表示百分制转化后第 j 个城市的第 i 个旅游能级的得分值，L_{min} 表示全部 L_{ij} 中的最小值，L_{max} 表示全部 L_{ij} 中的最大值。

表 7.3　广西区域城市旅游能级

排名	旅游经济基础能级		旅游环境支撑能级		旅游市场潜力能级		总能级	
	城市	得分值	城市	得分值	城市	得分值	城市	得分值
1	南宁	100.00	桂林	100.00	河池	100.00	桂林	100.00
2	柳州	71.86	崇左	53.54	百色	98.47	南宁	89.47
3	桂林	60.83	北海	52.01	玉林	90.11	柳州	64.82
4	百色	59.84	贺州	51.77	来宾	88.66	百色	58.57
5	玉林	58.47	防城港	50.51	贵港	85.43	河池	58.05
6	北海	54.41	河池	48.40	桂林	85.36	玉林	57.65
7	河池	51.48	梧州	48.16	贺州	74.34	崇左	51.57
8	梧州	49.75	来宾	46.48	钦州	73.39	北海	49.92
9	钦州	49.45	钦州	46.42	南宁	71.69	梧州	48.59

续表

排名	旅游经济基础能级		旅游环境支撑能级		旅游市场潜力能级		总能级	
	城市	得分值	城市	得分值	城市	得分值	城市	得分值
10	崇左	48.80	柳州	46.04	梧州	67.78	钦州	48.43
11	防城港	45.53	南宁	45.03	崇左	67.15	来宾	47.29
12	贵港	44.43	贵港	44.32	柳州	64.54	贵港	45.62
13	来宾	43.62	玉林	43.10	北海	45.57	贺州	44.63
14	贺州	40.00	百色	40.00	防城港	40.00	防城港	40.00

从表 7.3 可以看出，广西 14 个城市的旅游总能级得分值整体上偏低，得分值较高的是南宁市和桂林市，分别为 100.00 和 89.47，排在第一位和第二位，旅游优势相对明显，是区域内的中心旅游城市，其余 12 个城市的得分值变化幅度不超过 24.82，彼此之间的得分值相对比较接近，均值为 57.47，防城港市的得分值最低，仅为 40.00。

在旅游经济基础能级中，南宁市和柳州市的得分值最高，分别为 100.00 和 71.86，较大幅度高于 55.60 的均值水平，桂林市、百色市、玉林市、北海市、河池市的得分值都大于 50 且相互接近，维持在平均水平左右，贺州市的得分值最低，仅为最高值的四分之一，表明内部差距较为明显。在旅游环境支撑能级中，桂林市得分值为最高值 100.00，几乎是平均值的 2 倍，遥遥领先于区内其他 13 个城市，这与桂林市作为世界知名国际旅游城市的地位相对称，其接待入境旅游者人数和国际旅游消费额分别占据广西区域 48.57% 和 54.94% 的比重，旅游产业保障体系具有绝对优势。在旅游市场潜力能级中，河池市、百色市的得分值较高，表明这些城市旅游发展较快，市场增长潜力较大，北海市和防城港市的得分值较低，得分值分别仅为 44.63 和 40.00，发展相对缓慢，其他城市也有比较高的得分值，不同程度地超过或略低于 75.18 的均值水平。

综上所述，广西区域内各城市的定位可以直观地分为两级，即旅游能级得分值领先的桂林市和南宁市作为区域旅游的一级中心城市，分别主导桂北片区和桂南片区次中心城市的旅游协作，从而带动整个区域的旅游共生发展。

（二）广西区域城市旅游对外关联度

旅游地的对外关联强度一般随着空间距离的增大而减弱，证明旅游影响力与空间距离负向相关，遵循距离衰减法则，对外关联度指数是测度区域城市共生关系的常用方法。根据引力模型原理，对广西区域城市旅游的对外关联度进行量化分析。

旅游对外关联度指数（Tourism External Correlation Degree Index）的计算公式为：

$$E_i = \sum_{j=1}^{n} E_{ij}/n \tag{7.5}$$

在公式 7.5 中，E_i 表示城市 i 的旅游对外关联度指数，E_{ij} 表示城市 i 的单项旅游对外关联度指数。单项旅游对外关联度指数的计算公式为：

$$E_{ij} = K_i \cdot \frac{Z_i Z_j}{D_{ij}^2} \tag{7.6}$$

在公式 7.6 中，Z_i 和 Z_j 分别表示城市 i 和城市 j 的旅游能级，K_i 表示城市 i 的旅游对外关联系数（Tourism External Correlation Coefficient），D_{ij} 表示关联城市 i 和 j 交通距离的标准化值，原始数据值从百度地图收集整理得到。关联城市交通距离的标准化值的计算方法与公式 7.4 相同。

K_i 的计算公式为：

$$K_i = \frac{\bar{A}}{A_i} \times 100 \tag{7.7}$$

$$A_i = \frac{D_i}{V_i} \tag{7.8}$$

$$\bar{A} = \frac{1}{n}\sum_{i=1}^{n} A_i \tag{7.9}$$

在公式 7.7、7.8、7.9 中，表示城市 i 的可达性值，表示城市 i 与某一城市之间最便捷的高速公路距离，表示城市 i 与某一城市的平均行车速度，表示城市 i 和 n 个城市之间的均值。结合《中华人民共和国公路工程技术标准》和广西高速公路的实际情况，设定平均行车速度为 100km/h。

利用公式 7.5 至 7.9 及相关数据进行计算，得到广西区域城市旅游对外关联度指数（见图 7.1）。从图 7.1 可以看出，因经济基础、交通设施及区位优势等因素的综合影响，南宁市的旅游对外关联度指数明显高于其他城市，达到 197.67，说明南宁市作为区域旅游的集散中心和交通枢纽具有十分重要的承接转移作用。钦州市、桂林市、防城港市、百色市、崇左市、柳州市的对外关联指数也比较高，基本维持在平均值左右，北海市、梧州市、贺州市、来宾市、河池市、玉林市及贵港市的对外关联度指数相对较低，在至 85.40 和 98.76 之间，低于 115.15 的均值。

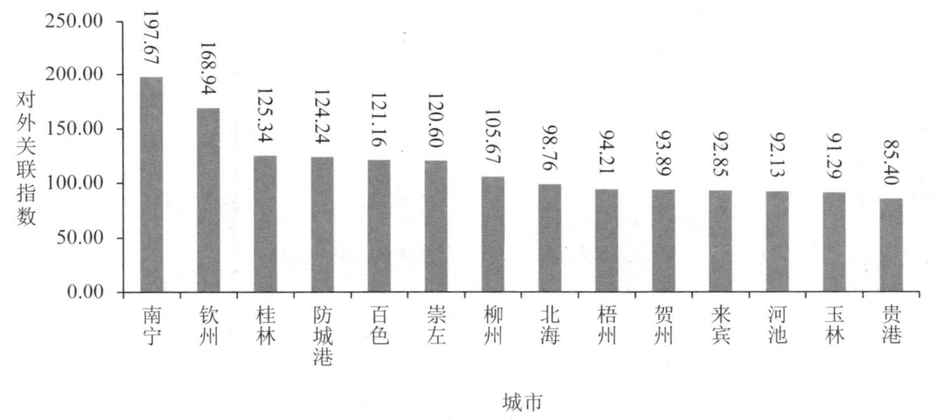

图 7.1　广西区域城市旅游对外关联度指数

（三）广西区域城市旅游中心职能强度

城市旅游中心职能强度（Tourism Central Function Strength）衡量的是该城市在区域旅游中的地位高低，反映了该城市对区域内其他城市的旅游服务功能，旅游中心职能强度越大，其地位越高、服务功能越强。以表 7.1 中的旅游能级指标为依据计算广西 14 个城市的旅游中心职能强度，用 C_{X1i}、C_{X2i}、C_{X3i}、C_{X4i}、C_{X5i}、C_{X6i}、C_{X7i}、C_{X8i}、C_{X9i}、C_{X10i}、C_{X11i}、C_{X12i} 依次对应表示第 i 个城市各指标的中心职能指数（Central function index）。C_{X1i} 的计算公式为：

$$C_{X_{1i}}=\frac{X_{1i}}{\frac{1}{n}\sum_{i=1}^{n}X_{1i}} \quad (7.10)$$

各指标的中心职能指数的计算方法与 C_{X1i} 相同，再对各指标的中心职能指数加总求算术平均值，分别确定广西 14 个城市的旅游中心职能强度 C_{Ti}，计算公式为：

$$C_{T_i}=\frac{C_{X_{1i}}+C_{X_{2i}}+C_{X_{3i}}+C_{X_{4i}}+C_{X_{5i}}+C_{X_{6i}}+C_{X_{7i}}+C_{X_{8i}}+C_{X_{9i}}+C_{X_{10i}}+C_{X_{11i}}+C_{X_{12i}}}{12} \quad (7.11)$$

利用公式 7.10、7.11 进行计算，得到广西区域城市旅游中心职能强度（见表 7.4）。从表 7.4 可以看出，桂林市、南宁市的旅游中心职能强度排在广西 14 个城市的前两位，指数值分别为 2.9407、2.0075，大于 2，较大幅度高于其他城市，处于第一梯队，区域内旅游核心的地位明显。柳州市的旅游中心职能强度得分值为 1.1710，排在第三位且大于 1 小于 2，是区域内重要的节点城市。其余 11 个城市的旅游中心职能强度指数大于 0 小于 1，处于区域旅游末梢地带，是实现系统连接的网络城市，也是区域城市旅游共生关系的不可或缺的组成部分。

表 7.4　广西区域城市旅游中心职能强度

城市	C_{X1i}	C_{X2i}	C_{X3i}	C_{X4i}	C_{X5i}	C_{X6i}	C_{X7i}	C_{X8i}	C_{X10i}	C_{X11i}	C_{X12i}	C_{Ti}	排名
南宁	1.6154	1.5192	1.0315	2.9726	2.8674	2.8283	1.5011	2.2096	1.3105	2.8078	1.4602	2.0075	2
柳州	0.5474	0.5530	1.1083	1.0859	1.1458	1.1287	1.2560	0.9783	1.5660	1.8785	0.9945	1.1710	3
桂林	6.8001	7.6923	1.2411	2.1573	2.2811	2.4380	1.7768	4.7566	0.9189	1.3942	1.5517	2.9407	1
梧州	0.5717	0.4686	0.8991	0.5958	0.6209	0.6165	1.0416	0.5398	0.9994	0.9122	0.7678	0.7284	9
北海	0.3973	0.3551	0.9808	0.8295	0.9418	0.9248	1.0722	1.0120	1.6820	0.8384	0.2731	0.8411	6

续表

城市	C_{X1i}	C_{X2i}	C_{X3i}	C_{X4i}	C_{X5i}	C_{X6i}	C_{X7i}	C_{X8i}	C_{X10i}	C_{X11i}	C_{X12i}	C_{Ti}	排名
防城港	0.4825	0.3694	0.8400	0.5448	0.4259	0.4242	0.7659	0.5060	1.7945	0.5056	0.3556	0.6239	12
钦州	0.1879	0.1620	0.9457	0.6929	0.6528	0.6386	0.5208	1.0627	0.9082	0.8929	0.8094	0.6818	10
贵港	0.2630	0.2326	0.9700	0.5649	0.6076	0.5967	0.3982	0.3205	0.5621	0.7377	0.8749	0.5304	13
玉林	0.3736	0.3576	1.0499	1.0781	1.0735	1.0527	0.7659	0.4892	0.6646	1.1586	1.1827	0.8426	5
百色	0.2272	0.2095	1.0117	0.8823	0.8641	0.8452	0.9497	0.3205	0.8476	0.9283	1.9737	0.8402	7
贺州	1.0630	0.8459	0.8730	0.5867	0.6791	0.6839	0.5514	0.3373	0.6061	0.3741	0.5813	0.6378	11
河池	0.3075	0.2944	1.0499	0.7122	0.7679	0.7542	1.5317	0.6916	0.4731	0.5008	1.5235	0.7959	8
来宾	0.0621	0.0637	1.1254	0.6107	0.4657	0.4540	0.4902	0.1855	0.6793	0.4524	0.8187	0.4965	14
崇左	1.1013	0.8767	0.8734	0.6862	0.6063	0.6141	1.3786	0.5904	0.9878	0.6187	0.8331	0.8622	4

注：为精确对比计算结果，小数点后的数字保留 4 位。

（四）广西区域城市旅游外向功能强度

城市旅游功能是城市旅游发展的内生机制和旅游活动总称，分为内向功能和外向功能，其强度体现了城市旅游对内部和外部旅游影响的强弱程度，是测度区域城市之间旅游共生关系的重要手段。内向功能是指城市内部联系产生的旅游活动并表现为聚集形式，通常也被称为非基本功能，而外向功能是指城市旅游与外部联系产生的旅游活动并反映了城市旅游对外辐射的能力，因而被称为基本功能。基于区位熵的计算方法，对广西区域城市旅游外向功能强度进行测度，计算公式为：

$$O_{ij} = \frac{U_{ij}/U_i}{U_j/U} \qquad (7.12)$$

在公式 7.12 中，O_{ij} 表示城市 i 的旅游外向功能强度（Tourism Outward Function Strength），U_{ij} 表示城市 i 的旅游总消费，U_i 表示城市 i 的 GDP，U_j 表示广西区域城市的旅游总消费，U 表示广西区域的 GDP。当时 $O_{ij} > 1$，表明城市 i 具有外向功能，O_{ij} 的值越大其外向功能越强。

利用公式 7.12 进行计算，得到广西区域城市旅游外向功能强度（见图 7.2）。

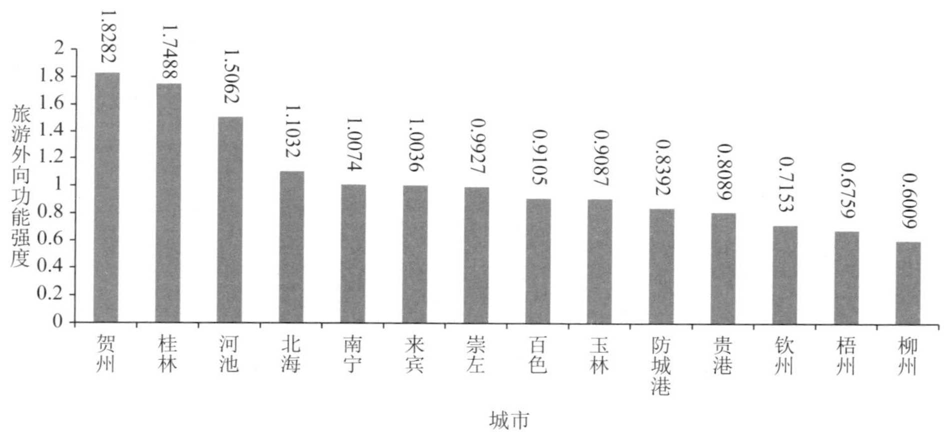

图 7.2　广西区域城市旅游外向功能强度

从图 7.2 可以看出，贺州市、桂林市、河池市、北海市、南宁市、来宾市的旅游外向功能强度大于 1，说明这 6 个城市的总收入中分配给旅游部门的比例大于广西区域的分配比例，对周边城市提供了服务并施加了影响 . 崇左市、百色市、玉林市的旅游外向功能强度也比较高，均在 0.9 以上，防城港市、钦州市、梧州市、柳州市的则比较低。数据表明，旅游外向功能强度体现了旅游业在城市中相对于广西区域而言的专门化程度。

（五）广西区域城市旅游等级划分

依据广西区域城市旅游能级、对外关联度、中心职能强度及外向功能强度的排名情况为各城市赋予分值，每项指标第 1 至 14 名的排名得分从 14 分向 1 分逐级递减，一个名次的分值差额为 1 分。若用 Z_{ri}、E_{ri}、C_{ri}、O_{ri} 分别表示第 i 个城市的旅游能级、对外关联度、中心职能强度及外向功能强度排名得分（Ranking Scores），则第 i 个城市的旅游共生关系总排名得分为：

$$T_{ri}=（Z_{ri}+E_{ri}+C_{ri}+O_{ri}）\times 100/（4\times 14） \quad （7.13）$$

利用公式 7.13 计算，得到广西区域城市旅游共生关系综合得分（图 7.3）。从图 7.3 可以看出，桂林市和南宁市的综合得分分别为 96.43 和 89.29，明显高于其他 12 个城市，可以把桂林市和南宁市划分为区域旅游的一级中心城市。百色市、崇左市、河池市、柳州市、北海市的综合得分在平均值 53.57 以上，可以划分为区域旅游的二级中心城市。玉林市、贺州市、钦州市、梧州市、防城港市、来宾市及贵港市的综合得分较低，属于区域旅游的三级中心城市。

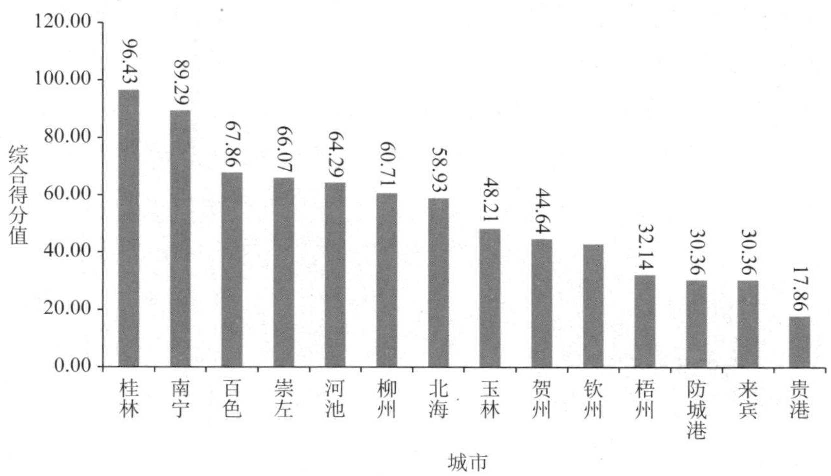

图 7.3　广西区域城市旅游共生关系综合得分

三、广西区域城市旅游协同发展策略

在共生理论基本概念的三要素中，共生模式是关键因素，包括共生组织模式和行为模式两种，其中共生组织模式分为“点共生、间歇共生、连续共生及一体化共生”4种形式，共生行为模式分为“寄生、偏利共生、非对称互惠共生及对称互惠共生”4种形式。一般认为，一体化共生模式最为稳定并产生能量最大，共生行为模式体现了共生单元之间的能量与分配关系，揭示不同共生行为存在和发展的条件及特征。遵照共生理论的基本概念，提出广西区域城市旅游协同发展策略。

（一）广西区域城市旅游一体化共生发展策略

广西14个地级城市的旅游产品特征各异，要想求同存异形成一体化共生发展，必须打造统一的区域旅游品牌，而这个统一的区域旅游品牌要有必备的共生环境作为支撑。截至目前，“中国长寿之乡”有73个，其中广西有25个，分布在河池市、贺州市、南宁市、崇左市、来宾市、防城港市、玉林市、梧州市、桂林市、百色市，基本实现全区覆盖，数量居全国首位（数据来源于中国老年学会统计）。随着经济社会的不断进步，以追求健康长寿为目的的康体旅游作为全新的业态蓬勃发展，生态养生成为人们旅游出行的主要动机。广西拥有占全国总数三分之一的“中国长寿之乡”，奠定了大力发展长寿养生旅游产业的坚实基础。“十三五”期间，广西依据养老服务业综合改革试验区的空间布局，着重建设南宁、桂西、桂北、北部湾、西江等“医疗康养”为主题的旅游区，建设南宁、桂林、玉林、巴马、金秀、靖西等一批“中医药健康旅游城镇”，建设盘阳河与左江流域、桂东北及桂东地区、北部湾沿海区等一批“康养旅游板块”，建设“巴马—东兰—凤山—凌云—乐业、宜州—罗城—融水—三江—龙胜—永福、阳朔—恭城—富川—昭平—蒙山、扶绥—龙州—大新—天等—靖西、马山—上林—忻城—象州—金秀”等一批健康养生精品旅游线路，同时将大力推进医疗与康养服务业供给侧结构性改革，加快构建以长寿养生国际旅游区为载体的大健康产业基地，把广西建设成为中国知名的幸福产业基地。这些情况表明，广西长寿养生旅游产业逐步向全域化方向转变，具有典型的代表意义。区域旅游产业可持续发展所追求的目标就是要构建合理的内生机制，只有构建区域旅游产业共生系统，才能促进区域旅游产业有序协调发展。广西各城市应以“长寿养生旅游”为统一品牌，实施一体化共生发展，在长寿养生旅游产业整合发展方面达成共识，力争创建国家旅游示范区及国家级旅游发展区，打造成为名副其实的“世界健康旅游目的地”。

（二）广西区域城市旅游对称性互惠共生发展策略

旅游互惠共生本质上是区域协调发展，区域协调发展为旅游互惠共生提供了原动力，广西区域城市旅游互惠共生发展必须在发展定位及战略层面上与广西区域协调发展布局保持一致。

（1）旅游互惠共生与“双核驱动，三区统筹”区域经济发展战略的衔接。随着北部湾经济区、珠江—西江经济带、左右江革命老区、桂林国际旅游胜地建设上升为国家战略，广西区域经济进一步优化发展，标志着国家发展规划在广西实现全落地。以北部湾经济区和珠江—西江经济带为“双核驱动”战略格局，形成以桂林、南宁为中心的区域旅游增长极，推动广西“江海”旅游联动的南北旅游对接，辐射带动左右江革命老区和“粤桂”合作特别试验区“江边”旅游联动的东西旅游连接，把广西建设成为我国面向“东盟”的国际大通道及旅游合作桥头堡、面向西南、中南地区及“粤港澳大湾区”的新经济战略支点和重要旅游集散地。

（2）旅游互惠共生与“三区一带”区域旅游发展战略的衔接。以国家全域旅游示范区和广西特色旅游名县“双创双促”工作为抓手，实施全域旅游发展战略，加快构建旅游产品体系，强化建设旅游基础设施，促进广西区域旅游共建共享，重点打造“桂林国际旅游胜地、巴马长寿养生国际旅游区、北部湾国际旅游度假区及边关风情旅游带”，打造“首府生态旅游圈、桂中生态旅游圈和桂东南生态旅游圈”，充分发挥桂林、巴马、南宁、北海在国际山水旅游、长寿养生旅游、商务会展旅游、滨海度假旅游的龙头作用，形成“多极共进”的旅游共生发展新格局，推进“中越国际旅游合作区、泛北部湾国际旅游圈”跨国游、边境游的建设，逐步完善区域旅游发展布局，带动广西区域旅游整体协调发展。

（3）旅游互惠共生与“一带一路”的衔接。习近平总书记指出，“旅游业是综合性的产业，是拉动经济增长的重要动力”。按照广西“深耕东盟、拓展南亚、对接‘一带一路’”的战略方针，广西应依托自身资源优势大力推进生态建设，把生态环境培育为提高生活质量的基点、展示区域形象的亮点、促进经济社会发展的支点，通过树立生态旅游品牌吸引中外游客，把“山清水秀”打造成为广西的旅游名片。此外，还应增强文化自信，依托文化相近、民俗相容、地理相连等先天优势，深挖“海上丝绸之路”文化内涵，加快旅游产业转型升级，打造民族文化旅游品牌，加强对“东盟”及东南亚国家旅游市场的推广与合作，切实提高民族文化旅游品牌的国际影响力。

（三）广西区域城市旅游非对称性互惠共生发展策略

旅游共生关系中，共生单元存在竞合模式，为避免无序竞争，促进广西区域城市旅游互惠共生发展，各市可以结合地方旅游资源特点突出各自的旅游特色，既能丰富区域旅游产品的内容，又能形成互补共赢的联动格局，如南宁市的商务会展旅游，桂林市的山水文化旅游，柳州市的工业旅游，河池市的康养民俗旅游，百色市的红色探险旅游，崇左市的边境旅游，北海市、钦州市及防城港市的滨海度假旅游，玉林市、梧州市及贵港市的宗教侨乡旅游，贺州市与来宾市的生态休闲旅游等，各市在强调区域统一的旅游目的地品牌形象的前提下，实施不对称性错位发展，把特色旅游作为不断延伸的产品线，避免了低层次的重复建设和内耗，有利于广西区域旅游整体协调发展。

四、总结与讨论

（一）总结

本次研究基于共生理论，在借鉴既有成果的基础上，结合广西旅游发展实际，从旅游能级、对外关联度、中心职能强度及外向功能强度 4 个方面对广西区域 14 个地级城市的旅游共生关系进行了研究，形成结论如下：

（1）在旅游能级评价中，旅游经济基础能级、旅游环境支撑能级、旅游市场潜力能级是测算的重要指标依据，桂林市与南宁市作为广西区域旅游的一级中心城市旅游能级得分较高，其他城市的旅游能级得分相互接近且分化不明显，区域城市的旅游能级得分整体偏低，表明广西区域城市旅游的相互辐射能力较弱。

（2）在旅游对外关联度测度中，南宁市体现了广西区域旅游集散中心和交通枢纽承接转移的作用，钦州市、桂林市、防城港市、百色市、崇左市、柳州市的对外关联指数也比较高，主要是经济基础、交通设施及区位优势等因素综合影响的结果。

（3）在城市旅游中心职能强度衡量中，南宁市与桂林市是核心城市，柳州市是节点城市，其余城市为网络城市，它们都是区域旅游共生关系的必要组成单元。

（4）在城市旅游功能强度计算中，贺州市、桂林市、河池市、北海市、南宁市、来宾市的旅游外向功能强度大于 1，具有较强的外向功能，说明旅游业相对于广西区域而言的专门化程度较高。

（5）在广西区域城市旅游等级划分中，桂林市和南宁市划分为一级中心城市，百色市、崇左市、北海市、柳州市、河池市为二级中心城市，钦州市、玉林市、贺州市、防城港市、梧州市、来宾市、贵港市为三级中心城市。

（6）广西区域城市旅游一体化共生发展策略：以“长寿养生旅游”为统一品牌，打造成为“世界健康旅游目的地”；广西区域城市旅游对称性互惠共生发展策略：与“双核驱动，三区统筹”“三区一带”及“一带一路”等区域发展战略及倡议衔接；广西区域城市旅游非对称性互惠共生发展策略：各市在强调区域统一的旅游目的地品牌形象的前提下，实施不对称性错位发展。

（二）讨论

因数据与资料等原因，定量研究仅限于最新年度数据的计算结果分析，旅游对外关联度的测度也只是考虑到了目前作为区域内城市旅游主要交通方式的高速公路状况，在一定程度上忽略了其他的联接因素。因此，本次研究完成了预期设计的目标，但尚有不足之处仍然需要在后续的探讨中进一步深化，将对比分析和动态研究加以补充完善。

参考文献：

［1］袁纯清．共生理论及其对小型经济的应用研究（上）［J］．改革，1998（2）：100.

［2］袁纯清．共生理论及其对小型经济的应用研究（下）［J］．改革，1998（3）：75.

［3］钟俊．共生：旅游发展的新思路［J］．重庆师专学报，2001，20（3）：17.

［4］PETER F.，STRINGER，PHILIP L. Toward a symbiosis of social psychology and tourism studies［J］. Annals of Tourism Research，1984（1）：5.

［5］HABIBAH A，HAMZAH J，ER A C，et al. City-city tourism collaboration in the straits of malacca development region：key success factors［J］.Asian Social Science，2013，9（13）：40.

［6］WONG E P Y，MISTILIS N，DWYER L. A model of ASEAN collaboration in tourism［J］.Annals of Tourism Research，2011，38（3）：882.

［7］吴泓，顾朝林．基于共生理论的区域旅游竞合研究——以淮海经济区为例［J］．经济地理，2004，24（1）：104.

［8］彭曦．基于共生视角的洞庭湖生态经济区旅游竞合研究［J］.特区经济，2016(4)：101.

［9］马国强，汪慧玲．共生理论视角下兰西城市群旅游产业的协同发展［J］.城市问题，2018（4）：65.

［10］孙振杰．京津冀旅游共生关系的协调演化［J］．企业经济，2018，37（8）：167.

［11］唐仲霞，马耀峰，魏颖．青藏地区入境旅游共生关系检验研究［J］．干旱区地理，2012，35（4）：671.

［12］卢忠，朱奇志．共生理论视角下广西——东盟旅游合作研究［J］．广西大学学报（哲学社会科学版），2014，36（1）：8.

［13］潘冬南．共生理论视角下民族地区区域旅游竞合模式探讨——以广西北部湾为例［J］．广西民族研究，2016（4）：168.

［14］陆相林，孙中伟，马世猛．京津冀区域城市旅游共生关系分析与协同发展对策［J］．经济地理，2016，36（4）：181.

［15］韦福巍，黄荣娟，时朋飞．基于生态位理论的广西区域旅游协调发展研究［J］．西南师范大学学报（自然科学版），2018，43（10）：35.

［16］侯景新，尹卫红．区域经济分析方法［M］．北京：商务印书馆，2004.

［17］保继刚，楚义芳．旅游地理学［M］．北京：高等教育出版社，2006.

［18］李博雅．基于修正引力模型的山西省城市经济联系分析［J］．经济问题，2018（7）：117.

［19］孙久文，罗标强．基于修正引力模型的京津冀城市经济联系研究［J］．经济问题探索，2016（8）：72.

［20］崔功豪，魏清泉，陈宗兴．区域分析与规划［M］．北京：高等教育出版社，2005.

第二部分

研究成果

（下）

广西旅游产业差异演变与区域耦合协调发展关系
专题研究

第八章　基于共生理论的广西北部湾经济区旅游竞合关系研究

共生理论最先源自生物学领域，它描述的是生物之间的一种生态关系，生物之间除了竞争、寄生、捕食和原始合作的关系外，还有一种重要的关系，即互利共生，简称共生。自彼得（Peter）等于 1984 年首次将共生理论应用于旅游产业研究以来，国内外许多学者也对共生理论的应用范围进行了拓展，在区域旅游研究方面取得了较为丰硕的研究成果。例如，袁纯清（1998）首先把共生理论引入社会科学领域，认为共生不仅是一种生物现象，也是一种社会现象，独立的共生企业管理单元、共生经营模式、共生市场环境是构成共生关系的三大要素；冷志明、张合平（2007）认为竞合发展是区域经济长久共生发展不可或缺的方法之一；宋增文等（2018）对珠海的旅游发展策略进行了相关研究，认为区域旅游竞合协同发展的关键是整合同质度及关联度高的旅游资源或产业。总体看来，利用共生理论对区域旅游协同发展的研究较多，而作为国家发展战略区域及广西三大国际旅游目的地之一的广西北部湾经济区，其旅游竞合发展方面的研究成果较少。在借鉴现有研究成果的基础上，基于共生理论视角，对广西北部湾经济区的旅游竞合关系进行综合研究，旨在为该区域旅游的发展布局优化及协同发展提供实用参考。实施区域协同发展战略对增强区域发展协同性及拓展区域发展新空间具有重大战略意义，自广西北部湾经济区实施区域协调发展战略以来，各项主要旅游发展指标呈现出快速增长态势，旅游产业对地方经济社会发展的贡献率逐步提高，支柱产业的引领作用日趋明显，但区域内旅游共生发展的格局尚未形成，竞争替代关系仍然占据主导地位。因此，本次研究将围绕广西北部湾经济区旅游一体化的构建，从旅游同质度、对外关联度、灰色关联度及外向功能强度等方面展开探讨。

一、理论基础

（一）旅游共生

旅游共生是指在旅游市场环境中旅游地之间、旅游企业之间相互促进、共同发展，寻求双方或多方的共存共享及互惠互赢，秉持利益的共享和义务的共担，构建一个统一和谐的旅游整体，以更好地获得旅游整体的最大经济利益。根据共生理论，旅游共生系统包括独立的共生单元、共生模式、共生环境，共生单元指的是区域内旅游竞合的各种行政单元，共生模式是指区域内各旅游共生单元间的竞合形式，它反映的是旅游共生单元之间的相互作用，而共生环境指的是旅游共生单元相互作用所依赖的环境，即除了区域旅游共生系统中共生单元之外的所有因素的总和。

（二）区域旅游竞合关系

“竞合”是基于竞争与合作的一种商业经营战略，由内勒巴夫、兰登伯格两位学者率先提出。他们认为，竞争与合作的问题一直存在于企业中，二者不可分割，两个或者两个以上的经济主体在同一历史时期、同一发展阶段内竞争的同时也保持合作，从而有效避免由于双方过度竞争所引起的不良市场结果。“竞合”强调的是企业之间、区域或者地方之间的合作共赢思维，反映各个经济主体之间既竞争又合作的互动关系。旅游区域之间同样也存在着竞争与合作的关系，所谓区域旅游竞合是指在旅游区域内不同旅游地域间的各个旅游经济主体在共同追逐更大经济利益和更好发展条件的过程中一系列具有竞争性的合作行为，是旅游经济发展到一定阶段相关利益者突破行政管理壁垒展开广泛合作以进一步增强市场地位和竞争力的发展行为，是创建无障碍旅游区、推动区域旅游整体协同发展的必然选择。当前，区域旅游竞合已成为协调地方旅游发展关系的主流趋势。

二、广西北部湾经济区旅游竞合发展环境分析

（一）广西北部湾经济区的地理区划概况

广西北部湾经济区地处我国沿海西南端，包括南宁、北海、钦州及防城港4市，东临近珠三角，与珠三角、长三角、环渤海湾连成沿海一条线，区域面积较为广阔，据《广西统计年鉴》数据，陆地占地面积4.25万平方公里，海域面积12.93万平方公里，区域内人口1463.69万，约占广西总人口的29.71%（见表8.1）。广西北部湾经济区是国家大力扶持的区域之一，也是享受国家优惠政策最多的地区，不仅享有少数民族政策和西部大开发政策，还享有沿海开放政策、边境开放政策、扶贫开发政策，是目前我国唯一同时拥有这些优惠政策支持的区域经济体。2008年，国家批准实施《广西北部湾经济区发展规划》，提出把广西北部湾经济区建设成为我国西部大开发和面向东盟开放合作的重点地区，广西北部湾经济区由此被正式纳入国家发展战略行列，为广西北部湾经济区乃至整个广西的发展提供了强有力的保障，区域经济社会得以快速发展。

表8.1　广西北部湾经济区各市的基本情况

城市	区域范围	总面积／平方公里	海岸线／公里	总人数／万人
南宁	青秀区、兴宁区、江南区、西乡塘区、良庆区、邕宁区、武鸣区、横县、宾阳县、上林县、隆安县、马山县	22099	–	770.82
北海	海城区、银海区、铁山港区、合浦县	3989	595	178.18
钦州	钦南区、钦北区、灵山县、浦北县	10897	520	415.37
防城港	港口区、防城区、上思县、东兴市	6238	480	99.32

数据来源：根据2019年广西北部湾经济区统计年鉴整理。

（二）广西北部湾经济区的旅游资源现状

广西北部湾经济区的旅游资源比较丰富，资源类型多样，互补性强。《广

西统计年鉴》的数据显示（见表 8.2），截至 2018 年，广西北部湾经济区的 A 级旅游景区数量占据广西 A 级景区数的较大比重，其中 5A 级旅游景区 1 家，4A 级旅游景区 53 家，3A 级旅游景区 76 家，涵盖了会展商务、滨海休闲、山水生态、历史文化、民俗节庆、边关跨国、研学科教、体育赛事等多种旅游业态类型，景区分布比较均衡。南宁是广西的政治经济文化中心，旅游发展主要依托商务旅游，还有以青秀山和大明山风景区为代表的生态旅游。北海作为典型的滨海旅游城市以发展滨海休闲旅游为主，主要旅游景点有北海银滩、涠洲岛国家地质公园等。防城港既有上思十万大山国家森林公园、江山半岛旅游景区等生态与滨海旅游资源，又有被誉为京族三岛的民俗旅游资源。以“一带一路”倡议和“海丝申遗”为契机，钦州大力发展文化旅游，刘永福故居、冯子材故居、坭兴陶艺术馆等景点成为钦州著名的旅游名片。由于旅游业对国民经济社会发展具有重要的促进作用，广西北部湾经济区各市把旅游产业作为支柱产业或主导产业加以明确，通过整合旅游资源构建海上国际旅游、滨海休闲旅游、民族民俗风情等专题旅游线路，打造区域旅游合作共赢发展新平台。广西北部湾经济区 4 市的旅游业虽然各有特色和侧重点，但自然与文化旅游资源具有较多交集，在一定程度上差异性特征不够明显。因此，要使北部湾经济区旅游竞合发展得到较好实施，必须改善现有旅游资源同质化的问题，协调旅游市场竞争。

表 8.2　广西北部湾经济区的 A 级旅游景区数量一览表

类别	所在地城市	数量（家）
AAAAA	南宁	1
AAAA	南宁	28
	北海	10
	钦州	9
	防城港	6
AAA	南宁	35
	北海	16

续表

类别	所在地城市	数量（家）
AAA	钦州	20
	防城港	5

数据来源：根据 2019 年《广西统计年鉴》整理。

根据旅游资源分类国家标准，广西北部湾经济区各市的 A 级旅游景区分类如表 8.3 所示。从表 8.3 可以看出，广西北部湾经济区的旅游资源种类丰富，基本种类大多都有分布，为区域旅游的竞合发展创造了有利条件。

表 8.3　广西北部湾经济区的 A 级旅游景区分类

城市	水域风光	生物景观	自然景观	遗址遗迹	建筑与设施
南宁	九龙瀑布、西津湖、民歌湖、良凤江		青秀山、大明山、龙虎山、金湖地王云顶、金伦洞、伊岭岩	蔡氏古宅、昆仑关	嘉和城景区、九曲湾温泉、乡村大世界、人民公园、金花茶公园、海底世界、药用植物园、八桂田园、动物园、白鹤观、华南城民族博物馆、科技馆、规划馆
北海	北海银滩	金海湾红树林	涠洲岛国家地质公园鳄鱼山景区	老城历史文化旅游区、涠洲岛圣堂	海底世界、海洋之窗、大江埠民俗风情村、合浦汉文化公园
钦州	三娘湾、龙门群岛海上生态公园		五皇山、六峰山、八寨沟		刘冯故居、锦泉生态度假村、坭兴陶艺术馆、大朗书院、文昌景区
防城港	京岛风景名胜区、江山半岛白浪滩、北仑河源头景区	百鸟乐园、屏风雨林	上思十万大山、火山岛		陈公馆、意景园景区

资料来源：根据 2019 年《广西统计年鉴》整理。

据《广西统计年鉴》的数据，2018 年广西北部湾经济区接待入境旅游者人数 106.77 万人次，国内旅游者 23418.25 万人次，国内旅游收入和国际旅游收入分别达到 2473.57 亿元和 308608 万元，各市国内外旅游人数、旅游消费水平均有不同程度增长，但发展速度不够均衡，表现为南宁的旅游人数增长率与旅游经济收入增长率较大幅度高于其他市（见表 8.4）。

表 8.4　广西北部湾经济区各市的旅游业发展情况

城市	国内旅游者人数 / 万人次	入境旅游者人数 / 人次	国内旅游收入 / 亿元	国际旅游收入 / 万元
南宁	13094.60	644327	1368.42	191190
北海	3935.24	160644	499.67	47663
钦州	3641.70	76089	370.08	21859
防城港	2746.71	186585	235.40	47896

资料来源：根据 2019 年《广西统计年鉴》整理。

（三）广西北部湾经济区的经济发展现状

自广西北部湾经济区提升为国家发展战略以来，地区国民生产总值逐年增长，尤其是中国—东盟博览会和商务与投资峰会、“一带一路”倡议、大湄公河次区域经济合作、粤港澳大湾区合作等一系列平台的建立之后，经济社会发展水平更是取得质的飞跃。在广西北部湾经济区 4 市中，南宁的国民生产总值排在首位，其次是钦州、北海，防城港由于发展起步较晚，经济发展水平落后于其他市（见表 8.5）。从表 8.5 可以看出，2014—2018 年广西北部湾经济区各市的旅游总收入在区域国民生产总值中所占的比重逐年提高，表明旅游产业对区域经济社会发展的促进作用逐步增强，对国民生产总值具有重要影响。

表 8.5 广西北部湾经济区的 GDP 及旅游总收入占 GDP 比重

城市	南宁			北海			钦州			防城港		
指标 年份	GDP/亿元	旅游总收入/亿元	比重/%	GDP/亿元	旅游总收入/亿元	比重/%	GDP/亿元	旅游总收入/亿元	比重/%	GDP/亿元	旅游总收入/亿元	比重/%
2014	3148.32	589.73	18.7	856.54	173.11	20.2	854.96	75.67	8.9	588.89	76.73	13.1
2015	3410.08	729.93	21.4	891.94	219.74	24.6	944.42	101.12	10.7	620.71	97.40	15.7
2016	3703.33	903.24	24.4	1006.98	284.34	28.2	1102.05	172.02	15.6	676.04	125.37	18.5
2017	4118.83	1109.80	26.9	1229.84	364.52	29.6	1309.82	254.55	19.4	741.62	164.83	22.2
2018	4026.91	1368.42	33.9	1213.30	499.67	41.2	1291.96	370.08	28.6	696.82	235.67	33.8

数据来源：根据 2015—2019 年《广西统计年鉴》整理。

（四）广西北部湾经济区的交通条件现状

广西北部湾经济区各城市之间的距离较为接近，便于相互合作、资源共享及市场开拓，交通条件也相对较为完善，公路、铁路、海运以及航空等交通运输网络已具有一定规模，面向东盟的“一带一路”国际航空大通道初步成型，目前广西已开通覆盖东盟 10 国 22 个城市的航班，其中重要的航空枢纽主要集中在南宁和北海两市，为打造广西北部湾区域性国际旅游目的地奠定了基础。此外，广西北部湾经济区各市之间已经实现同城化，通过高速公路和铁路的有效连接形成区域有机整体，特别是开通了南宁直达钦州、北海、防城港 3 个沿海城市的动车，内河航运与海运的交通方式也为旅行提供了新的选择，其中海上国际旅游航线的开通丰富了跨国滨海旅游的内容（见表 8.6）。

表 8.6 广西北部湾经济区 4 市的交通状况

城市	高速公路	铁路	内河航运	海运	航空
南宁	√	√	√	○	√
北海	√	√	○	√	√

续表

城市	高速公路	铁路	内河航运	海运	航空
钦州	√	√	○	√	○
防城港	√	√	○	√	○

注：√代表开通，○代表未开通

（五）广西北部湾经济区的旅游公共服务发展现状

广西北部湾经济区虽有众多优惠政策扶持，但由于先天条件不足，经济社会发展水平与发达地区相比存在较大差距，导致旅游公共服务建设没有达成一体化共识，信息化程度较低，协调机制不健全，科技创新对智慧旅游的支撑有待加强，服务理念对旅游体系的引领有待提高，产业发展对旅游产品的融合有待深化。因此，提高旅游公共服务是实现区域旅游经济发展的重要条件。

总之，广西北部湾经济区的旅游竞合发展具备了较为全面的基础条件，又因其优越的地理位置和国家各项政策的支持，更是具备了良好的发展机遇，只有抓住发展机遇并改善基础条件，寻求适合本区域旅游产业的共生发展模式，才能从根本上实现区域旅游的布局优化及一体化协调发展。

三、广西北部湾经济区的旅游共生条件分析

（一）同质度

旅游产业共生体内共生单元的同质性评价是各单元之间竞争与发展关系的重要体现。通过引入旅游产业结构相似系数评价广西北部湾经济区各市之间的旅游产业竞合与发展关系，可以进一步揭示旅游产业综合管理系统的共生性。考虑到数据的可获性和实用性，以旅游产业中交通、住宿、餐饮、购物、游览、娱乐、邮电通信、其他服务 8 个方面的指标作为测算依据，分析

旅游产业结构的同质性，即同质度。同质度的计算公式为：

$$S_{ij}=\frac{\sum_{k=1}^{n}X_{ik}X_{jk}}{\sqrt{\sum_{k=1}^{n}X_{ik}^{2}\sum_{k=1}^{n}X_{jk}^{2}}} \tag{8.1}$$

在公式 8.1 中，S_{ij} 为 i 城市和 j 城市旅游产业结构的相似性系数，其中 i 城市为比较项，j 城市为参照项；X_{ik}、X_{jk} 分别为产业 k 在 i 和 j 城市旅游产业结构中的比重。S_{ij} 的阈值范围为 $0 \leqslant S_{ij} \leqslant 1$。$S_{ij}$ 越接近于 1，城市间旅游产业结构的差异性越小，旅游产业结构越趋于相同；S_{ij} 越接近于 0，城市间旅游产业结构的差异性越大，旅游产业结构同质化水平越低。

根据公式 8.1 以及相关数据进行计算，得到广西北部湾经济区各市的旅游资源相似度（见表 8.7）。从表 8.7 可以看出，广西北部湾经济区 4 市的旅游资源相似度在 0.8011 至 0.9761 之间，都非常接近 1，南宁与北海、钦州及防城港的旅游资源相似度相对较低，而北海、钦州及防城港由于同属近距离的滨海城市，旅游资源的相似性较高，说明广西北部湾经济区旅游产业结构的差异性较小，旅游资源同质化程度偏高，区域旅游竞合格局中的竞争替代关系显著大于合作发展关系。

表 8.7　广西北部湾经济区各市的旅游资源相似度

城市	相似度	城市	相似度
南宁—北海	0.8125	北海—钦州	0.9761
南宁—钦州	0.8048	北海—防城港	0.9723
南宁—防城港	0.8011	钦州—防城港	0.9425

数据来源：根据 2018 年《广西统计年鉴》整理。

（二）关联度

关联度是反映共生体内两个单元之间相互联系的重要指标。同样地，可以把关联度指标用于分析广西北部湾经济区各市旅游产业之间的联系强度，城市间的旅游关联度与城市经济发展实力、辐射能力密切相关。同时，由于城市间的旅游联系强度又与它们的距离有很大关系，因此可以把两个城市看成两个质点，运用牛顿万有引力公式计算城市之间的旅游关联度。鉴于城市间旅游联系强度受经济实力和空间距离的影响，为反映城市间的空间关系，将城市的质量看作城市经济实力，用人口数和国民生产总值的乘积做近似的表示，从而得出城市间相互作用强度即关联度的计算公式：

$$E_{ij}=\sqrt{P_iV_i \times P_jV_j} \div R_{ij}^2 \qquad (8.2)$$

在公式 8.2 中，E_{ij} 为城市间旅游联系强度，P_i 和 P_j 分别表示两个城市的人口数，V_i 和 V_j 分别表示两个城市的国民生产总值，R_{ij} 为城市间的最短距离，R_{ij} 值越大，表明两个城市之间的旅游联系度越高。利用相关数据（见表 8.8）进行计算，得到广西北部湾经济区各市的旅游经济关联度（见表 8.9）。

表 8.8　广西北部湾经济区各市间的最短距离

单位：公里

城市	南宁	北海	钦州	防城港
南宁	0	229	122	140
北海	229	0	115	160
钦州	122	115	0	58
防城港	140	160	58	0

数据来源：根据广西地图整理。

表 8.9　广西北部湾经济区各市的旅游经济关联度

城市	南宁	北海	钦州	防城港
南宁	0	15.62	86.71	23.65
北海	15.62	0	25.75	4.78
钦州	86.71	25.75	0	57.29
防城港	23.65	4.78	57.29	0

由表 8.9 可知，南宁与钦州的旅游关联度最高，其次是钦州和防城港，北海和防城港的旅游经济关联度最低，南宁的旅游辐射能力要强于其他 3 市。

南宁作为广西的“首善之区”，经济比较发达，交通枢纽功能完善，辐射范围广，且南宁与钦州的空间距离较短、国民生产总值及人口数量较大，因此南宁与钦州的旅游经济作用强度较高。北海、防城港因人口数量、经济实力及空间距离等原因，与其他市的旅游经济关联度相对较小。总之，旅游经济联系的强度与空间距离存在反比关系，而与经济实力、人口数量等因素呈正比关系，距离越近，规模体量越大，旅游经济联系度也就相对更强。由此可见，充分利用南宁作为广西旅游集散中心的地位，加快完善连接空间地理距离的交通条件，以此缩短时间感知距离的旅行长度，是加强广西北部湾经济区各市旅游经济联系的务实举措。

（三）灰色关联度

灰色关联度是旅游产业结构灰色关联统计与分析中被普遍使用的一种研究计算方法，它是通过定量比较各子系统之间的几何形状，根据描述其特征曲线之间各项指标的近似程度判断各子系统之间的关联性，具体分析可以分为 5 个步骤：确立关联数据序列、指标数据无量纲化、计算数据序列绝对差值、计算关联系数、计算关联系数的平均值即关联序。根据灰色关联度的概念和定义，以 2014—2018 年广西北部湾经济区旅游总消费为参考指标数据序列，国内游客消费、国际旅游外汇收入、国内游客人数、入境过夜游客人数、旅行社数、星级饭店数及 A 级景区数等指标作为对比指标数据序列，计算广西北部湾经济区旅游总消费与影响旅游总消费的各因素之间的关联度。

$$X_0 = \{X_0(1),\ X_0(2),\ X_0(3)\cdots X_0(n)\} \tag{8.3}$$

$$X_i = \{X_i(1),\ X_i(2),\ X_i(3)\cdots X_i(n)\} \tag{8.4}$$

在式 8.3 和 8.4 中，X_0 为参考数据序列，X_i 为各因素指标构成的时间数据序列，i 表示指标个数，i=1，2，3，…，m，n 表示时间跨度，可将 ε_i（k）定义为 X_0 与 X_i 在时间点 k 上的关联度系数，如公式 8.5。

$$\varepsilon_i(k) = \frac{\min_i \min_k |x_0(k)-x_i(k)| + \rho \max_i \max_k |x_0(k)-x_i(k)|}{|x_0(k)-x_i(k)| + \rho \max_i \max_k |x_0(k)-x_i(k)|} \tag{8.5}$$

在公式 8.5 中，$\varepsilon_i(k)$ 称为第 k 点 X_0 与 X_i 的绝对值差，$\min_i \min_k |x_0(k)-x_i(k)|$ 称为两级最小差，$\min_i \min_k |x_0(k)-x_i(k)|$ 称为两级最大差，ρ 为两点分辨关联系数，通常取值为 0.5。据此则可得 X_0 与 X_i 的关联系数公式为：

$$r_i = \frac{1}{n}\sum_{k=1}^{n} \varepsilon_i(k) \qquad (8.6)$$

表 8.10　广西北部湾经济区灰色关联数据数列

指标	2014 年	2015 年	2016 年	2017 年	2018 年
X_0- 旅游总消费 / 亿元	1192.39	1500.13	1973.91	2584.04	3440.59
X_1- 国内游客消费 / 亿元	1165.44	1469.23	1936.30	2541.99	3393.88
X_2- 国际旅游外汇收入 / 万美元	43869.29	50285.86	56656.08	62288.07	70596.36
X_3- 国内游客人数 / 万人次	13693.66	16313.18	20122.22	25179.91	32274.24
X_4- 入境过夜游客人数 / 万人次	120.57	132.70	142.67	152.19	165.33
X_5- 旅行社数 / 家	189	199	238	284	290
X_6- 星级饭店数 / 家	134	136	127	126	129
X_7-A 级景区数 / 家	62	81	94	113	130

数据来源：根据 2019 年《广西统计年鉴》整理。

首先建立对比较序列和参考序列的原始数据矩阵（见表 8.10），其次进行指标无量纲化，然后求出数据序列绝对差值，最后由公式 8.5 计算出广西北部湾经济区每个比较序列与参考序列对应元素的关联系数（见表 8.11）。

表 8.11　广西北部湾经济区旅游总消费与各影响因素的灰色关联系数

指标	2014 年	2015 年	2016 年	2017 年	2018 年
X_1	1	0.9973	0.9939	0.9858	0.7856
X_2	1	0.8949	0.7249	0.5615	0.4279
X_3	1	0.9335	0.8355	0.7401	0.6371
X_4	1	0.8589	0.6709	0.5148	0.3875
X_5	1	0.8243	0.7079	0.5896	0.4143

续表

指标	2014年	2015年	2016年	2017年	2018年
X_6	1	0.7986	0.5773	0.4399	0.333
X_7	1	0.9503	0.8703	0.7312	0.5445

根据公式8.6计算得到每个指标的灰色关联度（见表8.12）。

表8.12 广西北部湾经济区旅游总消费及各影响因素的关联度

影响因素	X_1	X_2	X_3	X_4	X_5	X_6	X_7
关联度 r_i	0.95252	0.72184	0.82924	0.68642	0.70722	0.62976	0.81926

由表8.12可知，各指标与旅游总消费的灰色关联度排序为：$r_1>r_3>r_7>r_2>r_5>r_4>r_6$，说明国内游客消费、国内游客人数、A级景区数与旅游总消费的灰色关联度较大，是影响广西北部湾经济区旅游总消费的重要指标，虽然入境过夜游客人数及星级饭店数的灰色关联度相对较低，但它们的灰色关联度都大于0.5，对旅游总消费的影响程度仍然较大。同时表明，广西北部湾经济区的旅游总体消费主要依靠国内旅游市场来推动，国内游客是区域旅游经济发展的生力军。

（四）外向功能强度

旅游功能分为外向功能和内向功能，是指一个城市所具备的旅游生产和发展的内在条件，是一个城市全部旅游活动的总称，它表现为一个城市的旅游发展对该城市外的其他城市的旅游发展的影响。内向功能是城市旅游内部条件和资源联系产生的旅游活动，它只是旅游功能中的一部分，并非是基本功能。外向功能是城市旅游外部区域条件联系产生的旅游活动，是旅游功能的基本功能，它反映的是一个城市旅游发展对外部其他城市旅游发展的影响。引用区位熵法，对广西北部湾经济区各市的旅游外向功能进行测度，反映共生体内各共生单元对其他共生单元旅游业的影响，其计算公式为：

$$LQ_{ij}=\frac{G_{ij}/G_i}{G_j/G} \quad (8.7)$$

在公式 8.7 中，LQ_{ij} 为城市旅游外向功能强度，G_{ij} 为 i 城市旅游总收入，G_i 为 i 城市的 GDP，G_j 为广西北部湾经济区的旅游总收入，G 为广西北部湾经济区的 GDP。对于 i 城市来说，当 $LQ_{ij}>1$ 时，i 城市旅游存在外向功能；当 $LQ_{ij}<1$ 时，i 城市不存在外向功能，也就是说，当 i 城市的旅游部门相对于整个北部湾经济区来讲专门化程度更高时，可以认为 i 城市为经济区内其他城市提供了服务。LQ_{ij} 的值越大，它对经济区内其他城市的旅游功能强度越强。

运用公式 8.7 及相关数据计算可得广西北部湾经济区旅游外向功能强度（见表 8.13）。如表 8.13 所示，南宁与北海两市的旅游外向功能强度大于 1，即区位熵大于 1，存在外向功能，说明南宁与北海两市的旅游产业具有优势地位，专业化程度较高；钦州和防城港两市的旅游外向功能强度小于 1，即区位熵小于 1，不存在外向功能，这两市的旅游产业不具备比较优势，旅游专业化程度有待提高。另外，广西北部湾经济区旅游外向功能强度最大值 1.18（南宁）与最小值 0.52（钦州）之差达 0.66，说明各市之间的旅游发展不平衡，南宁借助政治经济优势旅游产业得到较好的发展，北海也借助其开放早、地理位置优越和滨海资源丰富的优势发展旅游产业，而钦州和防城港由于区域范围小，旅游产业基础不够完善，相比于其他两市影响力较弱，辐射范围较小，即钦州和防城港两市不存在旅游外向功能。

表 8.13　广西北部湾经济区各市的旅游外向功能强度

城市	旅游外向功能强度	排名
南宁	1.12	2
北海	1.18	1
钦州	0.52	4
防城港	0.80	3

四、广西北部湾经济区的旅游竞合发展对策分析

（一）切实统筹规划整合旅游资源产品

区域旅游资源整合的目的在于利用、优化、重组现存的旅游资源，提高旅游资源的利用率，减少同质性旅游资源的恶性竞争，实现同质性旅游资源的合理竞争与合作，使得各城市旅游资源获得最大效率的发展，达到单个旅游资源无法达到的效果。广西北部湾经济区旅游资源的优化整合措施包括：

（1）对滨海休闲旅游资源的整合：钦州、北海和防城港三市的滨海休闲旅游资源丰富，有钦州的三娘湾、七十二泾，北海的银滩、涠洲岛，防城港的京族三岛和江山半岛，这些旅游资源都属于同质性旅游产品，把这些旅游景区整合起来，可以形成广西北部湾经济区滨海休闲黄金旅游带。

（2）对民族风情旅游资源的整合：广西属于少数民族集聚的地区之一，广西北部湾经济区有丰富的少数民族风情旅游资源，区域内各市都有壮族、苗族、瑶族、侗族、京族等少数民族的分布，可以把这些少数民族的民俗文化整合起来，打造形成广西北部湾经济区民俗风情文化旅游线。

（3）对会展商务旅游的整合：南宁作为广西的首府会展商务旅游资源相对丰富，应与钦州、北海、防城港三市的海洋化工、康养休闲及物流商贸等方面进行产业融合，依托南宁作为中国东盟区域合作桥头堡、广西政治经济文化中心及旅游集散中心城市的地位和作用，积极拓展商务会展旅游产品线，通过举办具有主题意义的展览或经贸活动将各市旅游有机联系起来，以此形成“旅游＋会展商务”的产业融合发展模式。

（4）对民族体育旅游资源的整合：广西北部湾经济区少数民族集聚，每个少数民族都具有其独具特色的体育活动，如壮族的板鞋舞和投绣球、苗族的爬坡杆和打草球、瑶族的射弩、侗族的抢花炮、京族的跳竹竿等，可以把这些民族体育运动整合起来开发专项旅游产品，结合旅游节庆的商业运作，形成民族体育研学旅游专线。

（二）建立旅游竞合发展法规条例保障

区域旅游竞争与合作的顺利进行依赖于制定相应的法规条例。由于广西北部湾经济区旅游产品同质化程度较高，市场竞争较为激烈，不利于区域旅游的发展。制定相应的法规条例，各个城市按照法规条例进行合理竞争与合作，规范区域旅游市场，有益于广西北部湾经济区旅游业的可持续发展，实现长期有效的互惠互利与合作共赢。实践表明，完善的法规保障体系不仅可以突破行政壁垒的约束，有利于旅游资源的整合及旅游目的地形象的统一，而且有利于全域旅游示范区的创建，形成以全域景区发展型的旅游发展模式，以优势旅游产业引领区域旅游“全地域覆盖、全资源整合、全领域互动、全社会参与”，打造广西北部湾经济区“大旅游、大产业、大市场、大品牌”的区域旅游格局。

（三）完善旅游基础设施公共服务体系

广西北部湾经济区的旅游交通与服务设施有待强化：应加快建设钦州和防城港两市的航空枢纽，拓展国际和国内旅游航线；提升旅游专线动车、旅游公共巴士、海上旅游邮轮等交通运输的旅客周转能力，构建立体化的交通运输网络系统；完善旅游资讯与商业信息服务机制，满足旅客便捷出行的需求；完善旅游交通引导标识，为旅客的活动导游提供引导；完善旅游投诉处理机制，杜绝诸如旅行社不履行相应义务责任、导游强制消费与辱骂游客等不文明行为，加强旅游市场监管，净化旅游环境；完善公共安全服务体系，包括旅游餐饮安全、交通安全、旅游设施安全等。

（四）创新区域旅游市场营销方式

广西北部湾经济区要实现旅游一体化协调发展，关键就是旅游资源的共享，创新旅游目的地形象宣传方式，树立统一的区域旅游品牌，应在旅游产品、价格、渠道、促销等环节强化广西北部湾经济区各市之间的旅游市场营销合作，构建“环北部湾滨海国际旅游区”区域旅游发展“一盘棋”，实现资源共享、统筹规划、错位发展。

（五）协调影响区域旅游发展因素

针对广西北部湾经济区国内游客消费、国内游客人数、A 级景区数是旅游总消费影响主要因素、旅游产业发展以国内旅游市场推动为主的特征，利用地理与区位优势加强与东盟国家的国际区域旅游合作，延伸和丰富跨海国际旅游线路，不断提高国际旅游市场对区域旅游经济的贡献率，协调和平衡影响区域旅游发展的因素，促进旅游产业结构逐步优化。

五、总结

基于共生理论，从旅游经济关联度、旅游资源同质度、区域旅游灰色关联度以及旅游外向功能强度 4 个方面研究了广西北部湾经济区的旅游竞合关系，提出旅游竞合发展的相关策略，为区域旅游的共生发展提供参考。由于旅游业的敏感性和脆弱性，其发展受到的影响因素是多方面的。因数据与资料等原因，本次研究结论仅针对广西北部湾经济区的旅游发展现状分析结果得出，对发展趋势未做预测评价。广西北部湾经济区拥有滨海生态、休闲疗养、地质地貌、气候环境、历史文化、民族风情等丰富的旅游资源，必将迎来新的历史机遇。

参考文献：

［1］Stringer Peter F.，Pearce Philip L.. Toward a symbiosis of social psychology and tourism studies［J］. Pergamon，1984，11（1）：5–17.

［2］袁纯清 . 共生理论及其对小型经济的应用研究（上）［J］. 改革，1998（2）：100–104.

［3］冷志明，张合平 . 基于共生理论的区域经济合作机理［J］. 经济纵横，2007（4）：32–33.

［4］宋增文，周之聪，周辉，等．区域旅游竞合视角的珠海旅游发展策略研究［J］．中国人口·资源与环境，2018，28（S1）：206-209.

［5］汪香君．京津冀协同发展下区域旅游竞合关系研究［D］．天津：天津财经大学，2016.

［6］卢妍．广西北部湾经济区旅游资源差异性开发探析［J］．特区经济，2009（12）：219-221.

［7］刘中艳，罗琼．省域城市旅游竞争力测度与评价——以湖南省为例［J］．经济地理，2015，35（4）：186-192.

［8］柯丽菲．广西北部湾经济区产业协同发展灰色关联分析［J］．广西社会科学，2013（2）：26-30.

［9］童纪新，王琳．环太湖区域旅游业发展的灰色关联分析［J］．重庆理工大学学报（自然科学），2016，30（1）：111-116.

［10］何调霞．旅游中心地空间外向度及等级体系研究——以全国27个优秀旅游城市为例［J］．资源开发与市场，2006（3）：297-300.

［11］杨怡．基于共生理论的武汉城市圈旅游多中心协同发展研究［D］．昆明：云南财经大学，2017.

［12］李淑娟，隋玉正．山东半岛城市群旅游资源整合与开发对策研究［J］．商业研究，2008（7）：213-216.

［13］黄爱莲．北部湾区域旅游合作创新研究［D］．北京：中央民族大学，2010.

［14］Wei Zhang，Jasmine Siu Lee Lam. An Empirical Analysis of Maritime Cluster Evolution from the Port Development Perspective–Cases of London and Hong Kong［J］. Transportation Research Part A，2017，105：219-232.

［15］Tang-Kun Liu，Yu Tao，Chuan-Jia Shan，et al. Quantum Entanglement and Correlation of Two Qubit Atoms Interacting with the Coherent State Optical Field.［J］，International Journal of Theoretical Physics，2017，56（10）：3232-3243.

第九章　珠江—西江经济带建设背景下广东与广西区域城市旅游竞争格局研究

《珠江—西江经济带发展规划》于2014年获得国务院批复并上升为国家发展战略，规划的提出对广东与广西构建经济一体化、促进区域经济发展具有十分重要的作用，为打造我国跨省区流域经济合作发展模式提供了实践参考。自全面实施全域旅游发展战略以来，广东与广西两省区的旅游产业经济发展态势良好，区位地缘、文化融合、资源优势及政策保障等因素将为区域旅游产业的合作发展注入了强大活力。在首届西江旅游论坛上，会议提出了打造“珠江全域旅游国家示范区”的设想，建议“两广”联手先行走在全国前列。选取广东和广西两省区共计35个地级以上城市为研究对象，构建区域城市旅游竞争力指标评价体系对城市旅游竞争力进行综合评价研究，旨在为区域旅游发展布局优化提供实用参考。

一、研究综述

城市旅游竞争力一般是指作为旅游目的地的城市与其他旅游目的地城市相互比较时，在旅游资源、经济社会发展水平、地理区位、自然生态环境等方面所表现出来的相对优势。研究区域内城市间的旅游竞争力状况对于了解区域旅游产业的发展问题、调整城市旅游发展定位方向、优化旅游产业结构布局具有重要作用。国外城市旅游竞争力方面的研究始于20世纪60年代初美国学者Stansfield针对城市休闲研究时做的城市旅游业重要性的论述，然后研究过程经历了“比较优势、竞争优势和竞争力”三个演变阶段。国内的相关研究最早出现于20世纪90年代，定性研究法则是初始时期的普遍方法。随着城市旅游竞争力的加剧和研究技术手段的升级，定量研究成为新的研究热点，在技术路径上主要倾向于采用数学模型及数理统计的方法对某个特定区域范围的城市展开综合评价研究。国内学者在研究城市旅游竞争力方面主要运用主成分分析法、因子分析法、聚类分析法、回归分析法、层次分析法等定量测度方法对不同尺度时空单元区域内的城市旅游竞争力进行研究评价，测评依据以影响城市旅游竞争力的直接或间接因素为支撑，能够较为精准地揭示城市旅游竞争力的竞合关系与演变趋势。不足之处主要表现为两点：一是研究的方法与技术手段目前还没有统一的执行标准，选取的指标侧重不一，系统化的评价体系尚未形成；二是研究区域的界定存在较大的主观性，有些研究区域内的城市旅游产业之间相关性不强，导致评价的结果往往在学术理论及社会实践价值上有待商榷。旅游产业是综合性的经济产业，旅游竞争力的衡量应从多层面、多角度测度。因子分析法可以将数据简化，适宜在众多变量中把握信息的规律。因此，在权衡调查意见并确保指标效益最大化的前提下，选取具有较强旅游产业集群关系与国家战略意义的跨省区范围的“两广”区域作为研究对象，基于因子分析法对该领域内的相关研究进行完善。

二、研究过程

（一）研究区域

广东省研究区域包括广州、深圳、珠海、汕头、佛山、韶关、河源、梅州、惠州、汕尾、东莞、中山、江门、阳江、湛江、茂名、肇庆、清远、潮州、揭阳、云浮21个城市，广西壮族自治区研究区域包括南宁、柳州、桂林、梧州、北海、防城港、钦州、贵港、玉林、百色、贺州、河池、来宾、崇左14个城市。

（二）数据来源及评价指标体系构建

为确保研究数据的客观性、准确性、衔接性，广东 21 个城市的指标数据来源于《广东统计年鉴》，广西 14 个城市的指标数据来源于《广西统计年鉴》，数据指标的含义解释保持一致。根据专家意见网络调查结果，结合指标选取科学性、整体性、可操作性的原则，考虑到指标数据获取难易程度及有效合理反映城市旅游竞争力差异，从经济水平竞争力、社会保障竞争力、生态环境竞争力及旅游产业竞争力 4 个维度构建评价指标体系模型（见图 9.1）。其中，经济水平竞争力因素包括 6 个指标：人均 GDP/ 元（Per capital gross domestic product/ yuan）（X_1），第三产业占 GDP 比重 /%（Tertiary industry accounted for GDP/%）（X_2），固定资产投资总额 / 亿元（Total investment in fixed assets/100 million yuan）（X_3），城镇居民人均可支配收入 / 元（Per capita annual disposable income of urban households/yuan）（X_4），社会消费品零售总额 / 亿元（Total retail sales of social consumer goods/100 million yuan）（X_5），进出口贸易总额 / 万元（Total import and export trade/10000 yuan）（X_6）；社会保障竞争力因素包括 8 个指标：常住人口总量 / 万人（Total permanent population/10000 persons）（X_7），失业保险参保人数 / 人（Number of persons participating in the unemployment insurance program/ person）（X_8），公共财政预算收入 / 亿元（Public budget income/100 million yuan）（X_9），公共图书馆机构数 / 个（Public libraries/unit）（X_{10}），邮电业务总量 / 亿元（Business volume of post and telecommunications service/100 million yuan）（X_{11}），卫生技术人员 / 人（Medical and technical personnel/person）（X_{12}），住宿和餐饮服务人员数/万人（Number of employed in hotel and catering/10000 persons）（X_{13}），公路里程 / 公里（Length of highways/km）（X_{14}）；生态环境竞争力因素包括 3 个指标：污水处理率 /%（Treatment rate of polluted water/%）（X_{15}），人均绿地面积 /平方米（Public green space per population/ m^2）（X_{16}），生活垃圾无害化处理率 /%（Rate of garbage no harmful disposal/%）（X_{17}）；旅游产业竞争力因素包括 5 个指标：旅游总收入 / 亿元（Total tourist income/100 million yuan）（X_{18}），国内旅游收入 / 亿元（Domestic tourist income/100 million yuan）（X_{19}），入境旅游人数 / 万

人次（Number of international tourists/10000 persons）（X_{20}），国际旅游外汇收入/万美元（Foreign exchange earnings from international tourism/ USD 10000）（X_{21}），星级饭店数/家（Total number of tourist hotel/unit）（X_{22}）。

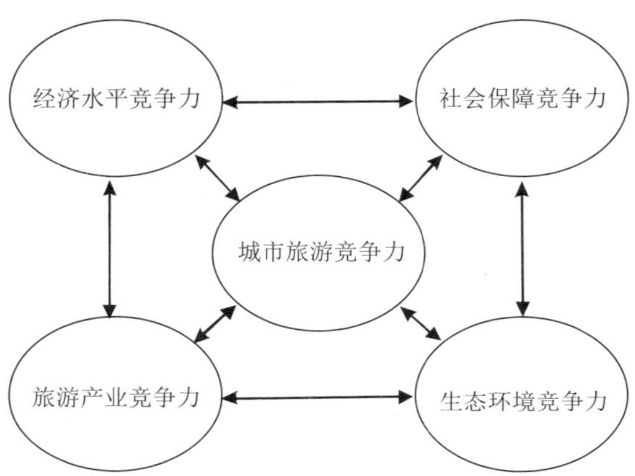

图 9.1 城市旅游竞争力综合评价体系模型

（三）研究方法

本次研究采用因子分析法（Factor analysis）。因子分析的基本原理就是基于降维思想将反映研究对象的多项指标中具有密切相互关系的有关变量归为一类并把每一类称为一个因子，然后用较少的若干个因子来代表原始变量中的大部分信息，从而克服在定量评价时因指标数量过多导致的烦琐问题以及因指标间存在相关性造成的结果的不准确问题，同时使新的因子变量的可解释性变得更强。在进行因子分析过程中，特征值大于 1 或方差累计贡献率大于 85% 一般被视为公因子选取的标准，以提取的各因子方差贡献率占因子方差贡献率之和的百分比作为权重并将权重与各公因子得分进行加权求和即可得到城市旅游竞争力的综合得分，得分的高低与城市旅游竞争力的强弱呈正比关系。

（四）广东与广西区域内主要城市旅游竞争力综合评价

1. 指标数据的无量纲化处理

为避免指标量纲和量纲单位对评价结果造成影响，因子分析前必须首先对评价指标数据进行无量纲化处理，标准化公式为：

$$Z_{ij}=\frac{X_{ij}-\mu_j}{\sigma_j}\quad(i=1,\ 2,\ \ldots,\ 22;\ j=1,\ 2,\ \ldots,\ 35) \tag{9.1}$$

在上述公式中：Z_{ij} 表示的是无量纲化后的样本值，X_{ij} 表示的是第 j 个城市的第 i 个指标的原始数值，μ_j 表示的是 X_{ij} 的均值，σ_j 则表示的是 X_{ij} 的标准差。

2. 因子分析结果

依据因子分析模型与原理，采用 SPSS 软件对广东和广西区域内 35 个主要城市 22 个评价二级指标原始数据进行因子分析，在实现数据标准化处理后进行运算，得到 KMO 值（Kaiser–Meyer–Olkin measure of sampling adequacy）和 Bartlett 检验结果（见表 9.1）以及各因子特征值（Eigenvalue）、方差贡献率（Contribution rate of variance）、方差累计贡献率（Cumulative rate of variance）（见表 9.2）。由表 9.1 可见，样本的 KMO 抽样适度测定值为 0.815，若以统计学家 Kaiser 给定的 0.7 的标准值为参照依据，表明可以做因子分析；Bartlett 的球形度检验近似卡方值为 1844.890，在自由度 df 为 231 的条件下显著性概率 Sig 为 0.000，小于 0.1%，说明 22 个二级指标样本之间存在显著相关性且比较适合做因子分析。如表 9.2 所示，运用主成分分析法提取因子，按照特征值大于 1 的界定标准共提取了 4 个公因子 F_1、F_2、F_3、F_4 且方差累计贡献率达到 87.106%，说明这 4 个公因子保留了原始指标数据的大部分信息，以它们为代表评价城市旅游竞争力能够在很大程度上减少原始指标数据复杂性产生的影响。

表 9.1　KMO 和 Bartlett 的检验

取样足够度的 Kaiser-Meyer-Olkin 度量		0.815
Bartlett 的球形度检验	近似卡方	1844.890
	df	231
	Sig.	0.000

表 9.2　解释的总方差

公因子	初始特征值			提取平方和载入			旋转平方和载入		
	特征值	方差贡献率 /%	累积方差贡献率 /%	特征值	方差贡献率 /%	累积方差贡献率 /%	特征值	方差贡献率 /%	累积方差贡献率 /%
F_1	14.415	65.523	65.523	14.415	65.523	65.523	8.884	40.381	40.381
F_2	2.272	10.328	75.852	2.272	10.328	75.852	6.806	30.936	71.318
F_3	1.424	6.471	82.323	1.424	6.471	82.323	1.971	8.961	80.279
F_4	1.052	4.783	87.106	1.052	4.783	87.106	1.502	6.827	87.106

为获得旋转后的因子载荷矩阵，利用方差最大正交旋转法（Varimax）对因子载荷矩阵进行旋转（见表 9.3），旋转后的因子载荷矩阵体现了原始变量与 4 个公因子之间的相互关系。其中，人均 GDP、第三产业占 GDP 比重、城镇居民人均可支配收入、进出口贸易总额、常住人口总量、失业保险参保人数、公共财政预算收入、邮电业务总量、住宿和餐饮服务人员数、人均绿地面积、入境旅游人数、国际旅游外汇收入在公因子 F_1 占有比较高的载荷，主要反映了支撑城市旅游快速发展的经济社会发展现状因素，可以解释为城市旅游竞争力基础因子；固定资产投资总额、社会消费品零售总额、公共图书馆机构数、卫生技术人员、旅游总收入、国内旅游收入、星级饭店数在公因子 F_2 占有较高的载荷，这些指标信息反映了扩大城市内需促进旅游经济实现稳定发展的重要因素，可以解释为城市旅游竞争力增长因子；公路里程在公因子 F_3 占有较高的载荷，反映了制约旅游业运行最普遍途径公路运输的影响因素，可以解释为城市旅游竞争力交通因子；污水处理率与生活垃圾无害化

处理率以公因子 F_4 占有较高的载荷，这些指标信息指向了与旅游业可持续发展密切相关的环境因素，因此可以解释为城市旅游竞争力保障因子。把 F_1、F_2、F_3、F_4 旋转后的方差贡献率除以累计总方差贡献率的值作为权重并施以加权平均处理，可将城市旅游竞争力的综合得分函数写成表达式：

$$F=0.464F_1+0.355F_2+0.103F_3+0.078F_4 \quad (9.2)$$

在上式中，F 表示的是某个城市的旅游竞争力综合得分值，F 值的大小与城市旅游竞争力的强弱成正比关系。依据公因子得分系数矩阵可知（见表 9.4），公因子 F_1、F_2、F_3、F_4 的得分函数分别为：

$$F_1=0.085X_1+0.139X_2+\dots-0.058X_{22} \quad (9.3)$$

$$F_2=-0.043X_1-0.043X_2+\dots-0.161X_{22} \quad (9.4)$$

$$F_3=0.140X_1-0.177X_2+\dots+0.061X_{22} \quad (9.5)$$

$$F_4=0.050X_1-0.038X_2+\dots-0.003X_{22} \quad (9.6)$$

将前面原始指标数据进行无量纲化处理后的数值代入 4 个公因子得分函数与综合得分函数式，分别获取广东与广西两省区 35 个主要城市旅游竞争力的公因子得分、综合得分与排序（见表 9.5）。从表 9.5 可以看出，广东与广西区域内35个主要城市的旅游竞争力差异分化比较明显，其中广东省的广州、深圳、东莞、佛山、珠海、中山、惠州、江门与广西壮族自治区的南宁、桂林的旅游竞争力综合得分大于 0，旅游竞争实力高于整个区域平均水平，作为“珠三角”核心城市的广州与深圳更是显著领先，而区域内其余 27 个城市的旅游竞争力综合得分均小于 0，表明旅游竞争力水平位于区域平均水平以下且实力相对较弱。区域内旅游竞争力得分排名前 10 位的城市中，有 8 个城市来自广东的“珠三角”地区，有 2 个城市来自广西最重要的国际旅游集散中心，旅游竞争力综合得分排名在 11~35 位的城市比较均衡地分布于广东和广西两省区，区域内城市旅游竞争力在空间上呈现出明显的以“一个大中心，两个基本点，三条主轴线”为三角形基本构架、相互交错竞争并存的总体格局（见图 9.2）。从各主因子的得分情况看，广州、深圳、东莞 3 个城市的旅游竞争力基础最强，得分值均大于1，珠海、佛山、梅州、惠州、汕尾、中山、江门、湛江、茂名也比较强，得分值在0.1~1，河源、肇庆以0~0.1的得分值次之，其余城市的得分值则全部位于0之下；在城市旅游竞争力增长因子中，广州、南宁、桂林的得分值最高，汕头、佛山、玉林、百色、河池、崇左的得分值也比较高，在0.1~1，与城市旅游竞争力基础因子相比，广西有6个城市入围；珠海、佛山、中山、北海、防城港、贺州、崇左等的旅游交通因子得分值大于1，广州、深圳、东莞、潮州、柳州、梧州、钦州、贵港、玉林、来宾的得分值在0.1~1，高于区域平均水平，两省区城市的数量比较均匀；在城市旅游竞争力保障因子得分值对比中，广西只有崇左的得分值小于0，而深圳、珠海、佛山、惠州、东莞、中山、江门的得分值大于0，广西城市的旅游可持续发展能力比较强。综上，目前区域内城市旅游竞争力较强的城市大部分集中在“珠三角”城市群及广西旅游产业实力最强的两个城市，广东城市旅游产业发展基础较为雄厚且现状良好，而广西因为经济社会发展条件相对薄弱导致城市旅游竞争力综合水平较弱但发展潜力却比较大，广东与广西必须强化区域旅游合作，推动区域旅游资源整合，提升区域旅游竞争力水平，为打造“珠江全域旅游国家示范区”起到实质性作用。

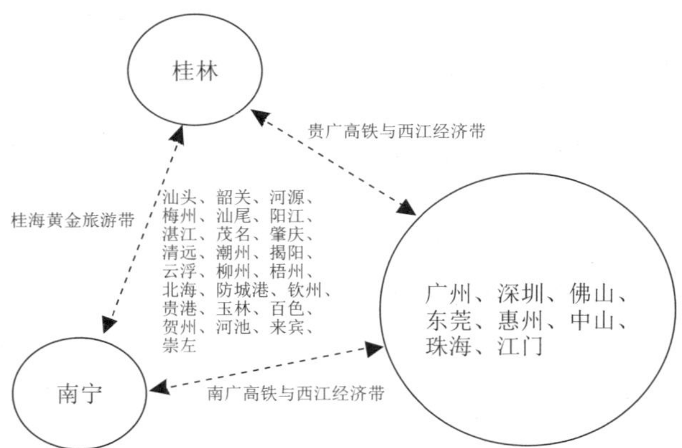

图 9.2 广东与广西区域内主要城市竞争力总体空间格局

表 9.3　旋转后的因子载荷矩阵

二级指标	公因子			
	F_1	F_2	F_3	F_4
人均 GDP/ 元（X_1）	0.735	0.343	0.392	0.157
第三产业占 GDP 比重 /%（X_2）	0.685	0.464	−0.183	−0.018
固定资产投资总额 / 亿元（X_3）	0.444	0.812	0.082	0.137
城镇居民人均可支配收入 / 元（X_4）	0.625	0.444	0.465	0.307
社会消费品零售总额 / 亿元（X_5）	0.661	0.722	0.053	−0.002
进出口贸易总额 / 万元（X_6）	0.922	0.126	0.184	0.070
常住人口总量 / 万人（X_7）	0.631	0.621	−0.185	0.043
失业保险参保人数 / 人（X_8）	0.918	0.278	0.160	0.076
公共财政预算收入 / 亿元（X_9）	0.868	0.354	0.136	0.083
公共图书馆机构数 / 个（X_{10}）	−0.045	0.642	−0.496	0.103
邮电业务总量 / 亿元（X_{11}）	0.805	0.559	0.108	0.012
卫生技术人员 / 人（X_{12}）	0.558	0.804	−0.052	0.090
住宿和餐饮服务人员数 / 万人（X_{13}）	0.793	0.578	0.125	0.041
公路里程 / 公里（X_{14}）	−0.161	0.092	−0.917	0.038
污水处理率 /%（X_{15}）	0.006	0.289	0.425	0.753
人均公园绿地面积 / 平方米（X_{16}）	0.616	0.234	−0.119	0.000
生活垃圾无害化处理率 /%（X_{17}）	0.111	−0.097	−0.258	0.863
旅游总收入 / 亿元（X_{18}）	0.478	0.855	0.029	0.000
国内旅游收入 / 亿元（X_{19}）	0.417	0.883	0.004	−0.005
入境旅游人数 / 万人次（X_{20}）	0.841	0.421	0.170	0.049
国际旅游外汇收入 / 万美元（X_{21}）	0.753	0.608	0.159	0.025
星级饭店数 / 家（X_{22}）	0.567	0.757	0.110	0.086

表 9.4 公因子得分系数矩阵

二级指标	公因子			
	F_1	F_2	F_3	F_4
人均 GDP/ 元（X_1）	0.085	−0.043	0.140	0.050
第三产业占 GDP 比重 /%（X_2）	0.139	−0.043	−0.177	−0.038
固定资产投资总额 / 亿元（X_3）	−0.117	0.218	0.071	0.033
城镇居民人均可支配收入 / 元（X_4）	−0.004	0.038	0.209	0.147
社会消费品零售总额 / 亿元（X_5）	0.000	0.112	0.010	−0.061
进出口贸易总额 / 万元（X_6）	0.267	−0.224	−0.049	0.016
常住人口总量 / 万人（X_7）	0.067	0.040	−0.151	−0.003
失业保险参保人数 / 人（X_8）	0.220	−0.159	−0.042	0.013
公共财政预算收入 / 亿元（X_9）	0.181	−0.113	−0.037	0.015
公共图书馆机构数 / 个（X_{10}）	−0.133	0.222	−0.217	0.071
邮电业务总量 / 亿元（X_{11}）	0.096	0.000	−0.007	−0.047
卫生技术人员 / 人（X_{12}）	−0.046	0.161	−0.032	0.009
住宿和餐饮服务人员数 / 万人（X_{13}）	0.083	0.012	0.005	−0.028
公路里程 / 公里（X_{14}）	0.084	−0.040	−0.530	0.096
污水处理率 /%（X_{15}）	−0.182	0.137	0.245	0.491
人均公园绿地面积 / 平方米（X_{16}）	0.176	−0.115	−0.158	−0.014
生活垃圾无害化处理率 /%（X_{17}）	0.112	−0.174	−0.265	0.649
旅游总收入 / 亿元（X_{18}）	−0.107	0.227	0.048	−0.065
国内旅游收入 / 亿元（X_{19}）	−0.134	0.257	0.049	−0.068
入境旅游人数 / 万人次（X_{20}）	0.143	−0.067	0.002	−0.016
国际旅游外汇收入 / 万美元（X_{21}）	0.052	0.045	0.040	−0.044
星级饭店数 / 家（X_{22}）	−0.058	0.161	0.061	−0.003

表 9.5　广东与广西的 35 个主要城市旅游竞争力综合得分及排序

省区	城市	公因子 F_1	排序	公因子 F_2	排序	公因子 F_3	排序	公因子 F_4	排序	综合得分	排序
广东	广州	1.14916	3	4.80945	1	0.29501	15	−0.61731	30	2.222801	1
	深圳	4.47086	1	−0.0806	11	0.49817	12	0.35985	19	2.125246	2
	珠海	0.71916	4	−0.60367	32	1.47508	3	0.56447	11	0.315349	5
	汕头	−0.21582	18	0.14177	10	0.06691	18	−0.86559	31	−0.11044	12
	佛山	0.27007	9	0.64618	5	1.05874	7	0.55614	12	0.507136	4
	韶关	−0.06576	16	−0.15515	14	−1.18108	30	−0.078	24	−0.21333	16
	河源	0.05386	14	−0.59802	31	−1.22844	31	−0.38382	27	−0.34377	32
	梅州	0.19072	12	−0.32152	22	−1.87519	33	−0.51207	28	−0.25873	23
	惠州	0.6126	5	−0.39479	25	−0.31779	24	0.33922	20	0.137823	8
	汕尾	0.20633	11	−0.98092	35	−0.31054	23	−1.06344	32	−0.36742	33
	东莞	1.89655	2	−0.86923	34	0.50798	11	0.54256	14	0.666064	3
	中山	0.59078	6	−0.84724	33	1.26057	4	0.54763	13	0.145906	7
	江门	0.35192	8	−0.29631	21	−0.4525	25	0.0248	22	0.013428	10
	阳江	−0.16133	17	−0.55017	29	−0.08326	20	−0.14769	25	−0.29026	26
	湛江	0.23218	10	−0.10222	12	−1.97732	35	−0.31646	26	−0.1569	14
	茂名	0.35374	7	−0.5919	30	−1.46996	32	−0.54441	29	−0.23986	19
	肇庆	0.07447	13	−0.29042	19	−0.90678	29	0.31259	21	−0.13756	13
	清远	−0.00741	15	−0.2078	16	−1.96641	34	0.42199	16	−0.24683	21
	潮州	−0.26808	19	−0.39706	26	0.77363	9	−2.60951	34	−0.3892	35
	揭阳	−0.31424	20	−0.15944	15	−0.097	21	−1.34684	33	−0.31745	30
	云浮	−0.33181	21	−0.45754	27	−0.02095	19	−0.06078	23	−0.32329	31
广西	南宁	−0.80795	32	1.78608	2	−0.66302	27	0.67946	7	0.243876	6
	柳州	−0.8246	33	0.66722	4	0.31211	14	0.92531	1	−0.04143	11
	桂林	−0.8541	34	1.07341	3	−0.21183	22	0.79683	4	0.025092	9
	梧州	−0.71232	29	−0.13568	13	0.83344	8	0.60646	8	−0.24553	20
	北海	−0.69955	28	−0.28342	18	1.50883	1	0.5817	9	−0.22442	17

续表

省区	城市	公因子 F_1	排序	公因子 F_2	排序	公因子 F_3	排序	公因子 F_4	排序	综合得分	排序
广西	防城港	−0.64837	26	−0.4854	28	1.49103	2	0.40337	17	−0.28812	25
	钦州	−0.54795	23	−0.29148	20	0.65977	10	0.74155	5	−0.23193	18
	贵港	−0.48239	22	−0.25532	17	0.21477	17	0.5693	10	−0.24794	22
	玉林	−0.68541	27	0.14789	9	0.28517	16	0.90528	2	−0.16554	15
	百色	−0.858	35	0.31955	6	−0.75758	28	0.82938	3	−0.29801	27
	贺州	−0.71323	30	−0.3306	23	1.16419	6	0.36861	18	−0.29964	28
	河池	−0.71758	31	0.18785	8	−0.5753	26	0.72642	6	−0.26887	24
	来宾	−0.61803	24	−0.33655	24	0.4623	13	0.53528	15	−0.31687	29
	崇左	−0.63849	25	0.24308	7	1.22723	5	−3.79226	35	−0.37936	34

三、广东与广西区域城市旅游竞争力等级划分

根据城市旅游竞争力综合评价得分，将广东与广西 35 个主要城市的旅游竞争力水平划分为 4 个等级（见表 9.6）。

表 9.6　广东与广西区域内 35 个主要城市旅游竞争力划分

城市旅游竞争力等级划分	城市分布
强城市旅游竞争力	广州、深圳
较强城市旅游竞争力	东莞、佛山、珠海、南宁、中山、惠州、桂林、江门
较弱城市旅游竞争力	柳州、汕头、肇庆、湛江、玉林
弱城市旅游竞争力	韶关、北海、钦州、茂名、梧州、清远、贵港、梅州、河池、防城港、阳江、百色、贺州、来宾、揭阳、云浮、河源、汕尾、崇左、潮州

（一）强城市旅游竞争力

广州、深圳的城市旅游竞争力综合得分以大于 2 的绝对领先优势排在所有城市前列，属于强城市旅游竞争力类型。广州作为国际大都市，是我国华

南地区的经济中心和三大综合性门户城市之一，同时也是国家历史文化名城与岭南文化的发源兴盛地之一，在经济社会发展基础、旅游文化资源及地理区位条件中具有区域内其他城市无法比拟的优越性。深圳与香港毗邻，是我国改革开放以来建立的第一个经济特区和具有一定影响力的国际化城市，2014 年成为首个以城市为基本单元的国家自主创新示范区，依托强大的经济与科技实力，为城市旅游的高速发展奠定了坚实基础。2015 年广州与深圳的旅游总收入分别达到 2872.18 亿元和 1244.96 亿元，两者之和占广东与广西区域内旅游总收入的 33.38%。但是，广州的城市旅游保障因子得分偏低，应加大环境整治力度和环境方面的经济投入，为广州城市旅游的可持续发展提供支持。而深圳的城市旅游增长因子得分为负数，说明应进一步扩大城市内需以确保旅游经济实现稳增长。

（二）较强城市旅游竞争力

东莞、佛山、珠海、南宁、中山、惠州、桂林、江门的城市旅游竞争力综合得分在 0~1，得分值均大于 0 且处于较高水平，属于较强城市旅游竞争力类型，虽然在某些方面竞争力不足，但因为其他方面的优势弥补了总体上存在的缺陷。东莞目前拥有虎门鸦片战争博物馆、观音山等重点品牌旅游景区，4A 级以上景区数量达到 12 家，近年来通过积极推进业态融合发展规划建设会展游、体育游、乡村游、生态游、水乡游、古迹游等优质旅游产品体系，以打造“近代史文化旅游品牌”拓展旅游产业发展新空间，极大地提升了城市旅游竞争力。东莞的城市旅游竞争力增长因子较低，但城市旅游竞争力基础因子得分高达 1.89655，2015 年的旅游外汇收入为 157742.66 万美元，分别在“两广”区域内主要城市中排名第 2 位和第 3 位，显示了产业创新驱动与转型升级为旅游业发展注入的强大活力，而同样来自“珠三角”地区的佛山、珠海、中山、惠州、江门等城市的旅游竞争力产生方式亦和东莞大致趋同，其中佛山在各公因子的得分均为正值，是唯一一个旅游竞争力要素比较均衡协调的城市。南宁是广西的首府城市和中国—东盟自由贸易区合作的桥头堡，被评为“2016 年度中国最美特色旅游目的地”，在招商环境、经济活力、宜居绿色建设等方面获得高度认可，因而城市旅游竞争力增长因子得分较高，发展潜力较大。2015 年南宁旅游总收入为 742.53 亿元，排在“两广”区域内主要城市中的第 3 位，仅次于广州和深圳。桂林是国际旅游胜地和国家旅游综合改革试验区，自实施全域旅游发展战略以来，打造成中国与东盟旅游合作的高端国际平台，通过统筹旅游资源和社会资源实现了对旅游业产业链的优化，加大了旅游基础设施和公共服务体系的建设力度，在更大程度上满足了旅游市场的需求，因而城市旅游竞争力较强。

（三）较弱城市旅游竞争力

柳州、汕头、肇庆、湛江、玉林的城市旅游竞争力综合得分在 –0.2~0，得分相对较低且为负值，属于较弱城市旅游竞争力类型。柳州、汕头、玉林的城市旅游竞争力基础因子得分较低、增长因子得分较高，而肇庆、湛江的情况刚好与之相反，表明有的城市虽然具备较好的社会经济基础，但由于支持旅游业可持续发展的系统不够完善，导致城市旅游竞争力总体水平偏弱，如肇庆虽然拥有鼎湖山、七星岩等传统知名的旅游资源，但旅游产品结构老化，致使旅游竞争力走低，有的城市的旅游产业虽然缺乏核心大品牌的竞争力，但发展势头逐步向好。

（四）弱城市旅游竞争力

韶关、北海、钦州、茂名、梧州、清远、贵港、梅州、河池、防城港、阳江、百色、贺州、来宾、揭阳、云浮、河源、汕尾、崇左、潮州的城市旅游竞争力综合得分在 –0.4~–0.2，得分小于 0 且较大幅度低于平均水平，属于弱城市竞争力类型。在这些城市当中，大部分在旅游竞争力基础和旅游竞争力增长方面得分偏低，说明旅游产业发展的条件比较薄弱，旅游经济的支撑力量不足，因此严重地制约了城市的旅游竞争力。单从旅游总收入就可以看出，在弱旅游竞争力的城市中，旅游总收入最高和最低的分别是梅州和防城港，仅为 313.46 亿元和 100.54 亿元，只相当于广州的 10.91% 和 3.5%、平均水平的 88.94% 和 28.56%，差距较远。

四、总结

研究结果表明，强和较强旅游竞争力的城市数量不足区域三分之一，大部分城市的旅游竞争力偏弱。广东与广西的城市旅游竞争力存在比较明显的空间差异特征，强旅游竞争力的城市大多数来自广东，而广东的城市旅游竞争力却出现两极分化态势，广西的城市旅游竞争力总体上较弱但却相对均衡，只有南宁、桂林具有一定的优势。强旅游竞争力的城市过于集中在“珠三角”地区意味着“两广”区域旅游合作协调发展的格局尚未真正形成，竞争替代关系仍然占据着主导地位。因此，今后广东与广西区域内的竞合关系将以“一个大中心，两个基本点，三条主轴线”的格局为基本框架，按照错位有序、整体联动、优势互补的原则实施创新转型发展战略，加强区域旅游一体化建设，为打造“珠江全域旅游国家示范区”夯实基础。

参考文献：

［1］STANSFIELD C A. A Note on the Urban-non-urban Imbalance in American Recreational Research［J］.Tourism Review，1964，19（4）：196.

［2］王琪延，罗栋．中国城市旅游竞争力评价体系构建及应用研究——基于我国293个地级以上城市的调查研究［J］．统计研究，2009，26（7）：49.

［3］王俊，王琪延．中国地级及以上城市旅游竞争力评价研究［J］．经济问题探索，2010，（2）：132.

［4］刘中艳，罗琼．省域城市旅游竞争力测度与评价——以湖南省为例［J］.经济地理，2015，35（4）：186.

［5］闫翠丽，梁留科，刘晓静，等．基于因子分析的城市旅游竞争力评价——以中原经济区30个省辖市为例［J］．地域研究与开发，2014，33（1）：63.

［6］周礼，蒋金亮．长三角城市旅游竞争力综合评价及其空间分异［J］．经济地理，2015，35（1）：63.

［7］潘立新，彭建，庞兆玲，等．安徽省城市旅游竞争力评价研究［J］．旅游研究，

2015，7（2）：32.

［8］陈晓，李悦铮．环渤海城市旅游竞争力差异及整合［J］．地理与地理信息科学，2008，24（1）：105.

［9］武传表，王辉．中国沿海14个开放城市旅游竞争力定量比较研究［J］．旅游科学，2009，23（4）：13.

［10］王丽．基于AHP的城市旅游竞争力评价指标体系的构建及应用研究［J］．地域研究与开发，2014，33（4）：105.

［11］张河清，田晓辉，王蕾蕾．区域旅游业竞合发展研究——基于珠三角与长三角城市旅游竞争力的比较分析［J］．经济地理，2010，30（5）：871.

［12］吴娟，甘永萍，徐小红．广西西江经济带城市旅游竞争力评价［J］．云南地理环境研究，2015，27（5）：43.

［13］姜峰，刘俊杰．基于空间互动关系的城市旅游竞争力研究——以广西为例［J］．商业经济研究，2015（3）：124.

［14］赫美田．基于因子分析法的深圳高端旅游竞争力评价［J］．热带地理，2012，32（4）：452.

［15］侯景新，尹卫红．区域经济分析方法［M］．北京：商务印书馆，2004.

［16］卢纹岱．统计分析［M］．北京：电子工业出版社，2006.

［17］万春燕，徐国良．福建省城市旅游竞争力评价研究［J］．亚热带资源与环境学报，2011，6（1）：73.

第十章　旅游产业发展对地区农民的增收效应研究

——基于广西2010—2017年市域面板数据的经验证据

一、引言与文献综述

党的十九大报告中明确提出“实施乡村振兴战略”，并将解决好农业、农村、农民问题作为全党工作的重中之重。2018年中央一号文件《关于实施乡村振兴战略的意见》中明确提出“将农民增收作为提高农村民生保障水平的重要内容”。《国务院关于促进旅游业改革发展的若干意见》中明确指出“加快旅游业改革发展，对于扩就业、增收入，推动中西部发展和贫困地区脱贫致富等意义重大”。旅游产业作为我国国民经济和社会发展“十二五”“十三五”规划中大力发展的服务业大门类，近十年来已获得了巨大的发展，如何依托其强大的关联效应推动地区经济增长、就业创造及居民增收引起了学术界的广泛关注。

①旅游产业发展的经济增长效应：旅游产业在国民经济体系中占有重要地位，对我国经济增长的综合贡献能力不可小觑；旅游产业对地区经济发展所具有的强大收入效应、就业效应、产业关联效应及创汇效应，不仅对本地经济增长具有促进作用，而且对邻域具有显著的空间溢出效应；国外研究也同样验证了旅游产业对国家经济增长、人均产出增长均具有显著的促进作用。②旅游产业发展的就业创造效应：旅游产业发展对正规就业、非正规就业均

具有强大的拉动作用，规模扩张和结构变动是旅游产业就业创造效应的主要来源；乡村旅游促进农村劳动力转移就业存在困境问题，须构建有效转移平台和培育劳动力响应内生动力进行破解；自然景观与区域旅游就业间存在空间联系，在地理邻国以及经济邻国之间均具有强大的空间溢出效应。③旅游产业发展的居民增收效应研究：一是入境旅游的发展与居民收入的增加能形成良性循环，但对于贫困人口的增收效应将低于其他产业；二是乡村旅游发展对农户收入增收效果十分明显，乡村旅游扶贫能显著促进农户的家庭总收入、工资性收入及经营性收入增加，但当地农民对于乡村旅游的参与程度会影响到对自身经济收入因素的感知，不同的乡村旅游业态对农民增收影响的效果差距较大；三是地区旅游发展能显著提高城镇居民收入水平，对农民增收具有积极作用的传导路径由“产业推动型”向“城镇化推动型”转变，对提高贫困地区人均收入具有非线性的正向影响关系。

综上所述，旅游产业发展对于本地区以及相邻地区均具有强大的经济增长效应与就业创造效应，为本次研究理论框架的构建及实证方法的选择提供了基础。旅游产业发展的居民增收效应研究的现有文献主要呈现三个特点：一是较少从旅游产业发展的经济增长效应与就业创造效应来构建旅游产业发展对地区农村居民增收影响的理论框架；二是较少考察旅游产业内在部门发展对地区农村居民增收的影响；三是较少考察旅游产业对农村居民增收影响的空间溢出效应。基于此，本次研究拟利用广西 2010—2017 年市域面板数据从三个维度来考察旅游产业发展对地区农民的增收效应问题。

二、理论框架

（一）旅游产业发展对农民增收效应作用机制理论假设

从前人的研究成果可得到，旅游产业发展对于本地区以及相邻地区均具有强大的经济增长效应与就业创造效应。由于经济增长和就业创造对农民收入增长具有内在一致性，因此构建“旅游产业发展—经济增长、就业创造—

农民收入增长”的研究范式，旅游产业发展与农村居民增收的内在逻辑关系如图 10.1 所示（双线箭头表示直接促进作用、单线箭头表示辅助促进作用），并提出三个基本假设：

H1：由于旅游产业发展具有强大的就业创造力、产业关联度及对外宣传力，因此能显著正向促进农民收入的增长。

旅游业由于具有就业门槛低、产业关联广等特点，能直接或间接影响国民经济各部门增长，对地区经济具有显著的拉动作用，并已成为地区减贫增收的有效途径（Aref F，2011；程晓丽，2014；王永明等，2015），旅游业属于劳动密集型产业，不仅能直接创造大量的就业和收入机会，而且可以通过促进旅游工艺品和纪念品销售提高居民经营性收入（Ashley C，2000；White A，2001；喻江平，2010），具体可以通过直接效应、间接效应和动态效应三种机制促进地区减贫增收（Mitchell J，2009）。从不同类型的旅游业对农户家庭的影响追踪调查来看，乡村旅游、生态旅游对提高农户收入水平的效果显著（姚海琴，2016；马奔等，2016）。

H2：由于旅游产业内在部门对于农民就业创造效应以及其他产业的促进作用均不尽相同，因此旅游产业内在部门的发展对于农民增收的存在且有显著差异。

基于产业链跟踪法对旅游者支出进行跟踪发现，旅游产业不同部门对就业的吸附力和家庭收入的贡献度具有一定差异（郭舒，2015），农户就业类型、从业年限均影响到旅游的增收效果（姚海琴，2016），尤其是餐饮住宿业从业人员能获得超过本地最低工资标准的工资水平（Gartner C，2012）。

H3：由于基础设施的互联互通、发展理念的跨区域化，加强了劳动力等生产要素流动性，因此旅游产业及其内在部门的发展均存在显著的空间溢出效应。

旅游要素（劳动、资本）的跨地区流动使得旅游活动存在空间相关性，邻近省域旅游要素投入具有明显的空间溢出效应（吴玉鸣，2014），同时旅游产业的发展对于地区经济增长存在显著空间溢出效应（赵磊等，2014）。资源禀赋、城镇化进程、有效市场规模、信息化程度、交通基础设施所带来的地区间通达度均为影响旅游产业发展空间溢出效应的重要方面（赵金金，2016；王明康，2018；向艺等，2016；王龙杰，2019；白洋等，2017）。

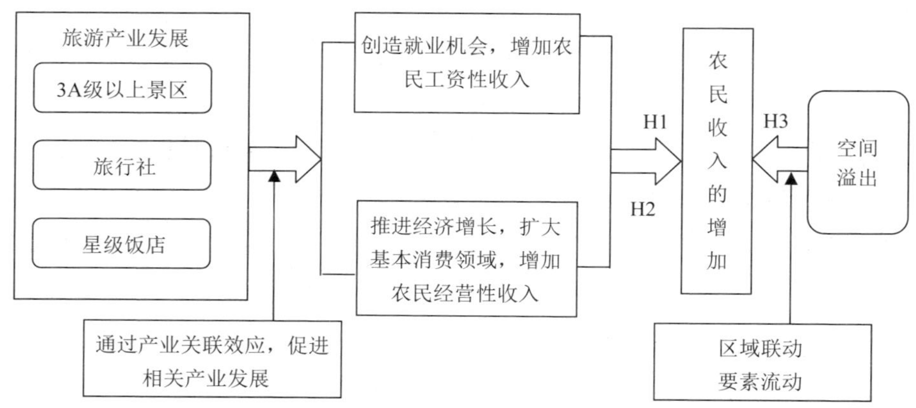

图 10.1　旅游产业发展对农民增收效应的影响路径

（二）计量模型

1. 模型设定

基于旅游产业增收效应作用机制理论假设，结合探讨问题的现实特征，分别构建静态面板数据模型和面板空间自回归模型实证检验旅游产业发展对地区农民的增收效应，为缓解异方差给模型带来的影响，对模型里的绝对数变量取对数，模型设定如下：

$$\ln Y_{i,t} = \rho_0 + \rho_1 \ln X_{1i,t} + \mu_{i,t} \quad \text{（模型1）}$$

$$\ln Y_{i,t} = \rho_0 + \rho_1 \ln X_{1i,t} + \rho_2 \ln X_{2i,t} + \rho_3 \ln X_{3i,t} + \mu_{i,t} \quad \text{（模型2）}$$

$$\ln Y_{i,t} = \rho_0 + \rho_1 \ln X_{4i,t} + \rho_2 \ln X_{5i,t} + \rho_3 \ln X_{6i,t} + \mu_{i,t} \quad \text{（模型3）}$$

$$\ln Y_{i,t} = \alpha_i + \gamma_t + \rho w_t' \ln Y_t + \beta \ln X_{1i,t} + \mu_{i,t} \quad \text{（模型4）}$$

$$\ln Y_{i,t} = \alpha_i + \gamma_t + \rho w_t' \ln Y_t + \beta_1 \ln X_{4i,t} + \beta_2 \ln X_{5i,t} + \beta_3 \ln X_{6i,t} + \mu_{i,t} \quad \text{（模型5）}$$

模型 1 和模型 2 用于实证检验旅游产业整体发展对农民的增收效应，模型 3 用于检验旅游产业内在部门发展对农民的增收效应，模型 4 用于实证检验旅游产业整体发展对农民增收的空间溢出效应，模型 5 用于检验旅游产业内在部门发展对农民增收的空间溢出效应。其中：Y 为农民可支配收入，X_1、

X_4、X_5、X_6 分别为旅游总收入、3A 级以上景区个数、旅行社个数、星级饭店个数，X_2、X_3 分别为第一产生产总值和第二产业生产总值，用来作为模型 2 的解释变量，W' 为空间权重矩阵。

2. 变量选取与数据说明

本次研究选取农民的可支配收入（Y）作为衡量农民收入水平的指标，选取旅游总收入（X_1）作为衡量旅游发展水平的变量；根据数据的可得性与统计年鉴上数据的分类，选取 3A 级以上景区数（X_4）、旅行社数（X_5）、星级饭店数（X_6）作为衡量旅游产业内在部门的变量；考虑到第一产业、第二产业同样也是农民收入的重要来源，可能会对农民收入带来重要影响，因此模型 2 和模型 4 选取第一产业生产总值（X_2）和第二产业生产总值（X_3）作为解释变量；选取各地级市行政区之间路程距离的倒数构建地理空间权重矩阵（W'）。为剔除价格指数对收入（生产总值）所带来的影响，利用广西 CPI（2010 年等于 100）指数进行平减；为缓解异方差对模型带来的影响，对绝对数变量取对数；所有基础数据均来源于《广西统计年鉴》（2011—2018）。处理后的各变量描述性分析如表 10.1 所示。

表 10.1　变量描述性分析

变量	指标含义	均值	标准差	最小值	最大值
LnY	农民可支配收入 / 元	8.8496	0.2791	8.1493	9.3392
LnX_1	旅游总收入 / 亿	4.7881	0.8028	2.7788	6.8492
LnX_2	第一产业生产总值 / 亿	4.9239	0.4289	3.8593	5.8235
LnX_3	第二产业生产总值 / 亿	5.9030	0.6141	4.9386	7.1991
Ln_x4	3A 级以上景区数 / 家	2.4578	0.8693	0.6931	4.0943
LnX_5	旅行社数 / 家	3.4571	0.7305	2.3979	5.6419
LnX_6	星级饭店数 / 家	3.3798	0.4515	2.5649	4.3820

三、实证分析

（一）旅游产业发展对农民增收的整体效应

运用stata15.0对模型1进行实证分析，结果如表10.2所示：由F检验与Hausman检验可得到模型1均在0.01的水平内拒绝原假设，静态面板模型应选择固定效应模型。模型的R^2达到0.94，可见模型的拟合效果较好。从模型的回归结果来看，旅游产业对农民收入具有显著的正向促进作用，旅游总收入每增加1%，将使得农民收入增加0.433%。为对模型估计结果进行稳定性检验，考虑到第一产业、第二产业是农民收入的重要来源，可能会对农民收入带来重要影响，因此在模型2中加入第一产业生产总值和第二产业生产总值作为解释变量。从模型2的回归结果来看，旅游产业对农民收入同样具有显著的正向促进作用，且与模型1的弹性系数相比变化不大，说明旅游产业对农民收入的影响稳健性较好；第一产业、第二产业对农民收入均具有显著的正向影响，影响弹性分别为0.257%、0.090%。可见旅游产业凭借巨大的就业吸附能力、龙头带动效应，对农民收入增加的贡献度已超过第一产业、第二产业。

（二）旅游产业内在部门发展对农民的增收效应

为进一步考察旅游产业内在部门对农民收入的影响，构建模型3进行实证分析（如表10.2所示），F检验结果为在0.01水平内拒绝原假设、Hausman检验在0.1水平内拒绝原假设，因此静态面板模型应选择固定效应模型。模型的R^2达到0.71，说明模型的拟合效果较好。从模型的回归结果来看，3A级以上景区数对于农民具有显著的增收效应，且在三个部门中贡献度最大，3A级以上景区数每增加1%，将使得农民收入增加0.329%，可以解释为景区的创建及升级，不仅能通过创造更多的就业岗位给农民实现工资性增收，而且可以通过景区所带来的人流量创造商机（乡村旅社、零售店、特色小吃店、特产卖场等）给农民实现经营性增收；旅行社数对于农民收入具有显著的正向促进作用，旅行社数每增加 1%，将使得农民收入增加 0.150%，由于旅行社的职员大多为职业从业者或大学生，因此对农民的直接影响不明显，但旅行社为旅游区的宣传、推广、团队客源市场的开拓等起到重要作用，是促进旅游区人流量增加的重要推手；星级饭店数虽对农民收入起正向促进作用，但不显著，可能的解释为星级饭店虽为旅行者提供了一个良好的就餐环境，但往往不会成为旅行者进行旅游目的地选择的决定（重要）因素，很大一部分旅行者倾向于选择旅游目的地的特色餐厅进行就餐，加上星级饭店的数量有限，因此对于农民就业的吸附力大大低于非星级餐厅（饭店）。

表 10.2　旅游产业及内在部门发展对农民增收效应的实证结果（静态面板模型）

	模型 1（Fe）	模型 2（Fe）	模型 3（Fe）
LnX_1（旅游总收入）	0.433***	0.358***	
	（0.011）	（0.025）	
LnX_2（第一产业生产总值）		0.257*	
		（0.136）	
LnX_3（第二产业生产总值）		0.090*	
		（0.463）	
LnX_4（3A 级以上景区数）			0.329***
			（0.028）
LnX_5（旅行社数）			0.150**
			（0.068）
LnX_6（星级饭店数）			0.129
			（0.087）
_cons（常数项）	6.774***	5.340***	7.088***
	（0.055）	（0.463）	（0.356）
F 统计量	1456.43***	551.96***	78.39***
R–sq	0.94	0.95	0.71
F 检验	85.47***	94.16***	15.10***
Hausman 检验	26.47***	34.76***	6.52*

注：*、**、*** 分别表示在 0.1、0.05、0.01 水平内显著；括号内为标准误。

（三）旅游产业发展对农民增收的空间溢出效应

为进一步分析旅游产业及内在部门发展对农民增收的空间溢出效应，构建面板空间自回归模型（PSACM）进行实证分析（如表 10.3 所示）。从模型 4 的回归结果来看，由 Hausman 检验得到空间计量模型应选择固定效应模型，模型的 R^2 达到 0.94，说明模型的拟合效果较好，Spatial rho 指数在 0.01 水平内通过显著性检验，说明模型的空间效应显著；旅游总收入的直接效应和空间溢出效应的系数均正，并在 0.01 水平内均显著，表明旅游产业的发展对农民增收不仅具有明显的直接促进效应，而且所引起的空间溢出效应对于农民增长也具有显著的促进作用，直接效应和空间溢出效应的系数分别为 0.270 和 0.168，说明旅游收入每增加 1% 会促进本地区农民和非本地区农民分别增收 0.270% 和 0.168%，由此也进一步印证了旅游产业发展所带来的空间溢出效应对农民收入增长的重要贡献。从模型 5 的回归结果来看，由 Hausman 检验得到空间计量模型应选择固定效应模型，模型的 R^2 达到 0.91，说明模型的拟合效果较好，Spatial rho 指数在 0.01 水平内通过显著性检验，说明模型的空间效应显著；3A 级以上景区数的直接效应和空间溢出效应的系数均正，并在 0.01 水平内均显著，表明 3A 级以上景区数对农民增收不仅具有明显的直接促进效应，而且具有显著的正向空间溢出效应，直接效应和空间溢出效应的系数分别为 0.074 和 0.268，可见空间溢出效应大于直接效应；旅行社数的直接效应和间接效应的系数均不通过显著性检验，表明旅行社数对于农民收入的增长不具有显著的空间溢出效应；星级饭店个数的直接效应和空间溢出效应的系数均正，并在 0.1 水平内均显著，表明 3A 级景区数对农民增收不仅具有明显的直接促进效应，而且具有较显著的正向空间溢出效应（显著性仅在 0.1 水平内通过检验），直接效应和空间溢出效应的系数分别为 0.179 和 0.697，可见空间溢出效应大于直接效应。由此也进一步印证了旅游产业内在部门的发展同样对农民收入的增长空间溢出效应。

表 10.3　旅游产业及内在部门发展对农民增收的直接效应、空间溢出效应和总效应（PSACM 模型）

变量		模型 4（Fe）	模型 5（Fe）
LnX_1（旅游总收入）	直接效应	0.270***	
		（0.031）	
	间接效应 / 空间溢出效应	0.168***	
		（0.033）	
	总效应	0.438***	
		（0.016）	
LnX_4（3A 级以上景区数）	直接效应		0.074***
			（0.02）
	间接效应 / 空间溢出效应		0.268***
			（0.067）
	总效应		0.342***
			（0.082）
LnX_5（旅行社数）	直接效应		−0.006
			（0.043）
	间接效应 / 空间溢出效应		−0.031
			（0.202）
	总效应		−0.037
			（0.242）
LnX_6（星级饭店数）	直接效应		0.179***
			（0.058）
	间接效应 / 空间溢出效应		0.697*
			（0.400）
	总效应		0.876*
			（0.451）
R−sq		0.94	0.91
Spatial rho（空间效应）		7.591***	15.621***
		（1.381）	（0.685）

续表

变量		模型 4（Fe）	模型 5（Fe）
Hausman 检验		13.12***	12.56**

注：*、**、*** 分别表示在 0.1、0.05、0.01 水平内显著；括号内为标准误。

四、结论与建议

以上研究表明:（1）旅游产业发展能显著正向促进农民收入的增长，且相对于第一产业、第二产业对于农民增收效应的贡献度来说同样具有较大的比重;（2）旅游产业内在部门的发展对于农民增收存在且有显著差异，其中 3A 级以上景区在所验证的三大部门中对于农民增收的促进效应最大，星级饭店对于农民增收的促进效应不显著;（3）旅游产业的发展对于农民增收存在显著的空间溢出效应，旅游产业内在部门 3A 级以上景区和星级饭店对于农民增收也具有显著的空间溢出效应，但旅行社的空间溢出效应不显著。

基于上述研究结论，提出政策建议如下。（1）加快农民增收型旅游产业发展。一是加强对异质性旅游资源的开发与利用，推进“小、散”旅游目的地向旅游品牌集聚地转变，促进旅游产业规模化、品牌化发展；二是以“推进旅游产业发展与农民增收相协调”为导向，充分发挥旅游产业对于农民工资性收入和经营性收入增加的推动力；三是充分发挥旅游产业的引领作用，推进旅游产业与相关产业融合发展，深入探索“旅游 +”和“+ 旅游”的实现途径。（2）促进旅游产业要素需求与农民要素供给相对接。一是以旅游产业对于劳动力要素市场需求为导向，加强农民从事旅游相关行业的职业技能、素养等培训，促进劳动力要素供需匹配；二是加强农民传统工艺与旅游纪念品制作相结合，促进农村纯天然特色食材与旅游群体餐饮需求相结合；三是创新旅游开发融资模式，汇聚农民闲置资本参与到旅游目的地的开发建设，增加农民资本性收入。（3）加强旅游内在部门对于农民增收的促进作用。一是拓宽旅游产业内在部门促进农民增收的实现途径，推进农民增收效应的进一步扩大；二是深入挖掘农民增收效应较小（星级饭店）的旅游产业内在部门对于农民增收的契合领域，实现旅游产业部门对于农民增收的全覆盖。（4）充分释放旅游产业对于农民增收的空间溢出效应。一是进一步加强旅游目的地之间基础设施的互联互通，畅通要素流动渠道、降低要素流动成本；二是促进跨区域旅游产业协调发展，加强国际旅游目的地对于相邻地区旅游景点正的溢出效应，着重打造覆盖“国际旅游目的地—地区品牌旅游区—地方特色旅游景点”的精品旅游线路，发挥国际旅游目的地对于游客的引流和分流作用。

应该指出：（1）本次研究所用的实证数据为个体与年份均较少的短面板数据，而现有平稳性检验方法对于该类面板数据平稳性检验的功效可能很弱，因此本次研究采用一些类似文献相同的处理方法，在进行模型设定时未进行单位根检验，而是直接通过综合模型的拟合优度、F 检验与 Hausman 检验结果以及变量系数的显著性水平进行实证模型的选择；（2）由于数据的可得性不足，本次研究未对旅游产业内部要素（资本、劳动等）对于农民的增收效应进行实证检验，对于旅游产业内在部门的选择亦相对较为单一（尤其是缺乏3A 级以下旅游景区和非星级饭店对于农村增收效应的检验），后期将进一步从这两方面进行深入探讨。

参考文献：

[1] 李秋雨，朱麟奇，刘继生.中国旅游业对经济增长贡献的差异性研究［J］.中国人口·资源与环境，2016，26（04）：73-79.

[2] 赵磊.改革开放40年中国旅游导向型经济增长假说研究的学术演变［J］.旅游学刊，2019，34（01）：6-8.

[3] 陈斐，张清正.地区旅游业发展的经济效应分析——以江西省为例［J］.经济地理，2009，29（09）：1564-1568+1579.

[4] 李秋雨，朱麟奇，刘继生.中国入境旅游的经济增长效应与空间差异性研究［J］.地理科学，2017，37（10）：1552-1559.

［5］Fayissa B，Nsiah C，Tadesse B. Research Note：Tourism and Economic Growth in Latin American Countries—Further Empirical Evidence［J］.Tourism Economics，2011，17（6）：1365–1373.

［6］Ronald R K，Peter J S，Nikeel K，Syed J H S. Exploring the Effect of ICT and Tourism on Economic Growth：A Study of Israel［J］.Economic Change and Restructuring，2019，52（3）：221–254.

［7］PRASAD N，KULSH R ESTHA M. Employment Generation in Tourism Industry：An Input–output Analysis［J］. Indian Journal of Labour Economics，2015，58（4）：563—575.

［8］郭为，厉新建，许珂. 被忽视的真实力量：旅游非正规就业及其拉动效应［J］. 旅游学刊，2014，29（08）：70–79.

［9］左冰. 效率提高会吞噬就业吗？旅游产业升级的就业效应研究［J］. 商业经济与管理，2018（12）：77–90.

［10］柳百萍，胡文海，尹长丰，韦传慧. 有效与困境：乡村旅游促进农村劳动力转移就业辨析［J］. 农业经济问题，2014，35（05）：81–86+112.

［11］Niromi Naranpanawa，Alicia N.Rambaldi，Neil Sipe.Natural Amenities and Regional Tourism Employment：A Spatial Analysis［J］. Papers in Regional Science，2019，98（4）：1731–1757.

［12］王兆峰，李晓静. 近20年来张家界入境旅游流与居民收入增长的考察［J］. 经济地理，2011，31（12）：2122–2127.

［13］Muchapondwa E，Stage J. The Economic Impacts of Tourism in Botswana，Namibia and South Africa is Poverty Subsiding?［J］.Natural Resources Forum，2013，37（2）：80–89.

［14］姚海琴，朋文欢，黄祖辉. 家庭型乡村旅游发展对农户收入的影响机制及效果——以浙江、四川和湖南三省为例［J］. 经济地理，2016，36（11）：169–176.

［15］余利红. 基于匹配倍差法的乡村旅游扶贫农户增收效应［J］. 资源科学，2019，41（05）：955–966.

［16］周荣华，向银，张学兵. 基于IPA分析的乡村旅游对农民收入影响的实证研

究——以四川省都江堰市为例［J］. 农村经济，2012（08）：39–43.

［17］杨启智，向银 . 乡村旅游对农民收入的贡献研究——基于成都市的实证分析［J］. 经济问题，2012（09）：123–125.

［18］王永明，王美霞 . 张家界旅游发展与居民收入的互动效应及影响因素［J］. 经济地理，2015，35（03）：197–202.

［19］唐睿，李祥，冯学钢 . 旅游业发展对江苏省农民增收、农民就业的影响——基于分位数回归和全面 FGLS 的实证［J］. 农林经济管理学报，2017，16（04）：529–538.

［20］张大鹏 . 旅游发展能减缓特困地区的贫困吗——来自我国中部集中连片 30 个贫困县的证据［J］. 广东财经大学学报，2018，33（03）：87–96.

［21］赵磊，方成，毛聪玲 . 旅游业与贫困减缓——来自中国的经验证据［J］. 旅游学刊，2018，33（05）：13–25.

第十一章　产业融合视角下长寿旅游产业价值链升级探究

——以广西巴马为例

一、引言

随着人们生活水平的不断提高，旅游需求的多样性和个性化日益丰富，异质性旅游资源得到广泛挖掘，使现代旅游产业已超出“吃、住、行、游、购、娱”的传统内涵，呈现出“健、闲、体”等新内容和新环节。长寿旅游迎合了现代旅游的发展方向和基本特征，具有巨大的发展潜力与广阔的发展空间。梳理前人对于长寿旅游及巴马长寿旅游的相关研究，主要集中在如下三个方面：一是关于“养生旅游”的概念界定：Peter（2000）提出养生旅游是一种对身心和谐状态追求的整体性的旅游方式，能够从精神、情绪、身体等方面使人们的聪明才智得到充分平衡与和谐；杨铭铎（2009）认为是以强身健体和保健修复为目的，在现代养生观的指导下进行的一种旅游活动；二是关于长寿旅游资源的开发：范璐等（2008）提出旅游资源开发是区域旅游吸引性和旅游活动的决定性因素，但无序的开发容易造成旅游资源的破坏，以保存当地生态环境的原始性为原则，加强旅游开发者的保护意识是长寿旅游资源开发的核心思想；顾小光（2014）提出尊重长寿旅游带各地的资源差异性，充分结合当地文化特色、资源禀赋条件和旅游发展规律，是开发长寿旅游资源，获得核心竞争力重要举措；三是关于巴马长寿旅游的发展：刘亚萍等（2011）认为长寿旅游环境承载力是影响长寿旅游发展的重要因素；李漫等（2009）提出保护世界长寿之乡品牌、完善长寿地区的人文设施、合理建设旅游设施、多元化营销、提高旅游从业人员素质等措施有利于巴马长寿旅游的可持续发展。

综上所述，学者们曾基于不同的侧重点就养生旅游、长寿旅游资源开发及巴马长寿旅游的相关问题提出了较多有意义的观点，但学术界对于长寿旅游与长寿旅游产业的概念界定尚未形成普遍共识，对于长寿旅游产业价值链的核心理论内涵及其升级的内在机制仍未深入探究。巴马瑶族自治县是被国际自然医学会评定的世界第五长寿之乡，人寿养生旅游资源丰富，巴马长寿养生国际旅游区也是广西重点打造的三大国际旅游目的地之一，未来将具有广阔的发展前景。本次研究从界定长寿旅游产业的内涵以及阐述长寿旅游产业价值链着手，以产业融合理论为视角探究长寿旅游产业价值链升级的内在机制，并进一步对“世界长寿之乡”巴马长寿旅游产业价值链升级进行具体的实践探讨，以期丰富长寿旅游产业及其产业价值链的理论内涵，同时为促进巴马长寿旅游产业快速健康发展提供理论依据与决策参考。

二、长寿旅游产业及其产业价值链

（一）长寿旅游产业的概念界定

随着长寿（养生）旅游环节的不断延伸和内容的不断丰富，长寿旅游产业的内涵不断得以拓展。基于前人在长寿（养生）旅游、现代旅游和产业等含义上的阐述，对长寿旅游产业进行概念界定：长寿旅游产业是以长寿养生自然生态环境与长寿养生人文环境为依托，以绿色健康、舒缓情绪、修身养性、康复强身、延年益寿为目的，以旅游为纽带，在一定地域空间范围内提供与“吃、住、行、游、购、娱、健、闲、体”相关的产品和服务的企业的集合。

（二）产业价值链及长寿旅游产业价值链

产业链体现着产业发展程度、产业关联程度、满足需求程度以及资源加工程度，随着产业间分工不断向产业内、产品内分工发展，产业价值的创造活动已逐步由传统的一个企业主导转化为多个企业相互构成，产业价值链是产业链背后所蕴藏的价值组织及创造的结构形式，体现了在产业链中价值的传递、转移和增值的变化过程，产业价值链一经形成并具有一种自我强化的内在机制（集群效应和链式效应）促进其进一步地成长。长寿旅游产业价值链以长寿旅游为内在契合点，凸出“价值创造”的核心目标。

1. 从长寿旅游产业价值链的价值创造环节来看，可将其分为基础环节、传统环节和延伸环节（见图 11.1）

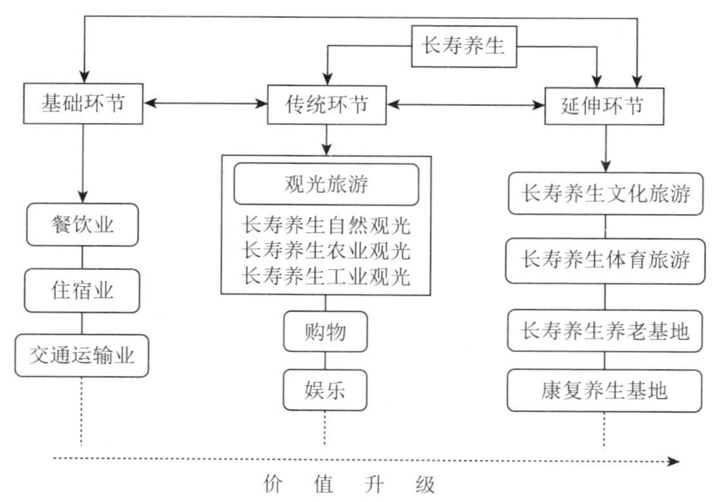

图 11.1 长寿旅游产业价值链价值创造环节简图

基础环节由餐饮业、住宿业和交通运输业组成，规模大且附加值较低，是传统环节和延伸环节的发展基础，着重解决游客的吃、住、行问题；传统环节主要由观光旅游、购物和娱乐等价值创造节点组成；延伸环节主要由长寿养生文化旅游、长寿养生体育旅游、长寿养生养老基地、康复养生基地等价值创造环节。基础环节、传统环节和延伸环节的价值创造与带动能力呈递增态势，且两两之间均具有双向促进作用。

2. 从长寿旅游产业价值链整体价值的创造效益来看，可将其分为集群效应与链式效应（见图 11.2）

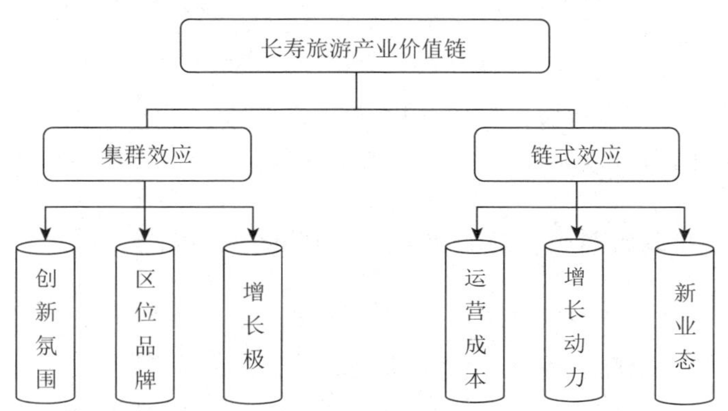

图 11.2 长寿旅游产业价值链价值的整体价值创造简图

长寿旅游产业价值链的集群效应是以旅游资源为基础，以旅游自然、人文资源的利用和开发为核心，推动关联度较高的企业和中介机构在地理空间上形成集群，通过共同完善基础设施建设、汇聚各类资源要素，以营造企业创新氛围、打造产业“区位品牌”、形成区域经济“增长极”。长寿旅游产业价值链的链式效应是以旅游市场为纽带，基于共同客户群体的利用和开发为核心，推动形成相互依存、相互衔接、相互促进的企业链条，通过彼此间的专业化分工和协作、资源信息流的畅通，以降低产业运营成本、提升产业内在增长动力、催生产业新业态。

三、长寿旅游产业价值链升级的内在机制：产业融合

（一）产业融合理论的核心内涵

产业融合是由于技术进步的内在原因和放松管制的外部原因同时出现，使得产业边界和交叉处发生技术融合、产品与业务融合以及市场融合，并呈

现出新的产业特征和市场需求，从而改变相关企业间的竞争合作关系，进而导致产业界限的模糊化甚至重划产业界限，并成为传统产业创新以及产业结构转换和升级的重要方式和手段。管制环境的变化、技术的创新和扩散、业务和市场的融合、商业模式的创新是产业融合形成和发展的前提条件与驱动力，市场需求传递、知识扩散和科学技术交叉渗透是实现产业融合的主要途径，推动创新和经济增长、形成新型竞争协同关系、降低成本和提高效率是产业融合的重要经济效应。

（二）产业融合对长寿旅游产业价值链形成与升级的作用机制

旅游产业作为涵盖餐饮业、交通运输业、建筑业和房地产业等众多产业在内的无边界综合性产业，产业关联大而广且内在具有极强的融合能力，而长寿旅游产业是通过对长寿养生资源的开发和利用所形成的旅游子产业，推动长寿旅游业与农业现代化、工业现代化与服务业现代化的深度融合，有利于整合区域内资源要素、创新产业形态，实现产业间资源共享、品牌共享和市场共享，形成融合型的产业新体系，并推动长寿旅游产业价值链的形成和升级。

1. 产业融合推动长寿旅游产业价值链的完备并向高端迈进

资源融合、业务融合和市场融合是推动长寿旅游产业价值链完备并向高端迈进的重要手段。一是通过餐饮、住宿与长寿旅游相融合形成长寿特色餐饮、养生特色住宿，通过自然风光、农业、工业、商业与长寿旅游相融合形成长寿特色旅游观光、长寿特色农业、长寿特色工业及长寿特色商业，从而实现长寿旅游产业价值链基础环节和传统环节的内在升级。二是通过长寿旅游与文化产业融合形成长寿养生文化旅游，通过长寿旅游与康体产业融合形成长寿养生体育旅游和建设康复养生基地，通过长寿旅游与银发产业融合建设长寿养生养老基地，从而推动长寿旅游产业向价值高端环节迈进。

2. 产业融合催生长寿旅游新业态

在当前经济发展的内在支撑条件和外部需求环境“双趋紧”的条件下，传统产业与传统业态利润空间被严重挤压，不同行业的企业均积极寻求新的市场和高利润业务，而产业链的形成为产业间企业的交流合作提供了平台，在新技术的推动下，在产业边界处形成交叉业务，随着业务的成熟和市场的开拓，交叉业务便发展成为具有更好附加值的新业态。长寿旅游具有显著的资源异质性、极强的融合能力和广阔的市场空间，通过产业技术融合和市场融合更易于催生新业态。

3. 产业融合推动行业运营成本的降低和创新氛围的形成

一是产业融合推动长寿旅游产业价值链呈现纵向延伸和横向整合，从而通过提高产业关联度和链条紧密度并形成新的竞争合作关系，使得各类企业在整个产业价值链上达到“优势互补、各显神通”，最终降低整个行业的交易成本、协调成本，实现资源在产业链上的最优配置。二是产业融合推动长寿旅游相关资源、信息、技术、人才跨行业、地区汇集交流，既为技术、经营理念和商业模式的创新形成了温床，也为各类企业提供了面对面观察和学习的机会，大大提高了企业进行自主创新、模仿吸收再创新的动力。

4. 产业融合推动长寿旅游产业“区位品牌”的塑造

一是产业融合促进各类关联企业在地区形成集群，并进一步促使政府管理部门、中介机构、行业协会、金融机构进入产业集群，由此带来区域公共基础设施的完善、生产性和生活性服务业的健全以及产业规模的壮大，利用“群体效应”和整体品牌营销策略，形成更加持续和广泛的“品牌效应”。二是产业融合促进长寿旅游产业链不断完备和延伸，由此推动产业向价值高端迈进，并不断具备行业话语权，为企业对外开展合作、开拓国内外市场以及制定行业准则创造了有利环境。

四、产业融合视角下广西巴马长寿旅游产业价值链升级实践

（一）广西巴马长寿旅游发展现状

巴马长寿养生国际旅游区是以“世界长寿之乡”——巴马瑶族自治县为核心地区，并覆盖东兰、凤山、天峨、都安和大化五个县的部分地区，不仅

拥有长寿水、森林生态群落、“天然氧吧”、长寿绿色食品、长寿养生的社会文化和生活习俗等极其丰富的长寿旅游资源，还拥有舒适的宜居度假气候、世界级的自然山水风光、世界级的岩溶地质景观、原生的壮瑶民俗风情和独特的红色革命历史。近年来，在自治区党委、自治区人民政府的科学战略指导下，不断完善旅游基础设施、改善旅游环节、推进旅游项目建设，已形成18个具有接待能力的旅游景区（点），并荣获“全国县域旅游之星”称号。2016年，巴马瑶族自治县长寿旅游接待游客176.5万人次，其中入境游客1.35万人次；实现旅游社会总收入13.41亿元，旅游外汇收入513万美元；同比分别增长20%、41%、43.5%、45.5%[①]。现已初步形成以长寿旅游为核心，特色农牧林业、特色矿泉水及食品加工业、特色旅游业和特色服务业为主体的现代产业体系。

（二）产业融合视角下广西巴马长寿旅游产业价值链升级路径

1. 加快长寿旅游与特色农业相融合

随着旅游需求正逐渐由游览广度向体验深度转变，推动长寿旅游产业与特色农业深度融合，创造具备“赏、采、尝、学、耕、戏、憩、养、淘、归”等功能的新业态和价值节点，是迎合“体验全时化与休闲全民化”大市场到来的客观要求。通过科学规划、政策引导和重点培育，凸出地区长寿特色农业禀赋，打造集休闲观光与健身体验于一体的城乡特色农业旅游带，实现巴马的长寿资源、原生生态与现代旅游业的完美融合。

2. 加快长寿旅游与特色工业相融合

推动旅游与特色工业相融合是现代旅游和现代工业发展的新热点，巴马饮用水和长寿食品工业拥有独特的异质资源和较好的品牌效应，在发展工业旅游中具有良好的前景。需坚持以龙头企业为主体、市场需求为导向、政府支持为推力，凸出长寿养生特色，充分挖掘工业资源、工业设施、工艺流程、工业产品和企业文化的独特内涵和魅力，注重创意展示、知识传播和活动体

① 数据来源于2016年巴马瑶族自治县经济社会发展公报和统计年鉴。

验，打造具备加工制造和旅游双重职能的长寿特色工业产业园。

3. 加快长寿旅游与现代服务业相融合

现代服务业具有关联度大、拉动性强和附加值高等特征，推动其与长寿旅游融合发展，能有效增加旅游消费形式、衔接各类资源等优势，引领和塑造旅游消费潮流，增强旅游体验性，延伸旅游产业价值链。一是推动长寿旅游与信息技术服务相融合，促进突破旅游市场空间和时间局限的旅游商务新业态的形成，促进管理水平、营销水平和服务水平等领域运行效率的提高，为长寿旅游产业的发展提供技术支持。二是推动长寿旅游与金融资本服务相融合，创新长寿旅游产业发展的金融产品，优化产业资本结构、畅通产业融资渠道，为长寿旅游产业的高水平规划、高标准建设提供资金保障。

4. 加快长寿旅游与特色文化产业相融合

旅游产业与文化产业具有极强的互补共赢性，实现二者的融合发展是提高产业竞争力、锻造高端价值的重要举措。一是做好长寿养生文化与民族文化的挖掘、保护和利用，探索特色文化与长寿旅游的产业交叉点和企业协会互动点，不断推出主题性强、特色明显的长寿旅游文化产品。二是加强企业、部门、协会联合协助，找准旅游者对特色文化资源内心喜好和追求的契合点，发挥长寿养生文化、地区民族文化的体验功能，打造具有原创意味的系列旅游文化项目。

5. 加快长寿旅游与房地产业相融合

长寿养生养老基地、康复养生基地、主题公园社区、养生休闲度假村等长寿旅游房地产项目的开发和建设为长寿旅游与房地产业的融合发展提供了平台和基础，并推动集旅、居、养于一体的新兴产业模式的形成与发展。长寿旅游复合地产是一种关联度广、影响力大、主题突出的高级形态，涵盖长寿旅游产业价值链的高、中、低不同价值创造节点，并对长寿旅游产业价值链的内在升级具有强大的推动力。加快长寿旅游与房地产业的融合发展需借助市场拉力、政府推力、技术创新支撑力，做到突出主题、找准区位、联动协调、完善设施、品牌营销齐发力。

6. 加快长寿旅游与银发产业相融合

银发产业是为老龄人（65 岁以上）提供相关服务和产品的企业集合。长寿旅游与银发产业具有天然的耦合性，随着我国生活质量的提高和老年化步伐的加快，长寿旅游在争夺老年人旅游群体市场中前景广阔，加快两者之间的融合发展，能进一步推动工业、商业和服务业的繁荣。一是打造金牌养老基地、康复基地，以吸引更多老年人长期入住。二是引进大型连锁企业，推出针灸、推拿、足浴、温泉、养生讲座等老年人保健项目；结合长寿文化，推出多元化老年人体验项目；迎合老年人的购物需求，完善低、中、高档纪念产品和地区特色商品。

五、结论与建议

本次研究在梳理长寿旅游产业、产业价值链和产业融合理论的核心内涵的基础上，界定了长寿旅游产业的核心内涵，阐述了长寿旅游产业价值链的价值创造环节与整体价值创造效应，论述了产业融合对于长寿旅游产业价值链形成与升级的作用机制，最后，以广西巴马为例，从加快长寿旅游与特色农业、特色工业、现代服务业、特色文化产业、房地产业相融合、银发产业相融合提出产业融合视角下长寿旅游产业价值链升级路径。

根据以上论述，政府仍需做好如下方面，以更好地发挥产业融合对于长寿旅游产业价值链升级的促进作用：

（1）统筹发展规划，形成政策合力。制定长寿旅游产业与特色农业、特色工业、现代服务业、特色文化产业、房地产业相融合、银发产业融合发展的咨询和协调会议制度，畅通沟通渠道，突出政策制定主体间的相关共识；坚持长寿旅游产业对于其他产业的带动作用，引领相关产业规划的相互衔接和彼此促进，推动市场共享、技术合作和基础设施共同建设。

（2）推动融合发展，形成品牌合力。加强对长寿旅游产业与特色农业、特色工业、现代服务业、特色文化产业、房地产业相融合、银发产业融合发展的监测和机理研究，从深层次、宽领域、多手段促进长寿旅游产业与相关产业的深度融合；深入挖掘地区特色产业对于长寿旅游产业发展的推动作用，打造“长寿旅游产业”和“地区特色产业”多品牌，发挥区位品牌营销合力。

（3）加强理念认识，深化“全域旅游”发展。“全域旅游”是一种新的区域协调发展理念和模式，强调资源整合、融合发展和共享共建，是推动长寿旅游产业与地区特色产业融合发展重要手段，也是实现长寿旅游产业转型升级和可持续发展的必然举措。

参考文献：

[1] 邵金萍. 对现代旅游产业几个基本问题的再认识 [J]. 经济纵横，2012（01）：80–83.

[2] Peter Hills，Michael Argyle，Rachel Reeves.Individual Difference in Leisure Satisfactions；An Investigation of Four of Leisure Motivation [J].Personality and Individual Differences，2000（28）：763–769.

[3] 杨铭铎，陈心宇. 休闲、养生、度假旅游概念辨析 [J]. 黑龙江科技信息，2009（29）：109+316.

[4] 范璐，宁西春，黄敏. 巴马长寿旅游资源分析研究 [J]. 经济与社会发展，2008（02）：84–87.

[5] 顾小光. 南通长寿饮食文化旅游资源开发思考 [J]. 太原城市职业技术学院学报，2014（10）：40–42.

[6] 刘亚萍，廖梓伶. 旅游承载力测算与承载指数评价实证研究——以广西巴马盘阳河沿岸为例 [J]. 广西大学学报（哲学社会科学版），2011（02）：44–50.

[7] 李漫，吴良林，曾令锋. 巴马长寿文化旅游资源开发与可持续利用研究 [J]. 河池学院学报，2009（05）：109–113.

[8] 陈柳钦. 产业价值链：集群效应和链式效应 [J]. 理论探索，2007（2）：78–81.

[9] 胡汉辉，邢华. 产业融合理论以及对我国发展信息产业的启示 [J]. 中国工业经济，2003（02）：23–29.

[10] 马健. 产业融合理论研究评述 [J]. 经济学动态，2002（5）：78 – 81.

［11］单元媛，赵玉林．国外产业融合若干理论问题研究进展［J］．经济评论，2012（05）：152–160.

［12］卢玉桂，王威峰．广西旅游业演变与三次产业发展的关联探析［J］．河池学院学报，2017（03）：58–63.

［13］张海东，刘海清，江军，孙继华，叶露，赵军明．热带特色现代农业禀赋对海南旅游产业链的拓展研究［J］．江西农业学报，2016（06）：127–130.

［14］邵其会．基于现代服务业融合的旅游产业新经济模式探讨［J］．商业时代，2012（32）：135–136.

［15］黄细嘉，周青．基于产业融合论的旅游与文化产业协调发展对策［J］. 企业经济，2012（09）：131–133.

第十二章　基于 2003—2014 年的广西入境旅游等级规模结构演化特征动态研究

入境旅游不仅是判定一个国家或地区旅游经济发展水平的重要标准，而且在促进经济增长、改善社会发展环境、缓解就业压力等方面发挥着重要的作用。此外，入境旅游还成为缩小区域经济差异的重要调控手段。研究入境旅游等级规模结构及其演化，有助于把握入境旅游的分布特点，分析区域入境旅游的规模差异，了解入境旅游发展的趋势，进而有利于采取合理的措施优化入境旅游的等级规模结构，助推区域旅游业健康发展。

国外学者在 20 世纪 50 年代就开始关注入境旅游，其研究特点是基于某一学科领域（如经济学、地理学、心理学等）对入境旅游展开分析，研究内容主要涉及入境旅游规模差异的原因、入境旅游客流的时空特征、入境旅游者的行为特征等方面。国内关于入境旅游研究起于 20 世纪 80 年代，研究方法偏重对经济模型的应用，研究内容以入境旅游客源市场的时空结构特征和入境旅游目的旅游经济差异为主，研究视角以较为宏观的国家和省域层面为主。通过对国内外文献梳理发现，国内外学者侧重研究入境旅游的时空特征和旅游经济的规模差异，而关于入境旅游等级规模结构研究较少，只有部分学者采用某种单一数学方法对入境旅游等级规模结构进行研究，但没有将入境旅游目的地和入境客源市场相结合进行分析。关于广西入境旅游的研究，较多学者侧重运用亲景度、偏离—份额等方法对其入境旅游市场结构进行分析和注重利用单一的经济学模型如基尼系数、泰尔指数等对其入境旅游经济规模差异进行研究，缺少采用综合分析方法来剖析广西入境旅游目的地和入境旅游市场的等级规模结构演化特征。

本次研究以广西入境旅游等级规模为例，将经济学上的赫芬达尔指数、绝对集中指数和城市地理学上首位度指数、位序—规模方法运用到广西入境旅游目的地和入境旅游客源市场的等级规模结构研究，以期把握广西入境旅游等级规模结构和演化特征，了解广西入境旅游发展的区域差异，进而为广西入境旅游的优化升级和融入国家“一带一路”倡议提出可行性建议，为广西旅游业转型发展提供有益的参考。

一、广西入境旅游发展概况

凭借沿海、沿边、沿江的区位优势和突出的旅游资源禀赋条件，使得广西成为我国重要入境旅游大省。广西通过对其丰富而又独特旅游资源的整合和开发，已经形成四大旅游品牌，即“桂林山水”品牌、“巴马长寿养生天堂”品牌、“北部湾滨海休闲胜地”品牌、“刘三姐故乡”品牌，这些品牌对国内外游客产生了巨大的吸引力。如图 12.1 所示，广西入境旅游人数从 2000 年的 124.03 万人次增长到 2014 年的 421.19 万人次，增长率高达 24%，入境旅游收入从 2000 年的 2.62 亿美元飙升至 2014 年的 17.28 亿美元，增长率高达 40%，可见，广西入境旅游发展强劲。随着“一带一路”倡议以及中国—东盟自由贸易区的推动，广西入境旅游将会迈向新的台阶。

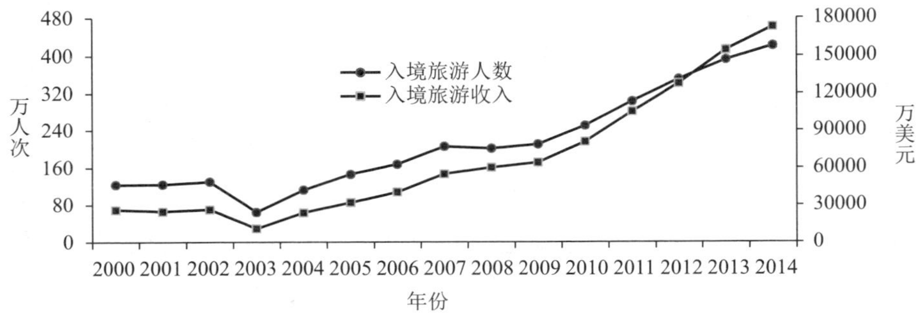

图 12.1　2000—2014 年广西入境旅游发展概况

二、研究方法和数据来源

（一）研究方法

入境旅游等级规模差异是入境旅游等级规模结构的反映，其原因在于入境旅游流在旅游目的地和客源市场的集聚。因此，研究入境旅游等级规模结构的演化特征，可以借助经济学上的赫芬达尔指数（*HHI*），但该指数无法反映入境旅游等级规模极化的空间特征和地域指向，需要借助绝对集中度指数来弥补这一缺陷；为了进一步分析入境旅游等级规模结构的演变，可借助城市地理学上的首位度指数和位序—规模法则。

1. 赫芬达尔指数

赫芬达尔指数是一种测度行业市场分化或垄断程度的综合指数，是一个行业中各市场竞争主体所占行业总收入或总资产百分比的平方和。因此，采用赫芬达尔指数来测算广西入境旅游人数的极化程度，其公式为：

$$H_n = \sigma_{i=1}^{n} p_i^2 \tag{12.1}$$

其中，H_n 表示赫芬达尔指数，P_i 表示某市入境旅游规模或某客源市场来桂（广西简称，下同）人次数占广西入境旅游总规模的百分比。H_n 越接近 1，表示区域集中程度越高，少数旅游城市或入境旅游市场旅游规模垄断性强；H_n 越接近 0，表示区域集聚程度越低，主要旅游城市之间或主要客源市场之间竞争激烈。

由于赫芬达尔指数仅能反映入境旅游规模的集中程度或演变态势，故选取绝对集中度指数来反映入境旅游规模极化的空间特征和地域指向。绝对集中度指数表示规模最大的几个地市入境旅游人数或主要入境旅游市场人数占全省入境旅游总规模的比重，其公式为：

$$C_k = \sum_{i=1}^{k} x_i / \sum_{i=1}^{n} x_n \tag{12.2}$$

式中：C_K 为区域绝对集中度指数，是指排名前 k 的入境旅游目的地人数或入境旅游市场人数占广西入境旅游总规模的比值；x_i 表示 i 市入境旅游人次数或 i 入境旅游市场人数；k 为要测算的地市数目或入境旅游市场数目，一般取 4 或 8；n 为全省地市总数目或入境旅游市场总数目；C_K 越大，表示入境旅游目的地或入境旅游市场在区域上规模集聚度越高。

2. 首位度

首位度分析，即用区域内第一大城市的规模与第二大城市的规模比值来反映某区域城市规模的集中度，首位度大的即首位分布类型，反映首位城市在区域城市规模中具有领头优势性。目前常用的首位度规律，包括 2 城市指数、4 城市指数和 11 城市指数，本次研究用首位度来衡量广西入境旅游目的地和入境旅游市场的旅游等级规模结构，其公式为：

2 城市指数：$S_2=P_1/P_2$ （12.3）

4 城市指数：$S_4=P_1/(P_2+P_3+P_4)$ （12.4）

11 城市指数：$S_{11}=P_1/(P_2+P_3+P_4+P_5+P_6+P_7+P_8+P_9+P_{10}+P_{11})$ （12.5）

其中，P_1、P_2、P_3、P_4……P_{11} 为不同入境旅游目的地或入境旅游市场旅游人数从大到小排序。在理想状态下，S_2 为 1，S_4 和 S_{11} 为 2，如果小于理想值，表示入境旅游目的地或入境旅游市场规模结构合理，适当集中，反之，则规模结构失衡，呈现过度集中的趋势。将首位度进一步分类，如果 $2 < S_2 < 4$，则属于中度首位分布，如果 $S_2 > 4$，则属于高度首位分布。

3. 位序—规模分析

位序—规模法则是从城市规模和城市规模位序的视角来研究城市等级规模分布。当前学术界常用的是罗特卡对位序—规模公式的修正，即：

$$P_i=P_1R_i^{-q} \quad (12.6)$$

对上述公式进行对数变换，可得下面的公式：

$$LgP_i=LgP_1-qLgR_i \quad (12.7)$$

在公式 12.6 中，i 为入境旅游目的地或入境旅游市场等级序号，P_i 为与序号相对应的入境旅游目的地或入境旅游市场的人数，q 为 Zipf 指数。当 $q > 1$ 时，表明入境旅游目的地或入境旅游市场规模分布比较分散，首位入境旅游目的地或入境旅游市场具有较强的垄断性，中等规模的入境旅游目的地或入境旅游市场规模较为欠缺，低等规模的入境旅游目的地或入境旅游市场数目多；当 $q < 1$ 时，表明入境旅游目的地或入境旅游市场规模分布比较集中，中等规模的入境旅游目的地或入境旅游市场数目较多。对 q 值进一步细分，可将入境旅游等级规模结构分为三类，即 $q \geqslant 1.2$，属于首位型分布，$q \leqslant 0.85$，属于均衡分布，$0.85 < q < 1.2$，属于集中型分布。

（二）数据来源

考虑到数据的连续性和获取性，本次研究选取 2003—2014 年连续 11 年的广西 14 地市入境旅游人数和 15 个来桂客源市场人数作为研究对象，数据来源于《中国旅游统计年鉴》（2003—2014）和《广西统计年鉴》（2003—2014），部分数据来源于广西及各市《国民经济与社会发展统计公报》（2003—2014），当数据统计出现不一致时，以更高权威部门的数据为准。

三、广西入境旅游等级规模结构演化分析

（一）广西入境旅游目的地的等级规模结构演化分析

1. 广西入境旅游目的地的赫芬达尔指数和绝对集中指数分析

根据赫芬达尔指数公式，结合 2003—2014 年广西 14 个地市入境旅游人数，可计算出广西入境旅游目的地连续 11 年的赫芬达尔指数（见图 12.2）。由图 12.2 可知，广西入境旅游目的地的赫芬达尔指数一直处在较高的水平，表明广西入境旅游目的地规模呈现较高极化态势，入境旅游人数仍然集中在省内最大旅游热点城市——桂林；其入境旅游目的地的赫芬达尔指数总体上呈现波动下降趋势，表明广西入境旅游目的地结构在逐步优化，其他旅游目的地开始与桂林出现小规模的竞争，但还不足以撼动桂林作为广西入境旅游集聚中心地位。

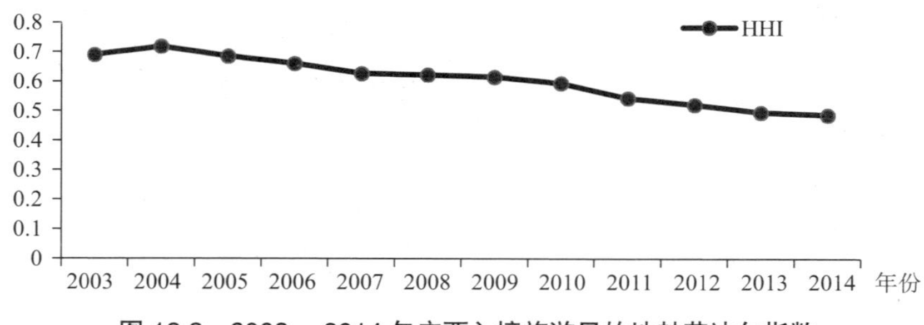

图 12.2　2003—2014 年广西入境旅游目的地赫芬达尔指数

同理，根据绝对集中度指数公式，结合 2003—2014 年广西 14 地市入境旅游人数，可计算出广西入境旅游目的地连续 11 年的绝对集中指数（见图 12.3）。由图 12.3 可知，广西入境旅游目的地的绝对集中指数——C_4 和 C_8 变化趋势基本一致，2008 年达到峰值，其他年份处于明显下降趋势；C_4 和 C_8 一直维持在较高水平，表明广西入境旅游人数主要集中在前 4 位的旅游城市，这些城市逐渐发展成为广西的旅游中心城市。从 2003 年至 2014 年桂林一直是广西入境旅游规模最大的城市，南宁已经超越崇左稳居第二位，贺州或梧州在第四位上交替出现，柳州、北海和防城港紧随其后。以 2014 年为例，桂林市入境旅游人数占全省总量的 49%，前 4 位城市占全省总量的 75%，前 8 位城市占全省总量的 90%，其他 6 个地市仅占 10%。根据以上分析可得出，广西整体上形成了以桂林、南宁为中心的入境旅游发展核心区，以崇左、贺州、梧州、柳州、北海为中心的入境旅游发展外围区，河池、百色、玉林、贵港、来宾等桂西北、桂中、桂东南地区成为入境旅游发展的边缘区，呈现较为明显的核心—外围—边缘的入境旅游地域空间格局。

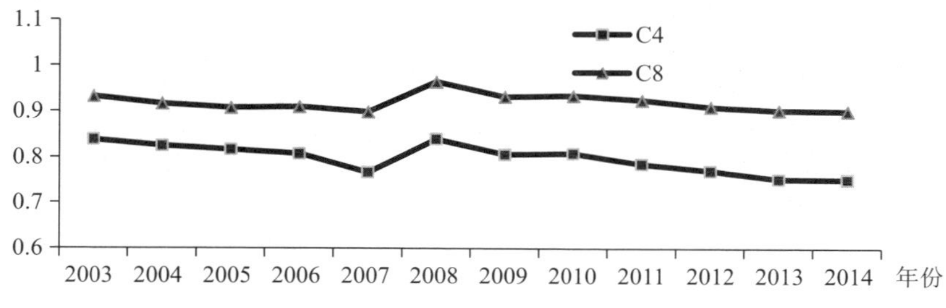

图 12.3　2003—2014 年广西入境旅游目的地绝对集中指数

2. 广西入境旅游目的地的首位度分析

根据首位度指数公式，结合 2003—2014 年广西 14 地市入境旅游人数及其排名，可得出广西入境旅游目的地连续 11 年 2 城市指数、4 城市指数和 11 城市指数（见图 12.4）。由图 12.4 可知，S_2 呈现波动下降趋势，表明第二位的旅游城市——南宁（崇左）与首位旅游城市——桂林的差距在缩小；S_4 和 S_{11} 都呈现“M”型变动，尤其是 2008 年后下降趋势明显，表明南宁、崇左、梧州、贺州等城市的入境旅游发展迅速。由于 S_2 连续 11 年都大于 4，S_4 和 S_{11} 都大于 1，表明广西入境旅游目的地规模结构属于明显的高首位度分布，入境旅游目的地在规模和等级上发展不合理，入境旅游目的地等级规模仍处于演进过程中的初级阶段，首位旅游城市——桂林在广西入境旅游目的地中处于领头羊的地位。

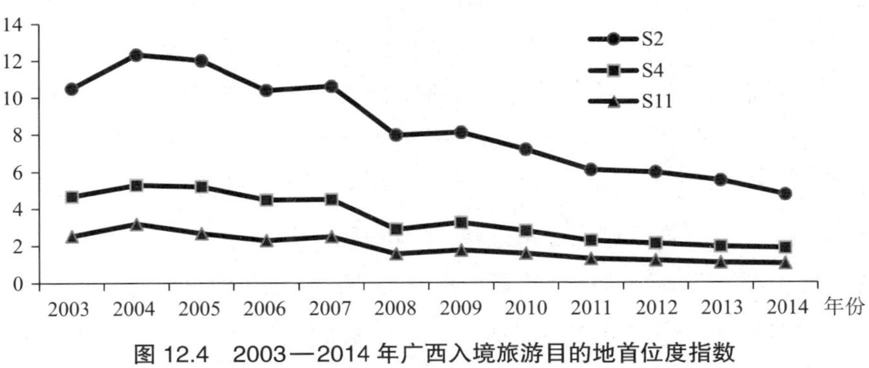

图 12.4　2003—2014 年广西入境旅游目的地首位度指数

3. 广西入境旅游目的地位序—规模分析

表 12.1　2003—2014 年广西入境旅游目的位序规模分布回归结果

年份	q	位序规模分布表达式	理想值	实际值	R^2
2003	1.9574	y = −1.9574x + 5.5634	365931.672	445659	0.8601
2004	1.8903	y = −1.8903x + 5.7083	510857.7662	807714	0.9254
2005	1.8063	y = −1.8063x + 5.8204	661302.2495	1000912	0.8716
2006	1.6113	y = −1.6113x + 5.8259	669730.3805	1106223	0.8918
2007	1.6550	y = −1.6555x + 5.8886	773748.8205	1286000	0.9379

续表

年份	q	位序规模分布表达式	理想值	实际值	R^2
2008	1.5671	y = −1.6282x + 5.9686	982426.3448	1250154	0.9113
2009	1.5972	y = −1.5972x + 5.9818	958958.9129	1290324	0.924
2010	1.5491	y = −1.5491x + 6.0554	1136056.681	1486202	0.9211
2011	1.4833	y = −1.4833x + 6.1365	1369304.388	1643935	0.9254
2012	1.4478	y = −1.4478x + 6.1873	1539217.527	1824141	0.9231
2013	1.4009	y = −1.4009x + 6.2272	1687329.891	1936542	0.9119
2014	1.3867	y = −1.3867x + 6.2595	1817607.056	2047792	0.9154

运用SPSS19.0软件对广西入境旅游目的地人数规模和位序进行回归分析，得出表12.1。根据回归结果可知，从2003—2014年回归方程的确定系数 R^2 均达到0.86以上，表明广西入境旅游目的地等级规模结构发展处在优化阶段，但尚未形成位序—规模结构；2003—2014年的Zipf指数 q 虽一直处在下降趋势，但一直大于1.39，表明广西入境旅游目的地等级规模结构仍然是典型的首位度分布，首位入境旅游目的地——桂林垄断程度在逐渐减小，中等规模入境旅游目的地数目欠缺，低等规模入境旅游目的地较多。首位入境旅游目的地——桂林入境规模的实际值连续11年都高于理想值，表明桂林建设世界级旅游城市和国际旅游目的地进程在不断加快，且成效明显。

通过对2007年和2014年广西入境旅游目的地位序—规模结构双对数散点图（见图12.5和图12.6）分析可知，首位入境旅游目的地——桂林始终位于拟合线的上方，表明桂林作为广西入境旅游中心的集聚作用已基本完成，但其辐射带动作用明显不足，还有较大的提升和发展空间；第二位的入境旅游目的地——南宁始终位于拟合线的下方，表明南宁仍然处在集聚作用阶段，辐射带动作用还不明显；中等规模入境旅游目的地数目少、规模小，但基本上位于拟合线上，表明中等规模入境旅游规模的目的地对周边区域辐射带动作用较为明显；低等规模入境旅游目的地数目较多、规模小，而且多位于拟合线的上方或下方，表明其集聚作用和辐射作用微弱。

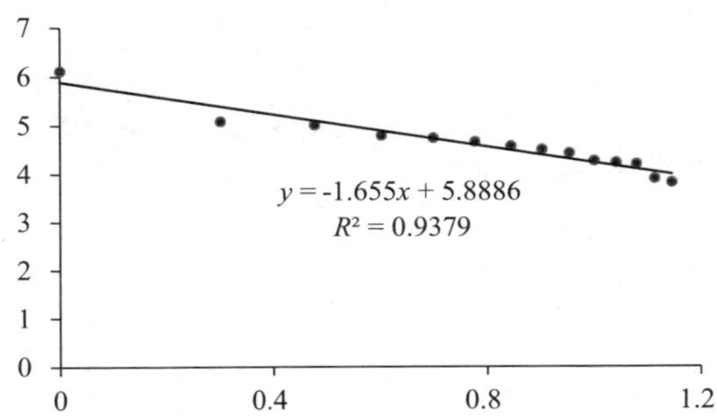

图 12.5　2007 年广西入境旅游目的地等级规模结构双对数散点图

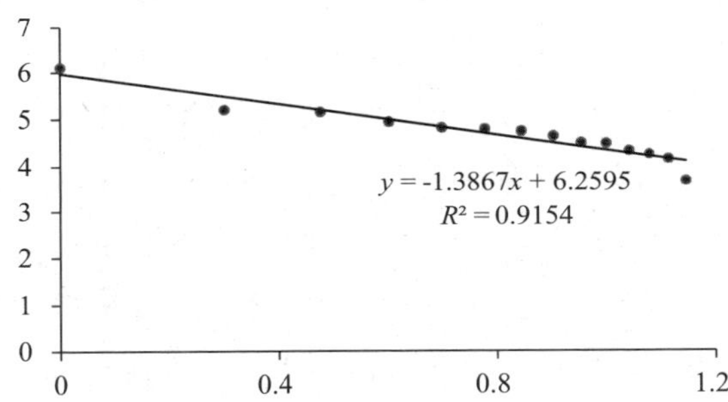

图 12.6　2014 年广西入境旅游目的地等级规模结构双对数散点图

（二）广西入境旅游市场的等级规模结构演化分析

1. 广西入境旅游市场的赫芬达尔指数和绝对集中指数分析

根据赫芬达尔指数公式，结合 2003—2014 年广西 15 个主要客源市场的入境旅游人数，可计算出广西入境旅游市场连续 11 年的赫芬达尔指数（见图 12.7）。由图 12.7 可知，广西入境旅游市场的赫芬达尔指数呈现“W”的形状，即下降与上升反复出现，表明首位入境旅游市场——我国港澳台地区的垄断性强弱变化不稳定，港澳台与其他入境旅游市场之间竞争较为激烈；*HHI* 基本上维持在 0.39 到 0.49 之间，表明港澳台客源市场的垄断性仍然较强，第二大客源市场东盟国家（越南、马来西亚、新加坡等）与港澳台仍有较大的差距。

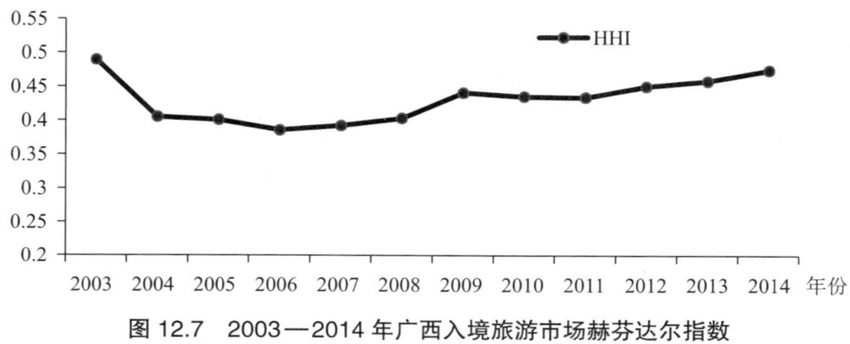

图 12.7　2003—2014 年广西入境旅游市场赫芬达尔指数

同理，根据绝对集中度指数公式，结合 2003—2014 年广西 15 个主要客源国的入境旅游人数，可计算出广西入境旅游市场连续 11 年的绝对集中对指数（见图 12.8）。由图 12.8 可知，广西入境旅游市场的绝对指数——C_4 和 C_8 都呈现“V”形变化，即先下降在上升。从 2003 年到 2014 年，绝对集中对指数 C_4 和 C_8 一直维持在较高水平，表明广西入境旅游市场主要集中在前 4 位客源市场，这些国家或地区已经发展成为广西入境旅游最主要的客源地。从 2003 年至 2014 年港澳台地区一直是广西最大入境客源市场，东盟国家（马来西亚或越南）已超越日本稳居第二位，美国、泰国、印度尼西亚和新加坡紧随其后。以 2014 年为例，来自港澳台客源市场的入境旅游人数占全省总量的 47%，前 4 位入境旅游市场占全省总量的 67%，前 8 位入境旅游市场占全省总量的 76%，其他 7 个入境旅游市场仅占 24%。根据以上分析可知，东亚和东盟地区成为广西最大客源地，尤其是港澳台地区已经发展成为广西入境旅游的核心客源市场，东盟国家发展成为其入境旅游的主要客源市场，欧美国家成为其次要的客源市场。此外，作为中国第一位的入境旅游市场的韩国来桂旅游规模一直在 15 个主要旅游市场之外，这一点值得深思。

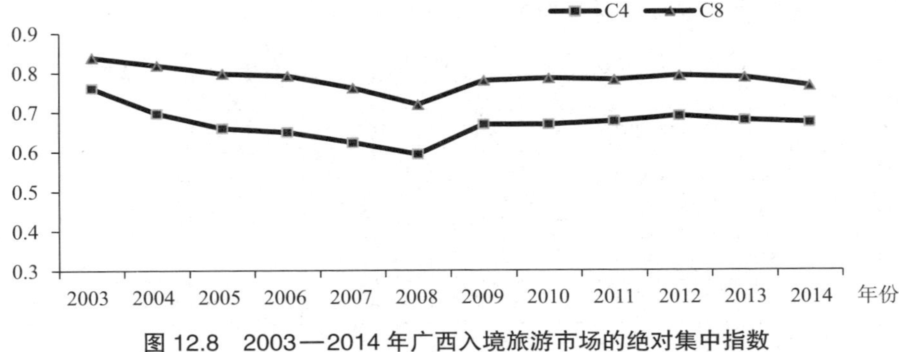

图 12.8　2003—2014 年广西入境旅游市场的绝对集中指数

2. 广西入境旅游市场的首位度分析

根据首位度指数公式，结合 2003—2014 年广西 15 个客源市场入境旅游人数及其排名，可得出广西入境旅游市场连续 11 年的 2 城市指数、4 城市指数和 11 城市指数（见图 12.9）。由图 12.9 可知，S_2、S_4 和 S_{11} 呈现“W”形，即下降和上升交替出现。S_2 在 11 年中波动幅度最大，表明首位客源市场（港澳台）与第二位客源市场（东盟国家）存在激烈竞争；S_4 在 11 年的变化中出现低于理想值和高于理想值的两种状态，表明广西入境旅游市场等级规模结构尚未趋于稳定；S_{11} 在 11 年中明显低于理想值 2，表明首位客源市场——港澳台垄断地位明显。由于 S_2 在 3.46 与 5 之间变动，表明广西入境旅游客源市场等级规模结构仍属于典型的首位度分布类型，呈现高首位度和中首位度交替的格局，入境旅游市场在规模和等级上发展不合理，入境旅游市场等级规模结构仍然处于演进过程中的初级阶段。

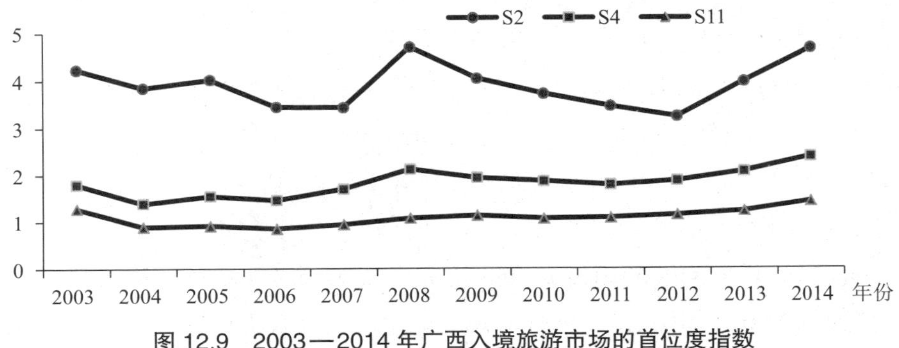

图 12.9　2003—2014 年广西入境旅游市场的首位度指数

3. 广西入境旅游市场的位序—规模分析

表 12.2 2003—2004 年广西入境旅游市场位序—规模分布回归结果

年份	q	国内旅游位序规模分布	理想值	实际值	R^2
2003	1.9022	$y=-1.9022x+5.5915$	390391.1825	315825	0.9422
2004	1.6919	$y=-1.6919x+5.7933$	621298.0635	455916	0.9126
2005	1.5286	$y=-1.5286x+5.8221$	663895.9205	585557	0.9079
2006	1.6469	$y=-1.6469x+5.9455$	882063.8021	646210	0.9085
2007	1.5468	$y=-1.5468x+5.9569$	905524.0723	804593	0.9221
2008	1.3595	$y=-1.3595x+5.8247$	667882.4014	810087	0.9136
2009	1.4582	$y=-1.4582x+5.9103$	813392.1936	924700	0.9482
2010	1.4162	$y=-1.4162x+5.9807$	956533.0934	1088493	0.9224
2011	1.4381	$y=-1.4381x+6.063$	1156112.242	1313095	0.8996
2012	1.4938	$y=-1.4938x+6.1438$	1392515.378	1575725	0.8975
2013	1.5563	$y=-1.5563x+6.2151$	1640967.576	1792289	0.9451
2014	1.5223	$y=-1.5223x+6.1929$	1559193.444	1995074	0.9578

运用 SPSS19.0 软件对广西入境旅游市场人数规模和位序进行回归分析，得出表 12.2。根据回归结果可知，从 2003—2014 年回归方程的确定系数 R^2 均达到 0.90 以上，表明广西入境旅游市场等级规模结构处在优化阶段，但并未形成典型的位序—规模结构；2003—2014 年的 Zipf 指数——q 呈现出总体下降的趋势，但降中有升，且 Zipf 指数 q 一直大于 1.36，表明广西入境旅游的首位客源市场垄断程度在逐渐减小，但其入境旅游市场等级规模结构仍然是典型的首位度分布，入境旅游市场规模分布比较分散，首位入境旅游市场——港澳台入境旅游规模一直较大，低等规模入境旅游市场数目较多，中等规模入境旅游市场较少；首位入境旅游市场——港澳台入境旅游规模的实际值从 2008 年开始高于理想值，且实际值高于理想值的增加幅度在不断变大，表明港澳台入境旅游市场发展良好。

通过对 2007 年和 2014 年广西入境旅游市场位序—规模结构双对数散点图（见图 12.10 和图 12.11）分析可知，首位入境旅游市场——港澳台和第二位的入境旅游市场——东盟国家（越南或马来西亚）始终位于拟合线的下方，表明两者对广西入境旅游市场的集聚作用还未完成，辐射带动作用尚未发挥；中等规模入境旅游市场虽然规模不大但基本上位于拟合线上，表明其具有一定辐射带动作用；低等规模入境旅游市场数目多、规模小，且多位于拟合线的上方或下方，表明其集聚作用和带动作用都不明显。

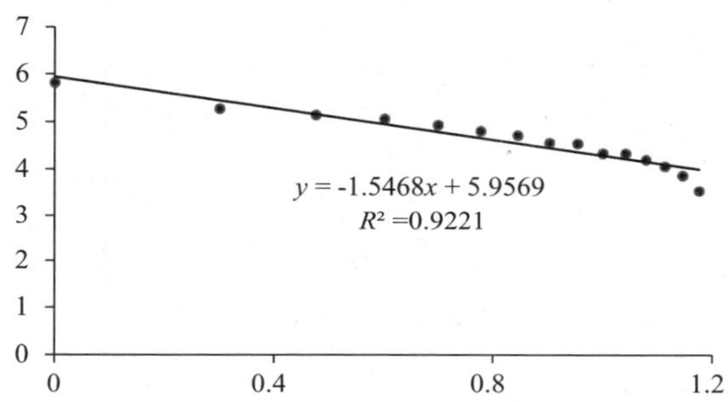

图 12.10　2007 年广西入境旅游市场等级规模结构双对数散点图

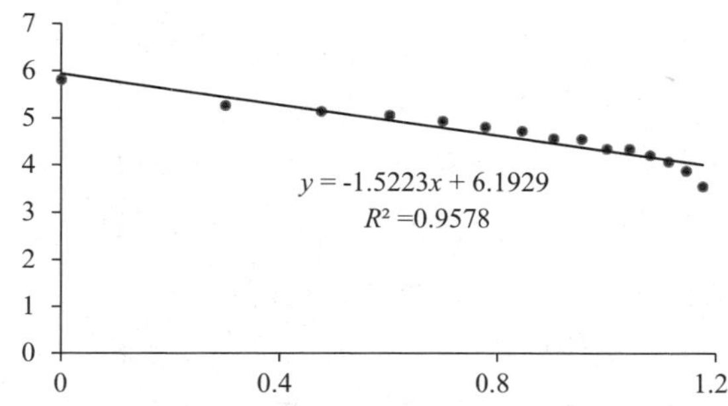

图 12.11　2014 年广西入境旅游市场等级规模结构双对数散点图

四、结论与建议

（一）研究结论

通过对广西入境旅游目的地以及入境旅游市场等级规模结构连续 11 年的

演化特征分析，得出如下结论：（1）广西入境旅游目的地和入境旅游市场等级规模结构虽然处在优化进程中，但仍处于演进过程中的初级阶段；（2）广西入境旅游目的地规模结构属于高首位度分布，前两位入境旅游目的地——桂林和南宁辐射带动作用不足，中等、低等规模入境旅游目的地发展迟缓，入境旅游目的地空间在地域上形成了核心区—外围区—边缘区三层格局；（3）广西入境旅游市场规模结构属于典型的首位度分布，前两位入境旅游市场——港澳台和东盟地区垄断性强但辐射作用弱，中等、低等规模入境旅游市场发展不理想，总体上形成了以港澳台为核心入境客源市场，东盟和东亚地区为主要入境客源市场的格局，但东北亚旅游大国——韩国来桂旅游规模一直偏小；（4）广西入境旅游目的地赫芬达尔指数、绝对集中指数以及首位指数呈下降趋势，而入境旅游市场的三大指数呈现上升趋势，表明广西入境旅游目的地等级规模结构相对稳定，且其演化进程优于入境旅游市场的等级规模结构演化。

（二）对策与建议

1. 入境旅游目的地建设

（1）广西应充分利用桂林集聚度高和首位度高的优势，将其打造成广西入境旅游的核心城市，同时促进其龙头带动和辐射扩散作用的发挥；（2）广西应增强南宁旅游集散中心建设，将其建设成广西入境旅游的中心城市，强化南宁对周边地区集聚和辐射作用的发挥；（3）基于点轴理论，推出以桂林为中心的桂林—柳州、桂林—贺州、桂林—梧州、桂林—来宾—贵港—玉林的桂东旅游发展带，推出以南宁为中心的南宁—崇左—钦州—防城港—北海的北部湾旅游发展带和南宁—百色—河池的桂西北旅游发展带，促进桂林和南宁的辐射带动作用的发挥。基于以上措施，推动广西入境旅游目的地协调发展、共享发展，促进广西入境旅游目的地等级规模结构趋向合理化。

2. 入境旅游市场开发

（1）广西应利用港澳台旅游市场首位度偏大的优势，继续强化对港澳台地区的旅游营销，提升港澳台来桂旅游的影响力和促进港澳台辐射作用发挥，带动周边的日本、韩国来桂旅游积极性提高；（2）广西应充分利用新加坡、越南等旅游市场的影响力，发挥地缘优势和中国——东盟自由贸易区优势，吸引更多东盟国家游客来桂旅游，从而实现东盟国家从中等规模入境旅游市场向更高层次突破；（3）广西应全面对接“一带一路”倡议，增强对欧美、大洋洲等国家和地区的旅游推介，促使欧美、大洋洲等国际出游大国和地区从低等规模入境旅游市场向中等规模市场的发展。基于以上措施，提高美丽广西旅游品牌的国际知名度，扩大广西在海外旅游市场中的影响力，促使广西入境旅游市场等级规模结构由首位型向位序—规模型转化。

（三）研究展望

本次研究基于 2003—2014 年连续 11 年的入境旅游数据对广西入境旅游等级规模结构进行了全面分析，将所得结论与国家重大战略相结合，提出促进广西入境旅游发展的对策和建议。然而由于限于篇幅，尚未对影响广西入境旅游等级规模结构演化的因素进行深入分析，因此，通过多角度探讨广西入境旅游等级规模结构演化的内在机理还有待做进一步研究。

参考文献：

［1］宣国富，赵静．江苏省旅游经济等级规模结构及演化［J］．旅游科学，2011，25（5）：23-32.

［2］余侃华，蔡辉．区域旅游经济等级规模结构及其演化研究——以陕西省为例［J］．城市发展研究，2013，20（5）：128-133.

［3］陆林，余凤龙．中国旅游经济差异的空间特征分析［J］．经济地理，2005，25（3）：406-410.

［4］David nepenfer，Barry Houser，Mary Snepenfer.Seasonality of demand. Annals of Tourism Research，［J］.1990，17（4）：28-630.

［5］Timothy，D.Cross-Border artner ship in Tourism Resource Management：International Parks along the US—Canada Border［J］.Jurnal of Sustainable tourism，1998，24（2）：247-

255.

［6］Pearce Tourism in Paris-studies at the microscale［J］.Annals of Tourism Research，1999，26（1）：77-98.

［7］Bertine Bargeman，Chang—llyeon Joh，Harry Timmermans. Vacation Behavior Using a Sequence Alignment Method［J］.Annals of Tourism Research，2002，29（2）：320-322.

［8］张秋娈，朱绍华，高艳红．河北入境旅游市场的特点分析与对策研究［J］．商场现代化，2006（29）：164-165.

［9］万绪才，王厚廷，傅朝霞，等．中国城市入境旅游发展差异及其影响因素——以重点旅游城市为例［J］．地理研究，2013，32（2）：337-346.

［10］张海霞，张旭亮．区域旅游经济时空差异研究－以浙江省为例［J］．旅游经济，2006（2）：216—218.

［11］柳百萍．安徽省城市旅游规模差异及其规模分布［J］．地理研究，2011，30（8）：1520—1527.

［12］叶护平，韦燕生．中国旅游业发展区域差异的系统分析［J］．华中师范大学学报（自然科学版），2005，39（3）：395—398.

［13］赵磊，王永刚，张雷．江苏旅游规模差异及其位序规模体系研究［J］．经济地理，2011，31（9）：1566—1572.

［14］吴黎围，熊正贤．广西入境旅游客源市场结构变化分析——基于SSM的视角［J］．社会科学家，2009（11）：95-100.

［15］保继刚，郑海燕，戴光全．桂林国内客源市场的空间结构演变［J］．地理学报，2002，57（1）：96-102.

［16］谢莲花，甘永萍．广西入境旅游基本特征研究［J］．广西师范学院学报（自然科学版），2009，26（1）94-98.

［17］李丽，潘柳榕．广西入境旅游规模差异与位序研究［J］．现代商贸工业.2014（10）：8-10.

［18］刘军胜，马耀峰．河南省城市入境旅游规模与位序差异化［J］．经济地理，2012，32（6）：150-155，172.

［19］赵磊，王永刚，张雷．江苏旅游规模差异及其位序规模体系研究［J］．经济地理，2011，31（9）：1566-1572.

［20］陈君子，刘大均，谢双玉，等．湖北省入境旅游等级规模结构研究［J］．旅游论坛，2013，6（1）：92-95.

第十三章 “一带一路”（中国段）入境旅游空间结构演化研究

——基于非均衡协调发展视角

一、引言

“一带一路”，于2013年由国家主席习近平首次提出，包括“丝绸之路经济带”和“21世纪海上丝绸之路”，旨在加强与沿线国家创新能力合作，推动形成陆海内外联动、东西双向互济的全面开放新格局。2015年，国家发改委、外交部、商务部联合发布《推动共建丝绸之路经济带和21世纪海上丝绸之路的愿景与行动》，正式将“一带一路”作为国家重要倡议；该倡议一经提出，便得到许多国家关注和认可，同时也备受学者重视，关于该倡议的研究已涉及经济、政治、文化、生态等多个领域。国际旅游是中国与“一带一路”沿线国家开展文化外交的重要途径，有利于增进国家间的交流与理解，改善国家间的政治关系。原国家旅游局将旅游与“一带一路”倡议紧密结合，于2015、2016年将中国旅游主题确定为“美丽中国——丝绸之路旅游年”，以加强中国与“一带一路”沿线国家的旅游合作，强化对入境客源市场旅游宣传，推动中国“一带一路”旅游品牌形象推广，开拓“一带一路”中国段各省域的入境旅游市场，进而促进“一带一路”中国段各省域的入境旅游发展，推进旅游领域的“一带一路”建设，实现“互联互通、旅游先通”。可见，“一带一路”（中国段）入境旅游发展对推动与沿线各国旅游合作开展，增进与沿线国家人文交流和文明互鉴具有重要意义，是“一带一路”建设的重要内容，因此，本次研究将“一带一路”（中国段）（后文“一带一路”均指“一带一路”中国段，不再说明）入境旅游发展作为问题域来开展研究。

旅游空间结构是国内外学者研究的一个重要内容，其研究特点是融合了经济学、地理学、旅游学等学科，对某一区域的旅游经济空间格局进行剖析，涉及内容主要包括旅游空间结构演化特征、过程与机理，旅游空间结构的影响因素，旅游空间结构的类型、作用和构建等方面。通过对国内外文献梳理发现：首先，多数学者基于非均衡增长理论来研究旅游空间结构演化，即依靠增长极的涓滴效应来缩小区域入境旅游经济差异，但这些研究忽略了非均衡发展的合理界限问题，也就是在推行非均衡理论的实际操作中，导致“循环累积因果”的回流效应会扩大区域旅游经济差异，可见当前研究并没有将区域旅游经济的非均衡性与协调性进行有效的统一；其次，研究对象主要以城市为单位，探讨省域范围内（如吉林省、浙江省等）或区域范围内（如长江三角洲地区、皖南国际旅游文化示范区等）城市间的旅游经济空间差异，且研究主要是从整体区域的视角剖析一个区域的空间差异，而缺少区域范围内省域间的旅游经济空间差异研究，更没有将一个区域划分成不同层级的子区域，从“整体—局部（子区域）—个体（省域）”的角度分析区域旅游经济空间差异特征；再次，采取的研究方法侧重经济模型的应用，包括变差系数、基尼系数、赫芬达尔指数、泰尔指数、首位度、位序—规模法则、空间数据探索分析等，而 EG 指数（产业集中指数）在旅游经济空间差异的研究中应用较少。

20 世纪 90 年代，中国宏观经济发展战略由非均衡发展战略向非均衡协调发展战略转变，国内学者对此开始关注，并逐渐将其发展为区域经济发展的第三种理论：非均衡协调发展理论。它是基于中国国情，对均衡发展理论与非均衡增长理论的有机统一，主张兼顾效率与公平，同时发挥市场调节和政府宏观调控的作用，围绕优势地区和优势产业建立一个结构紧密、相互协调而又具有较高经济效应的区域产业体系，以实现区域全面协调可持续发展。本次研究基于该理论，综合运用多种经济模型，剖析“一带一路”入境旅游整体上、局部区域间、个体间的差异性与协调性，以期了解“一带一路”入境旅游整体空间差异程度、局部区域间空间特征差异性和省域间的空间联系。

二、研究区域、研究方法和数据来源

（一）研究区域

“一带一路”目标是推动国家区域协调发展，缩小中西部与东部地区差距，而入境旅游具有缩小区域经济发展差距的作用，研究“一带一路”入境旅游协调发展，对推动“一带一路”目标的实现具有重要意义。因此，本次研究以“一带一路”为研究区域，根据《推动共建丝绸之路经济带和21世纪海上丝绸之路的愿景与行动》文件所涉及的18个重要省域，选取上海、浙江、福建、广东、海南、广西、云南、西藏、重庆、陕西、宁夏、甘肃、青海、新疆、内蒙古、辽宁、吉林、黑龙江为研究单位单元，研究“一带一路”入境旅游的“整体—局部—个体”空间结构演化特征。（其他省域虽积极参与“一带一路”，但根据文件，不在本次研究研究区域范围）

（二）研究方法

首先，本次研究利用旅游经济发展水平与旅游产业地位两个指标分析“一带一路”各省域入境旅游的时空分异规律，并以此对“一带一路”进行区域划分；其次，使用首位度指数、EG指数和Zipf指数分析“一带一路”入境旅游在首位优势、集聚效应和规模分布等方面的空间结构演化特征；再次，为深入了解“一带一路”入境旅游的非均衡性与协调性的相互作用情况，运用这三大指数，对比分析“一带一路”局部区域间入境旅游的空间特征差异性；最后，为了解“一带一路”各省域间入境旅游的空间相互作用情况，采取局部空间自相关的分析方法，分析各省域间入境旅游的空间相关性。本研究依照“整体—局部—个体”的研究思路，对“一带一路”入境旅游空间结构演化特征进行透彻分析，以探讨“一带一路”入境旅游的空间规律，从而为“一带一路”入境旅游发展提出针对性的策略与建议。

1. 入境旅游经济发展水平和产业地位

入境旅游经济发展水平是反映地区入境旅游经济对全国入境旅游经济的

贡献率，入境旅游产业地位是地区入境旅游经济在地区经济发展中的重要程度，这两个指标可以较为直观地反映地区入境旅游经济的发展程度，及各省域之间入境旅游经济的分异状况。其公式为：

$$入境旅游经济发展水平 = Y_{ti} / Y_t \tag{13.1}$$

$$入境旅游产业地位 = (Y_{ti} \times e) / Y_i \tag{13.2}$$

式 13.1、13.2 中 Y_{ti} 为省域 i 的国际旅游收入，Y_t 为全国国际旅游收入，Y_i 为省域 i 的 GDP，e 为人民币对美元汇率。

相应地，将全国平均国际旅游收入 $\overline{Y_t}$ 和全国平均国民收入 $\overline{Y}$ 代入公式，得到全国平均入境旅游经济发展水平和平均入境旅游产业地位，公式为：

$$全国平均入境旅游经济发展水平 = \overline{Y_t} \Big/ Y_t = \frac{Y_t}{31} \Big/ Y_t = \frac{1}{31} \tag{13.3}$$

$$全国平均入境旅游产业地位 = (\overline{Y_t} \times e) \Big/ \overline{Y} = \frac{(Y_t \times e)}{31} \Big/ \frac{Y}{31} = (Y_t \times e) \Big/ Y \tag{13.4}$$

2. 首位度

首位度能够反映首位省域在“一带一路”入境旅游规模中的领头优势性。常用的首位度规律，包括 2 城市指数、4 城市指数和 11 城市指数，但是 Thomas I 对 81 个国家的比较研究中，4 城市指数与 11 城市指数存在着 0.86 的正相关，表明它们与 2 城市指数相比，不具有显著优势，因此本次研究只使用 2 城市指数，其公式为：

$$S = Y_{t1} \Big/ Y_{t2} \tag{13.5}$$

式 13.5 中，Y_{t1} 为“一带一路”内旅游规模最大的省域的国际旅游收入，Y_{t2} 为旅游规模第二大的省域的国际旅游收入。$S = 2$ 为首位度理想值，表示旅游规模最大的省域保持较为合理的领先优势。

3.EG 指数

由于变差系数、基尼系数、赫芬达尔指数等集聚指数未考虑同一产业中企业规模的分布差异，无法识别各种溢出效应对企业选址的影响，会造成偏差，而 Ellison 等提出的 EG 指数，结合了空间基尼系数和赫芬达尔指数，以测量产业的集聚程度，可减少这种偏差。虽然 EG 指数主要是用于测量制造业的集聚程度，但服务业与制造业地理集中的逻辑一致，即不同产业的厂商都以利润最大化为目标，寻求区位的自然优势以及外溢带来的聚集经济。旅游作为现代服务业的组成部分，亦可采用 EG 指数测量入境旅游的集聚程度。其公式为：

$$r_t = \frac{G_t - (1 - \sum_{i=1}^{r} x_i^2) H_t}{(1 - \sum_{i=1}^{r} x_i^2)(1 - H_t)} \tag{13.6}$$

$$G_t = \sum_{i=1}^{r} (x_i - s_{ti})^2 \tag{13.7}$$

由于无法获取旅游企业（具有接待国际游客能力）的详细数据，无法完全按照 Ellision 的方法来计算赫芬达尔指数，因此，借鉴杨洪焦等修正的赫芬达尔指数计算方法，假设每个省域的所有旅游企业具有相同的规模，即国际旅游收入相等，则调整之后的赫芬达尔指数的计算公式为：

$$H_t = \sum_{i=1}^{r} \frac{s_{ti}^2}{n_{ti}} \tag{13.8}$$

式 13.6、13.7、13.8 中，G_t 为入境旅游的空间基尼系数，H_t 为入境旅游的赫芬达尔指数，x_i 为省域 i 的 GDP 占“一带一路”所有省域 GDP 之和的比重，s_{ti} 为省域 i 的国际旅游收入占“一带一路”所有省域的国际旅游收入之和的比重，n_{ti} 为省域 i 的旅游企业数量。依据 Ellison 等的研究，将入境旅游集聚程度分为三类：$r_t < 0.02$ 时，表示入境旅游为低度集聚；$0.02 \leq r_t < 0.05$ 时，表示入境旅游为中度集聚；$r_t \geq 0.05$ 时，表示入境旅游为高度集聚。

4. 位序—规模法则

位序—规模法则是基于齐普夫定律，从城市规模和城市位序的线性回归关系来考察城市体系的规模分布，现被运用于研究入境旅游目的地的规模分布。当前学术界常用的是罗卡特对位序—规模公式的修正，本次研究也使用该模型研究“一带一路”各省域入境旅游的规模分布，其公式为：

$$Y_{ti} = K \times R_i^{-q} \tag{13.9}$$

对上述公式进行对数变换，可得：

$$LgY_{ti} = LgK - qLgR_i \tag{13.10}$$

式 13.9、13.10 中 R_i 为入境旅游目的地等级序号，Y_{ti} 为与序号相对应的入境旅游收入，K 为常数，q 为 Zipf 指数。q=1 为理想值，表示“一带一路”各省域的入境旅游规模呈现理想化的等级分布结构；当 $q < 1$ 时，“一带一路”各省域的入境旅游规模呈现更加均匀的分布；当 $q > 1$ 时，“一带一路”各省域的入境旅游规模分布更加的分散。

5. 局部空间自相关

空间自相关分析是探索地理空间的某一要素值与其相邻空间该要素之间相关性的重要工具，局部空间自相关是其中一种，是将 Moran I（全局空间自相关）分解到各个区域单元，构建空间联系局域指标（Local Indicators of Spatial Association，LISA），以衡量每个空间要素属性在“局部”的相关性质。其公式为：

$$I_i = \frac{Y_{ti} - \overline{Y}_t}{S_0} \sum_{J=1}^{N} W(i, j)(Y_{tj} - \overline{Y}_t) \tag{13.11}$$

其中：

$$S_0 = \left(\sum_{j=1, j\neq i}^{N} Y_{tj}^2 \right) / (N-1) - \overline{Y}_t^2 \tag{13.12}$$

式 13.11、13.12 中，I_i 为省域 i 空间自相关指数值，Y_{ti} 为省域 i 的国际旅游收入，Y_{tj} 为相邻省域 j 的国际旅游收入，`Y_t 为“一带一路”国际旅游收入的平均值，W（i，j）为省域 i、j 之间的空间连接矩阵。显著的 LISA 表明周边省域入境旅游或正或负的发展与该省域的动态增长有关，而非随机出现。当 I_i 为正值时，表示周边省域与省域 i 为趋同发展，省域 i 对周边省域入境旅游发展产生较强的辐射作用，以促进区域旅游整体发展；当 I_i 为负值时，表示周边省域与省域 i 为反向发展，造成周边省域与省域 i 之间入境旅游发展水平的差距加大。

将局部空间自相关指数与 Moran 散点图结合，可使“一带一路”入境旅游空间格局可视化。Moran 散点分为 4 个象限，分别代表 4 种不同的关联类型。其中第 1 象限（HH 型）、第 3 象限（LL 型）为正相关类型。HH 型，为高高集聚，表示省域 i 与邻近省域入境旅游发展水平都较高；LL 型，为低低集聚，表示省域 i 与邻近省域入境旅游发展水平都较低。第 2 象限（LH 型）、第 4 象限（HL 型）为负相关类型。LH 型，为低高集聚，表示省域 i 入境旅游发展水平较低，而邻近省域入境旅游发展水平较高，属于“入境旅游经济塌陷区”；HL 型，为高低集聚，表示省域 i 入境旅游发展水平较高，而邻近省域入境旅游发展水平较低，省域 i 属于“入境旅游垄断区”。

（三）数据来源

考虑到数据的连续性和可获取性，选取 2006—2015 年连续十年的“一带一路”18 个省域的国际旅游收入作为研究测算对象，数据来源于《中国统计年鉴》（2007—2016），人民币对美元汇率指标亦来源于此。由于旅游企业三大主体为旅游景区、旅行社和酒店，因此，旅游企业数量指标计算方式为三者数量之和，数据来源于《中国旅游统计年鉴》（2007—2016）。

三、“一带一路”省域入境旅游总体空间结构特征

（一）“一带一路”省域入境旅游分异规律

根据入境旅游经济发展水平和产业地位的公式，结合 2006—2015 年“一带一路”各省域国际旅游收入，可得到“一带一路”各省入境旅游经济发展水平和产业地位的时间变动情况（见表 13.1）。由表 13.1 可知，广东对全国入境旅游经济贡献较大，入境旅游发展水平“一枝独秀”，但 2013 年后，对全国入境旅游经济贡献开始减少，并且其入境旅游在省域经济发展的地位呈

下降趋势；上海入境旅游经济发展水平和产业地位较高，但均呈现下降趋势；福建、浙江、辽宁的入境旅游对全国入境旅游经济贡献较多，但2013年后，其入境旅游经济发展水平开始回落，且入境旅游产业地位的变动幅度不大；云南、广西、重庆、陕西入境旅游经济发展水平于2013年后，也出现回落，而入境旅游产业地位变动幅度较小；内蒙古、吉林、黑龙江、新疆入境旅游经济发展水平和旅游产业地位的变动幅度较小，其中黑龙江入境旅游经济发展水平和产业地位均有略微下降，内蒙古入境旅游产业地位略微下降，内蒙古、吉林、新疆在2013年后，入境旅游经济发展水平均出现略微下降的趋势；海南、西藏入境旅游产业地位均大幅度提高，但海南入境旅游经济发展水平呈现下降的趋势；青海、新疆、宁夏入境旅游经济发展水平和产业地位均较低，均略微出现一定的波动。"一带一路"省域入境旅游发展水平分异明显，且经济较发达的省域，入境旅游发展较为成熟，表明经济发展水平对"一带一路"入境旅游发展产生影响。

"一带一路"各省域入境旅游经济发展水平和产业地位的变动方向、变动幅度等具有一定的差异，且在一定范围内变动，即时间对各省域入境旅游经济发展水平和产业地位的分异格局的影响有限，"一带一路"入境旅游经济发展水平和产业地位的分异格局较为稳固。2013年后，大多数省域入境旅游经济发展水平出现下降，这说明2013年后，"一带一路"区域对全国旅游经济的贡献减少。

表13.1　2006—2015年"一带一路"各省入境旅游经济发展水平与产业地位

省份	指标	2006	2007	2008	2009	2010	2011	2012	2013	2014	2015
广东	旅游经济发展水平	22.19%	20.77%	22.46%	25.28%	27.03%	28.69%	31.20%	31.51%	30.06%	24.96%
	旅游产业地位	2.26%	2.08%	1.73%	1.73%	1.82%	1.69%	1.73%	1.62%	1.55%	1.53%

续表

省份	指标	2006	2007	2008	2009	2010	2011	2012	2013	2014	2015
上海	旅游经济发展水平	11.50%	11.15%	12.17%	11.96%	13.84%	11.87%	10.98%	10.15%	9.84%	8.18%
	旅游产业地位	2.94%	2.84%	2.45%	2.15%	2.50%	1.94%	1.72%	1.50%	1.46%	1.45%
浙江	旅游经济发展水平	6.28%	6.46%	7.40%	8.12%	8.58%	9.37%	10.30%	10.44%	10.11%	9.47%
	旅游产业地位	1.08%	1.10%	0.98%	0.96%	0.96%	0.91%	0.94%	0.89%	0.88%	0.99%
福建	旅游经济发展水平	4.33%	5.17%	5.86%	6.55%	6.50%	7.50%	8.45%	8.85%	8.63%	7.76%
	旅游产业地位	1.55%	1.78%	1.54%	1.45%	1.37%	1.34%	1.35%	1.30%	1.25%	1.33%
辽宁	旅游经济发展水平	2.75%	2.93%	3.74%	4.68%	4.93%	5.60%	6.52%	6.73%	2.84%	2.28%
	旅游产业地位	0.80%	0.84%	0.78%	0.83%	0.83%	0.79%	0.83%	0.80%	0.35%	0.36%
云南	旅游经济发展水平	1.94%	2.05%	2.47%	2.95%	2.89%	3.32%	3.89%	4.68%	4.25%	4.01%
	旅游产业地位	1.32%	1.37%	1.23%	1.30%	1.24%	1.17%	1.19%	1.28%	1.16%	1.32%

续表

省份	指标	2006	2007	2008	2009	2010	2011	2012	2013	2014	2015
陕西	旅游经济发展水平	1.51%	1.46%	1.62%	1.94%	2.22%	2.67%	3.19%	3.24%	3.11%	2.79%
	旅游产业地位	0.86%	0.81%	0.63%	0.64%	0.68%	0.67%	0.70%	0.65%	0.61%	0.69%
广西	旅游经济发展水平	1.25%	1.38%	1.47%	1.62%	1.76%	2.17%	2.56%	2.99%	2.76%	2.68%
	旅游产业地位	0.71%	0.75%	0.60%	0.57%	0.57%	0.58%	0.62%	0.67%	0.62%	0.71%
重庆	旅游经济发展水平	0.91%	0.91%	1.10%	1.35%	1.53%	2.00%	2.34%	2.45%	2.38%	2.05%
	旅游产业地位	0.63%	0.62%	0.54%	0.56%	0.60%	0.62%	0.65%	0.62%	0.58%	0.58%
内蒙古	旅游经济发展水平	1.19%	1.30%	1.41%	1.41%	1.31%	1.38%	1.54%	1.86%	1.76%	1.34%
	旅游产业地位	0.65%	0.65%	0.47%	0.39%	0.35%	0.30%	0.31%	0.35%	0.35%	0.34%
黑龙江	旅游经济发展水平	1.45%	1.53%	2.13%	1.61%	1.66%	1.89%	1.67%	1.17%	0.99%	0.55%
	旅游产业地位	0.63%	0.69%	0.73%	0.51%	0.50%	0.47%	0.39%	0.26%	0.23%	0.16%

续表

省份	指标	2006	2007	2008	2009	2010	2011	2012	2013	2014	2015
新疆	旅游经济发展水平	0.38%	0.39%	0.33%	0.34%	0.40%	0.96%	1.10%	1.13%	0.87%	0.78%
	旅游产业地位	0.34%	0.35%	0.23%	0.22%	0.23%	0.45%	0.46%	0.43%	0.33%	0.37%
吉林	旅游经济发展水平	0.40%	0.43%	0.52%	0.61%	0.67%	0.79%	0.99%	1.07%	1.03%	1.01%
	旅游产业地位	0.26%	0.26%	0.23%	0.23%	0.24%	0.24%	0.26%	0.26%	0.26%	0.32%
海南	旅游经济发展水平	0.67%	0.72%	0.77%	0.70%	0.70%	0.78%	0.70%	0.65%	0.47%	0.35%
	旅游产业地位	1.75%	1.83%	1.45%	1.14%	1.06%	0.96%	0.77%	0.66%	0.47%	0.42%
西藏	旅游经济发展水平	0.18%	0.32%	0.08%	0.20%	0.23%	0.27%	0.21%	0.25%	0.25%	0.25%
	旅游产业地位	1.67%	3.01%	0.55%	1.22%	1.38%	1.38%	0.95%	0.98%	0.97%	1.07%
甘肃	旅游经济发展水平	0.19%	0.17%	0.04%	0.03%	0.03%	0.04%	0.04%	0.04%	0.02%	0.02%
	旅游产业地位	0.22%	0.20%	0.04%	0.03%	0.02%	0.02%	0.02%	0.02%	0.01%	0.01%

续表

省份	指标	2006	2007	2008	2009	2010	2011	2012	2013	2014	2015
青海	旅游经济发展水平	0.04%	0.04%	0.02%	0.04%	0.04%	0.05%	0.05%	0.04%	0.04%	0.05%
	旅游产业地位	0.16%	0.15%	0.07%	0.10%	0.10%	0.10%	0.08%	0.06%	0.07%	0.10%
宁夏	旅游经济发展水平	0.01%	0.01%	0.01%	0.01%	0.01%	0.01%	0.01%	0.02%	0.03%	0.03%
	旅游产业地位	0.02%	0.02%	0.02%	0.02%	0.02%	0.02%	0.01%	0.03%	0.04%	0.04%

将“一带一路”各省域入境旅游经济发展水平和产业地位与全国平均入境旅游经济发展水平和平均入境旅游产业地位相比较，可将“一带一路”入境旅游划分为三个层次：高高型，即入境旅游经济对全国经济的贡献率和对省域经济发展的作用皆高于全国平均水平，包括广东、福建、浙江、上海 4 个省域；高低波动型，即入境旅游经济对全国经济的贡献率和对省域经济发展的作用相对于全国平均水平而言，时高时低，波动变化，包括辽宁、陕西、重庆、广西、海南、云南、西藏 7 个省域；低低型，即入境旅游经济对全国经济的贡献率和对省域经济发展的作用皆低于全国平均水平，包括黑龙江、吉林、内蒙古、宁夏、甘肃、青海、新疆 7 个省域。高高型省域数量与其他类型省域数量的比例为 2∶7，表明入境旅游集中到少数省域之中，形成少数省域入境旅游实力强劲、“一带一路”入境旅游发展依赖于少数省域的发展格局。根据三种入境旅游发展类型分布图可知，“一带一路”呈现出入境旅游实力由东南向西北减弱的空间梯度分布格局，“一带一路”入境旅游的等级分异特征明显。

（二）“一带一路”入境旅游首位度和 EG 指数分析

2006—2015 年，广东省入境旅游始终为“一带一路”的增长极，保持着领先优势。2006—2010 年“一带一路”的首位度指数保持在理想值 2 左右，这段时间内，广东省的领先优势较为合理。2010—2013 年，首位度指数逐渐上升，广东省入境旅游规模与其他省域的差距逐渐加大，广东省入境旅游呈现垄断发展的倾向。2013—2015 年，首位度指数开始回落，这表明广东省的领先优势呈现回归合理的倾向。（图 13.1）

2006—2015 年，“一带一路”EG 指数在［0.035–0.045］范围内波动，均为正值，说明“一带一路”聚集的力量大于分散的力量，入境旅游在地理上呈现集中化，且处于中度集聚水平。2006—2015 年，“一带一路”EG 指数属于上下波动型变换，但是总体呈现为略微下降的趋势，入境旅游的集聚效应出现减弱的倾向。其中，2010 至 2013 年，EG 指数逐年下降，与首位度指数变动方向相反，这说明广东省领先优势的扩大，并未增强入境旅游的地理集聚作用（见图 13.1）。这是由于 2010—2013 年，“一带一路”涓滴效应发挥一定作用，入境旅游向广东省以外省域扩散发展，广东省以外的多数省域（如内蒙古、辽宁、吉林、云南、广西、重庆、陕西、新疆等）入境旅游发展迅速，入境旅游经济发展水平和产业地位均呈上升趋势，且福建、浙江入境旅游经济发展水平逐年提高。

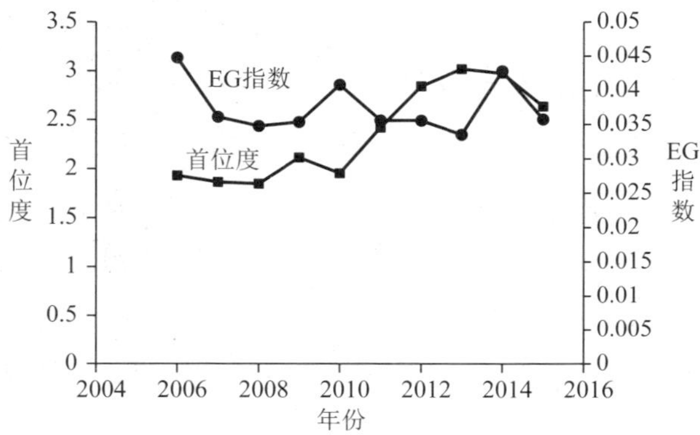

图 13.1 “一带一路”首位度指数和 EG 指数

（三）“一带一路”省域入境旅游等级规模结构

运用 SPSS 20 软件对“一带一路”省域国际旅游收入与位序进行回归分析，得出表 13.2。依据回归结果可知，2006—2015 年，Zipf 指数 q 均在 2 以上，远高于位序规模分布的理想值，表明“一带一路”各省域的入境旅游规模分布呈现分散的特征，这可能是由于“一带一路”入境旅游规模分布形式外凸，入境旅游规模大的省域辐射范围有限，带动作用较弱，而入境旅游规模小的省域入境旅游发展受限，代表性不足造成的。从时间序列来看，Zipf 指数 q 的变动趋势是先上升后下降，即 2006—2008 年，q 值呈上升的趋势，2008 年之后，q 值开始回落，表明 2008 年之后，“一带一路”省域入境旅游规模分布向良性方向发展，分散分布特征得到一定改善。然而，q 值依旧大于 2，说明“一带一路”省域入境旅游规模分布还需要一定的时间，才能实现协调发展。从回归方程确定系数 R^2 结果来看，“一带一路”省域入境旅游规模分布与位序分布的拟合优度值有待提高，表明“一带一路”省域入境旅游规模实际值与理想值具有一定的差距，各省域入境旅游规模有待改善。

表 13.2 “一带一路”位序规模分布回归结果

年份	位序规模分布	q	实际值	理想值	R^2
2006	$y=-2.15x+4.36$	2.15	19405.00	23008.50	0.75
2007	$y=-2.09x+4.43$	2.09	23970.00	27265.30	0.74
2008	$y=-2.36x+4.62$	2.36	25979.00	41552.47	0.73
2009	$y=-2.28x+4.60$	2.28	27539.34	39718.00	0.75
2010	$y=-2.27x+4.68$	2.27	34062.20	48222.04	0.76
2011	$y=-2.19x+4.70$	2.19	38465.31	50494.63	0.71
2012	$y=-2.22x+4.77$	2.22	42895.36	59171.76	0.70
2013	$y=-2.18x+4.77$	2.18	45097.47	59408.84	0.71
2014	$y=-2.22x+4.77$	2.21	45221.55	59815.65	0.73
2015	$y=-2.19x+4.80$	2.19	49129.43	63847.88	0.76

四、"一带一路"三大区域入境旅游空间结构差异分析

将一个区域划分成不同区域，可以研究局部区域的空间结构特征，并对比分析其之间的差异性。本次研究依据"一带一路"各省域旅游经济发展水平和旅游产业地位的分异规律，将其划分成高高型区域、高低波动型区域和低低型区域，分析三大区域在首位度、入境旅游集中度和入境旅游规模分布的差异特征，以了解"一带一路"入境旅游的局部空间结构特征。

（一）"一带一路"三大区域入境旅游首位度差异性

由于入境旅游规模第一位和第二位省域都位于高高型区域，所以高高型区域的首位度分布与"一带一路"总体首位度分布一致，且首位度指数均高于其他区域。高低波动型区域首位度指数大多数高于低低型区域，其值在 1.35~1.71 范围内变动，属于低首位度分布，首位省域的领先优势有待提高。从时间序列上看，高低波动型区域首位度 2006—2010 年逐年上升，而 2010—2015 年首位度出现下滑趋势，逐渐偏离理想首位度值。低低型区域首位度值较低，其值在 1.08~1.72 范围内变动，属于低首位度分布，首位省域的领先优势不高。从时间序列上看，低低型区域首位度指数波动变化，但总体趋势略有上升。

对比三大区域入境旅游首位度发现：入境旅游发展水平越高的区域，其首位度指数越高，这主要是因为区域首位度对该区域经济发展具有正向影响，高高型区域中，首位省域广东能够始终保持较高的领先优势，能够成为该区域的重要增长极，带动区域入境旅游的快速发展。而高低波动型区域和低低型区域，首位省域辽宁和黑龙江的领先优势不明显，且分别于 2014 年、2013 年被云南和内蒙古超越，无法有效地发挥中心省域的带动作用，区域入境旅游发展能力受限。（见图 13.2）

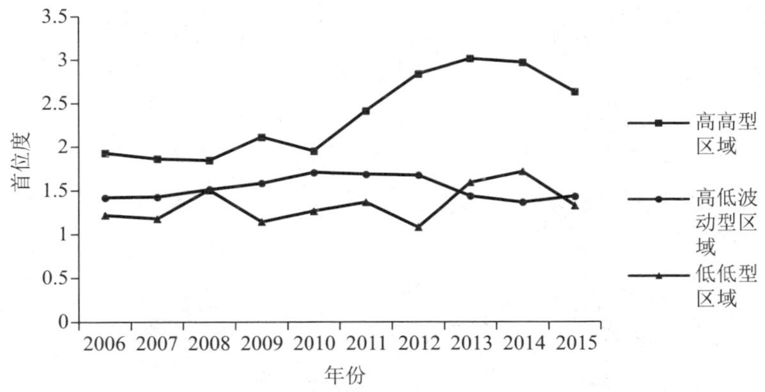

图 13.2 2006—2015 年“一带一路”三大区域的首位度指数

（二）“一带一路”三大区域入境旅游集中度差异性

2006—2015 年，高高型区域 EG 指数逐渐减少，2014 年之后，EG 指数小于 0.02，高高型区域由中度集聚转变为低度集聚。2006—2015 年，高低波动型区域和低低型区域 EG 指数的变动方向均为先升后降再升。其中，高低波动型区域 EG 指数总体呈现上升趋势，且 2014 年之后，由低低集聚转变为中度集聚，有向高度集聚发展的趋势；而低低型区域 EG 指数总体呈现下降的趋势，且 2008—2010 年这三年都处于高度集聚阶段，其余时间皆为中度集聚。

对比三大区域入境旅游 EG 指数发现：2006—2013 年，低低型区域集聚程度高于高高型区域，高高型区域高于高低波动型区域，而 2014—2015 年，高低波动型区域集聚程度高于低低型区域，低低型区域高于高高型区域。根据“倒 U 形”曲线，在经济发展初期，集聚效应的增强，是区域经济发展的必要条件；而在经济发展后期，区域经济集聚效应有所减弱，涓滴效应在经济增长中发挥主要作用。高高型区域集聚效应在减弱，处于入境旅游发展的成熟阶段，该区域能够发挥涓滴效应，辐射带动“一带一路”其他区域入境旅游的发展。高低波动型区域在 2012 年后，集聚效应迅速增强，处于经济发展初期，可通过集聚效应推动该区域入境旅游的发展。低低型区域集聚程度虽高，但是集聚效应不稳定，总体上集聚效应在减弱，这表明该区域在促进整个区域入境发展方面辐射带动作用仍不足，该区域入境旅游发展受限。（见图 13.3）

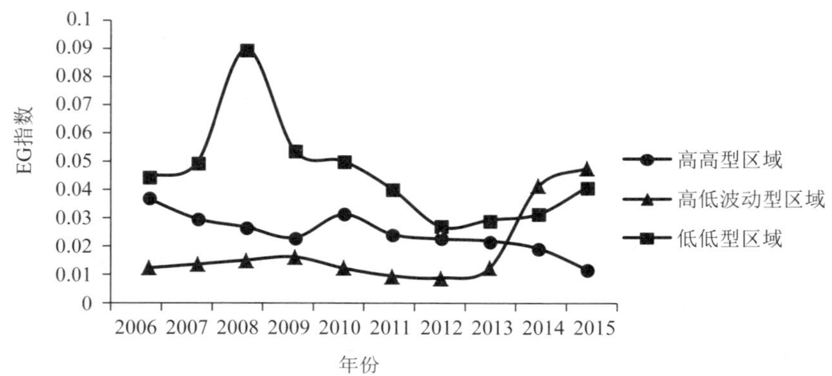

图 13.3　2006—2015 年“一带一路”三大区域的 EG 指数

（三）“一带一路”三大区域入境旅游规模分布差异性

2006—2015 年，高高型区域 zipf 指数在 0.85~1.19 范围内变动，总体上呈下降趋势，且 2008—2009、2011—2015 时间内均低于理想值 1，表明高高型区域已形成“位序—规模”结构，且逐渐向均匀分布转变。2006—2015 年，高低波动型区域 zipf 指数则在 0.96~1.45 范围内变动，总体上略有上涨，大多数均略高于理想值，表明该区域入境旅游规模分布较为合理，但呈现分散分布的趋势。2006—2015 年，低低型区域 zipf 指数较高，在 2.28~2.91 范围内变动，但 2008 年后，出现逐渐下降趋势，表明低低型区域入境旅游规模分布不合理，呈现分散分布的状态，但具有优化的倾向。对比三大区域的 zipf 指数可知：入境旅游发展越成熟，其入境旅游规模分布越接近“位序—规模”结构，省域之间入境旅游发展更加协调。（图 13.4）

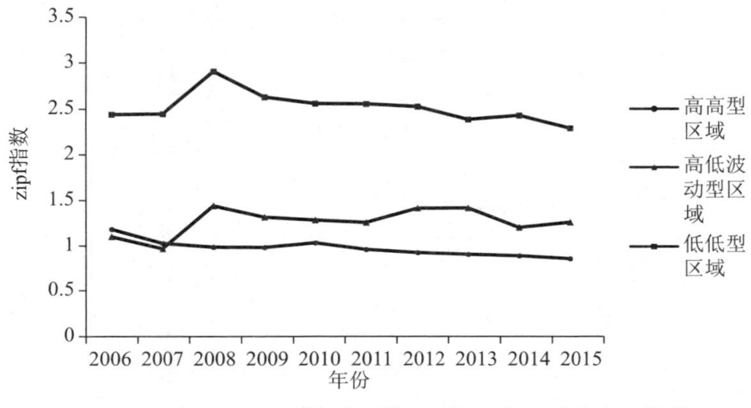

图 13.4　2006—2015 年“一带一路”三大区域的 Zipf 指数

五、“一带一路”各省域间的空间相关性

利用 Geo Da095i 软件分析 2006—2015 年“一带一路”各省域入境旅游的散点 Moran 分布状况（见表 13.3），由表 13.3 可知：大多数省域都属于低低集聚关联类型，其他关联类型的省域数量偏少。其中，低低型区域的省域皆属于低低集聚关联类型，而高高集聚关联类型的省域皆属于高高型区域，低高集聚、高低集聚、低低集聚关联类型皆有高低波动型区域的省域。广东入境旅游经济发展水平和产业地位远高于广西和海南两省，高低集聚关联不显著，对两省入境旅游的辐射带动作用不明显，导致出现“广东隆起，广西、海南凹陷”的断层式空间发展格局。而辽宁、云南皆出现低低集聚与高低集聚互相转化的情形，但是辽宁由高低集聚转为低低集聚，这表明辽宁的领先优势被削弱，未产生良好的辐射带动作用；而云南入境旅游快速发展，逐渐脱颖而出，由低低集聚转变为高低集聚，其领先优势逐渐加强，有望成为高低波动型区域的一个重要增长极，带动区域入境旅游的发展。

表 13.3 “一带一路”各省域入境旅游的散点 Moran 分布

高高集聚（HH 型）	低高集聚（LH 型）
上海、浙江、福建	广西、海南
低低集聚（LL 型）	**高低集聚（HL 型）**
重庆、陕西、内蒙古、吉林、黑龙江、新疆、西藏、青海、甘肃、宁夏、辽宁（2006—2007，2014—2015）、云南（2006—2014）	广东、辽宁（2008—2013）、云南（2015）

根据“一带一路”局部空间自相关显著性特征可知，2006—2015 年，“一带一路”中具有显著相关性的省域共有 8 个，其中福建、广西、海南、新疆、甘肃、青海 6 个省域均一直呈现显著相关性，而陕西于 2008、2011 年，内蒙古于 2015 年呈现显著相关性。这表明福建等 6 个省域与周边省域显著相关、联系紧密，与周边省域的相互作用较明显，而陕西与周边省域的相互作用不稳定，内蒙古与周边省域的相互作用呈现日渐突出的倾向。

计算出 2006—2015 年，6 个具有显著相关性省域的局部空间自相关指数 I_i，并制成折线统计图（见图 13.5）。由图可知：6 个省域的 I_i 指数均为正数，表明 6 个省域与周边省域的入境旅游发展具有趋同性，呈现协调发展的倾向。2006—2015 年，6 个省域的 I_i 指数具有一定的波动性，但是总体呈现上升的趋势，且 2013—2015 年，6 个省域均出现快速增长的现象，表明 6 个省域与周边省域的作用逐渐加强。其中，海南、广西的 I_i 指数较高，表明海南、广西入境旅游发展较大依赖于广东省入境旅游的涓滴效应；新疆、甘肃、青海的 $\mathrm{I_i}$ 指数较为接近，且指数值较低，这可能是由于三者属于邻近省域，但入境旅游发展均较为落后，互相带动作用较弱；福建的 I_i 指数最低，这可能是由于福建与周边省域入境旅游发展差距较小，彼此的辐射带动作用较弱。

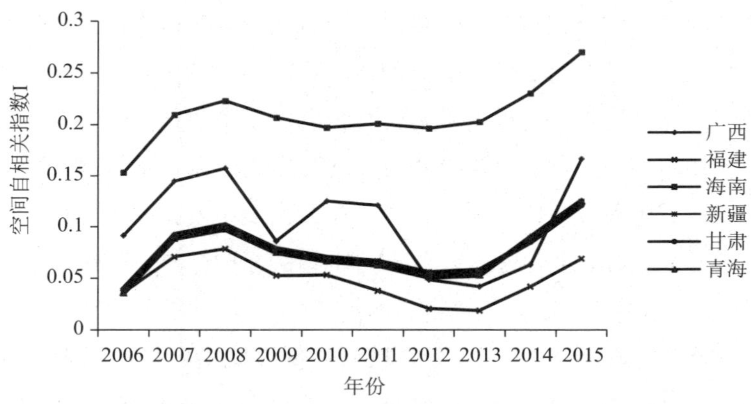

图 13.5　2006—2015 年 6 个省域的局部空间自相关指数 Ii

六、结论与建议

（一）研究结论

本次研究结合非均衡协调发展理论，对“一带一路”入境旅游“整体—局部—个体”的空间结构演化特征进行分析，得出以下结论：

（1）“一带一路”非均衡状态与协调倾向并存、总体非均衡与局部协调并存。“一带一路”入境旅游发展分异明显，入境旅游水平呈现出“核心—外围—边缘”的空间梯度分布格局，空间距离对入境旅游扩散效应的阻碍作用显著，即距中心省域越远，其入境旅游发展水平越落后；且“一带一路”仍处于依托“极化效应”带动区域入境旅游发展的初期阶段，入境旅游规模分布不合理。但是，“一带一路”入境旅游具有协调发展的倾向，其 EG 指数、Zipf 指数都有减少的趋势，非均衡状态呈现减弱趋势；“一带一路”中的高高型区域出现入境旅游协调发展现象，该区域内，首位省域广东省领先优势合理，省域间入境旅游的集聚效应减弱，涓滴效应在发挥重要作用，入境旅游规模分布合理且呈现出均匀分布倾向。

（2）区域入境旅游发展成熟度与区域空间结构合理性呈正相关，即入境旅游发展越成熟的区域，省域间入境旅游发展越协调。三大区域中，高高型区域首位优势较好，广东省是带动该区域入境旅游发展的重要增长极，而高低波动型区域、低低型区域入境旅游的首位指数均低于理想值，且首位省域产生变动，首位作用较弱且不稳定；高高型区域 EG 指数较低，集聚效应较弱，入境旅游处于发展成熟阶段，涓滴效应在入境旅游发展中发挥着主要作用，而高低波动型区域 EG 指数迅速提高，集聚效应对该区域入境旅游发展作用开始突显，低低型区域 EG 指数不稳定，集聚效应对该区域入境旅游发展作用有限；三大区域的 zipf 指数值呈现出“高高型区域＜高低波动型区域＜低低型区域”的表征，说明入境旅游发展越成熟的区域，入境旅游规模分布越接近“位序—规模”结构。

（3）三大区域入境旅游空间集聚类型差异明显。高高型区域入境旅游以高高集聚为主，区域内的省域入境旅游发展皆较为成熟，然而，由于广东省位于高高型区域与高低波动型区域交界处，与邻近的广西、海南入境旅游发展差距较大，从而形成了高低集聚类型。高低波动型区域与高高型区域相邻，邻近高高型区域的广西与海南呈现低高集聚类型，然而，与低低型区域相邻的省域入境旅游未形成明显的发展优势，形成低低集聚类型，尤其是辽宁省，其发展优势渐失，已由高低集聚类型转变为低低集聚类型，而云南较高的入境旅游产业地位，显示出云南省对入境旅游的重视，云南正由低低集聚类型转变为高低集聚类型，有望成为高低波动型区域的重要增长极。低低型区域的省域入境旅游发展均较落后，形成集体低低集聚的状况，需要外力的带动，促进整个区域入境旅游的发展。

（4）区域入境旅游发展成熟度与区域空间显著相关的省域数量呈负相关，即低低型区域空间显著相关的省域数量多于高低波动型区域多于高高型区域。对比三大区域空间显著相关的省域数量，低低型区域的省域的入境旅游的联系强于其他两个区域，成为低低型区域的重要优势，然而局部空间自相关指数较低，也反映了该区域互相带动作用有限；高低波动型区域中邻近低低型区域的省域空间自相关不显著，与低低型区域的省域联系较弱，对低低型区域的入境旅游带动作用较弱，但邻近高高型区域的广西、海南空间自相关显著，且局部空间自相关指数较高，表明广西、海南对广东的依赖显著且较强；而高高型区域内的广东空间自相关不显著，对广西、海南入境旅游的带动作用有待加强，且区域内多数省域空间自相关不显著，入境旅游发展较为独立。

（二）对策与建议

（1）采取域面推进的方式，逐步扩大局部协调范围，最终总体达到高水平均衡。采取“以强带弱”的方式，积极推进高高型区域入境旅游产业、资本、技术、人才等要素向高低波动型区域和低低型区域渗透，辐射带动两大局部区域入境旅游的发展。并且基于广西、海南与广东相邻，且入境旅游发展对广东依赖性大的空间关系，将广东作为涓滴效应的突破口，由广东向广西、海南再向西北部省域逐步推进，逐步扩大局部协调范围，从而形成“协调范围扩大—涓滴效应增强—协调范围进一步扩大”的入境旅游发展进程，最终实现“一带一路”入境旅游的协调发展。

（2）坚持非均衡推进，培育多个增长极。具体而言，应支持高高型区域入境旅游的发展，发挥高高型区域的涓滴效应，而高低波动型区域和低低型区域需培育云南、辽宁和内蒙古 3 个增长极，加大非均衡推进的力度，提高首位优势和增强集聚效应，促进两个区域入境旅游发展。其中，云南应继续提高首位优势，保持高低集聚类型，将云南作为高低波动型区域内的一块“入境旅游高地”；辽宁需要对入境旅游发展注入新活力，重新形成高低集聚类型，使其成为辐射带动吉林、黑龙江进而带动整个低低型区域的重要增长极；内蒙古应在稳固首位优势的同时，力求形成高低集聚类型，以发挥集聚效应。

（3）加强局部区域边缘省域间的入境旅游联系，协调局部区域间、省域间的入境旅游发展关系。积极开展“跨省合作”“跨区域合作”，加强广东与海南、广西，辽宁与吉林、内蒙古，陕西与内蒙古、宁夏、甘肃，西藏与新疆、青海的入境旅游联系，使入境旅游发展优势的省域辐射带动发展弱势的省域，尤其是加大广东对海南、广西入境旅游支持力度，缩小它们的入境旅游差距，进而以这些省域的发展带动整个局部区域的发展，缩小区域间的入境旅游差距。除此，政策支持是协调“一带一路”入境旅游发展关系的重要手段，可以弥补非均衡带动作用有限的缺陷，政府应通过加快高低波动型区域和低低型区域的旅游基础设施建设、落实对旅游企业的扶持政策、鼓励民间资本投资旅游业和加强旅游宣传等方式，激发两大区域入境旅游发展活力，弥补自身发展动力不足的缺陷，以避免扩大与高高型区域入境旅游发展差距。

（三）研究展望

本次研究对“一带一路”入境旅游空间结构的研究仅限于2006—2015年的数据，缺乏更长时间段的分析，所得结论具有一定的局限性。研究主要从空间差异的角度分析“一带一路”入境旅游的非均衡与协调性的情况，而极化效应与涓滴效应对入境旅游空间结构的作用机理有待进一步的分析与探讨。

参考文献：

［1］安树伟．“一带一路”对我国区域经济发展的影响及格局重塑［J］．经济问题，2015，（4）：1–4.

［2］金玲．“一带一路”：中国的马歇尔计划？［J］．国际问题研究，2015，（1）：88–99.

［3］范玉刚．“一带一路”倡议的文化维度及其区域文化空间塑造［J］．人文杂志，2016，（3）：21–27.

［4］叶琪．“一带一路”背景下的环境冲突与矛盾化解［J］．现代经济探讨，2015，（5）：30–34.

［5］Carbone，F. International tourism and cultural diplomacy：A new conceptual approach towards global mutual understanding and peace through tourism［J］. Tourism，2017，65（1）：61–74.

［6］Kang S H，Kim J W，Nicholls S，et al. National tourism policy and spatial patterns of domestic tourism in South Korea.［J］. Journal of Travel Research，2014，53（6）：791–804.

［7］孟斌，王劲峰，张文忠，等．基于空间分析方法的中国区域差异研究［J］．地理科学，2005，25（4）：393–400.

［8］Chhetri A，Chhetri P，Arrowsmith C，et al. Modelling Tourism and Hospitality Employment Clusters：a Spatial Econometric Approach［J］. Tourism Geographies，2016，19（3）：398–424.

［9］方叶林，黄震方，王坤，等．不同时空尺度下中国旅游业发展格局演化［J］．地理科学，2014，34（9）：1025–1032.

［10］Aleksandrova A Y. Typology of Countries of the World according to the Development Level of International Tourism［J］. Geography & Natural Resources，2016，37（1）：18–25.

［11］Balaguer J，Pernías J C. Relationship between Spatial Agglomeration and Hotel Prices. Evidence from Business and Tourism Consumers［J］. Tourism Management，2013，36（3）：391–400.

［12］程晓丽，祝亚雯．基于点—轴理论的皖南国际旅游文化示范区旅游空间结构研究［J］．地理科学，2013，33（9）：1082–1088.

［13］蒋丽芹．旅游经济非均衡发展区域实现包容性增长的战略与策略——以泛长三角旅游区为例［J］．经济地理，2012，32（6）：167–172.

［14］朱麟奇，李秋雨，刘继生．吉林省旅游业发展时空差异性及空间布局［J］．地理科学，2016，36（3）：424–430.

［15］陈秀山，石碧华．区域经济均衡与非均衡发展理论［J］．教学与研究，2000，（10）：12–18.

［16］周彩屏，戈冬梅．旅游规模差异及其位序规模体系研究——以浙江省为例［J］．经济地理，2010，30（2）：345–350.

［17］朱付彪，陆林，於冉，等．都市圈旅游空间结构演变研究——以长三角都市圈为例［J］．地理科学，2012，32（5）：570–576.

［18］胡文海，程海峰，余菲菲．皖南国际文化旅游示范区旅游经济差异分析研究［J］．地理科学，2015，35（11）：1412– 1418.

［19］Petrevska B. Seasonality in Macedonian Tourism［J］. Horizons Series A，2014，13：41–54.

［20］John C，Richard C，Stephen J. Seasonality of Overseas Tourism Demand in Scotland：A Regional Analysis［J］. Regional Studies，2013，49（10）：1603–1620.

［21］Pan C M. Market Structure and Profitability in the International Tourist Hotel Industry.［J］. Tourism Management，2005，26（6）：845–850.

［22］陈秀琼，黄福才. 中国入境旅游的区域差异特征分析［J］. 地理学报，2006，61（12）：1271–1280.

［23］Smith S L J，Tyrell T J，Johnston R J. How big，How Many? Enterprise Size Distributions in Tourism and other Industries［J］. Journal of Travel Research，2006，45（1）：53–58.

［24］刘佳，赵金金. 中国省域旅游经济发展的时空分异特征及其影响因素研究［J］. 经济问题探索，2012，（11）：110–116.

［25］安士伟. 中国宏观经济发展战略演变研究［J］. 经济经纬，2004，（2）：26–28.

［26］茶洪旺. 区域经济发展的第三种理论：非均衡协调发展［J］. 学术月刊，2008，（10）：71–77.

［27］杨竹莘. 非均衡协调发展的区域理论在中国的演变［J］. 商业研究，2010，398（6）：99–103.

［28］黄剑辉，李洪侠."一带一路"倡议视阈下我国区域经济的协调发展［J］. 税务研究，2015，（6）：22–30.

［29］陆林，余凤龙. 中国旅游经济差异的空间特征分析［J］. 经济地理，2005，25（3）：406–410.

［30］Thomas I. City–size Distribution and the Size of Urban Systems［J］. Environment & Planning A，1985，17（7）：905–913.

［31］胡静，陈小娟，陈磊，等. 山东省入境旅游规模结构演化研究［J］. 中国人口·资源与环境，2015，25（7）：170–176.

［32］Ellison G，Glaeser E L，Dumais G. Geographic Concentration as a Dynamic Process［J］. Review of Economics & Statistics，1998，84（2）：193–204.

［33］刘惠敏. 基于EG模型的北京都市区生产性服务业地理集中研究［J］. 地理与地理信息科学，2007，23（2）：56–60.

［34］赵黎明，邢雅楠．基于EG指数的中国旅游产业集聚研究［J］．西安电子科技大学学报（社会科学版），2011，21（2）：43-48.

［35］杨洪焦，孙林岩，高杰，等．中国制造业聚集度的演进态势及其特征分析——基于1988~2005年的实证研究［J］．数量经济技术经济研究，2008，25（5）：55-66.

［36］Brakman S，Garretsen H，Marrewijk CV et al. The Return of Zipf：Towards a Further Understanding of the Rank-Size Distribution［J］. Journal of Regional Science，2010，39（1）：183-213.

［37］陈彦光．基于Moran统计量的空间自相关理论发展和方法改进［J］．地理研究，2009，28（6）：1449-1463.

［38］Anselin L. Local Indicators of Spatial Association—LISA［J］. Geographical Analysis，1995，27（2）：93-115.

［39］国家统计局．中国统计年鉴［M］．北京：中国统计出版社，2007-2016.

［40］国家旅游局．中国旅游统计年鉴［M］．北京：中国统计出版社，2007-2015.

［41］汪德根，陈田．中国旅游经济区域差异的空间分析［J］．地理科学，2011，31（5）：528-536.

［42］周晓艳，韩丽媛，叶信岳，等．基于位序规模法则的我国城市用地规模分布变化研究（2000年~2012年）［J］．华中师范大学学报（自科版），2015，49（1）：132-138.

［43］Henderson V. The Urbanization Process and Economic Growth：The So-What Question［J］. Journal of Economic Growth，2003，8（1）：47-71.

［44］Aghion P，Bolton P. A Theory of Trickle-Down Growth and Development［J］. Review of Economic Studies，1997，64（2）：151-172.

［45］Antonietti R，Cainelli G. KIBS and the City：GIS Evidence from Milan［J］. Economia Politica，2012，29（3）：305-318.

Part 3

第三部分

研究归纳

一、基于灰色关联度分析的广西区域旅游协调发展研究

为促进区域旅游协调发展，结合全域旅游的概念特征，从旅游基础、经济社会、环境生态、文体卫生等4个方面选取了2014—2018年27个影响旅游业发展的主要因素构建广西区域旅游协调发展评价指标体系，基于灰色关联度分析进行相关研究。结果显示：旅游总消费占GDP的比重、国内游客人数、A级旅游景区数和第三产业贡献率等指标与广西区域旅游发展的关联度较高，广西区域旅游发展与各因子的灰色关联度排序为旅游基础 > 经济社会 > 文体卫生 > 环境生态，表明旅游产业作为广西国民经济的主导产业和支柱产业具有重要的优势地位，必须在强化各支撑保障因素的基础上充分发挥旅游产业的引领融合作用，重点拓展国内旅游市场；广西区域旅游协调发展策略主要有省域层面的全域景区发展型、市域层面的特色资源驱动型、县域层面的产业深度融合型及“大南宁国际都市旅游圈”的城市全域辐射型和“大桂林山水文化旅游圈”的龙头景区带动型。

二、广西旅游业演变与三次产业发展的关联探析

实施“旅游+”战略，创新旅游发展新业态，是国家“十三五”期间促进旅游业转型升级所明确的新要求与具体途径。从产业规模、结构以及国民经济地位三个方面深入探析广西旅游产业（2011—2015年）的演变状况，以及从产业融合视角论述旅游产业与三次产业发展关联的理论依据，在此基础上运用灰色关联分析法，对广西旅游业演变与三次产业的关联度进行实证分析并提出相应的对策建议。

三、基于泰尔指数的广西旅游经济区域差异特征研究

以广西14个地级城市的旅游产业为研究对象，引入泰尔指数、旅游经济发展水平指数、旅游产业地位指数等计算方法，分析了2006—2013年广西旅

游经济区域差异特征。研究结果显示:（1）地带内差异泰尔指数与市际差异泰尔指数走势相一致，总体上都是呈现出逐步下降的趋势，地带间差异泰尔指数一直维持在较低的水平以下并处于相对稳定的状态，广西整体的旅游经济区域差异主要是由地带内差异造成;（2）广西旅游经济地带间的差异主要是北部湾经济区地带间差异影响的结果;（3）广西旅游经济地带内的差异主要由北部湾经济区与西江经济区地带内差异共同主导形成;（4）14 个地级城市的旅游经济发展水平与产业地位在空间分布上表现各异。

四、区域旅游产业与城镇化建设耦合协调发展研究——以广西 14 个地级市为例

以广西 14 个地级市为研究对象，基于区域旅游产业与城镇化建设耦合协调发展作用机制，构建区域旅游产业与城镇化建设耦合协调发展评价指标体系，并运用熵权法、耦合协调度模型、面板聚类分析法对广西 2010—2017 年 14 个地级市旅游产业与城镇化建设耦合协调发展状况及空间差异进行测度与分析，结果显示：广西各地级市旅游产业与城镇化建设耦合协调发展水平变化特征基本稳定，大体呈上升趋势，但整体水平较低且空间差异明显，桂林从濒临失调上升至初级协调，南宁从濒临失调上升至勉强协调，柳州、北海、百色、河池从轻度失调上升至濒临失调，梧州、防城港、贵港从中度失调上升至轻度失调，钦州、玉林、贺州和崇左从中度失调上升至濒临失调，来宾从严重失调上升至轻度失调。可见，经济基础滞后和旅游产业发展基础滞后都将成为旅游产业与城镇化建设耦合协调发展的制约因素，提高广西各市旅游产业与城镇化建设耦合协调发展水平还需较长的发展周期。

五、省级区域旅游产业—社会经济—生态环境耦合协调度空间相关性研究——以广西为例

构建广西旅游产业、社会经济、生态环境耦合协调度评价指标体系，计

算广西各地级市的耦合协调度，引入 ESDA 方法及灰色预测模型进行空间相关性研究与模拟预测。研究结果表明：全局空间自相关为负自相关关系，空间单元为离散状态并逐步向随机状态转化；Moran 散点图与 LISA 聚集图显示的局部空间自相关关系中，空间关联特征主要表现为“高低（HL）”和“低高（LH）”两种模式，南宁、来宾通过显著性检验；近期耦合协调发展水平趋势稳定但整体水平不高，导致整体空间关联格局不会产生根本性变化。

六、基于生态位理论的广西区域旅游协调发展研究

为优化广西区域旅游布局，促进旅游产业有序协调发展，基于生态位理论，利用 2011—2015 年广西 14 个地级城市的相关变量数据构建了包含旅游产业、经济社会、生态环境等维度的区域旅游生态位测度系统，通过计算得到广西旅游生态位竞争态势综合评价结果。研究结果显示：各城市的旅游生态位总体得分不高但内部差异相对具有统计学意义，旅游生态位发展态势持续扩充，影响力逐渐增强；区域旅游生态位等级可以划分为核心城市、节点城市、网络城市 3 种类型，其中核心城市为南宁市和桂林市，节点城市为柳州市，其余 11 个城市为网络城市；在区域旅游生态位竞合关系中，核心城市、节点城市、网络城市分别适宜采取领先战略、跟随战略、补缺战略。

七、基于共生理论的广西区域城市旅游协同发展研究

以广西区域城市的旅游协同发展为研究对象，基于共生理论及定量定性综合分析方法，从旅游能级、对外关联度、中心职能强度及外向功能强度 4 个方面对广西区域 14 个地级城市的旅游共生关系进行研究并得到相关测度评价。结果表明：在广西区域城市旅游等级划分中，桂林市和南宁市为一级中心城市，百色市、崇左市、北海市、柳州市、河池市为二级中心城市，钦州市、玉林市、贺州市、防城港市、梧州市、来宾市、贵港市为三级中心城市；以长寿养生旅游为统一品牌，打造成为世界健康旅游目的地，是广西区域城

市旅游的一体化共生发展策略；与“双核驱动，三区统筹”“三区一带”及“一带一路”等区域发展战略和倡议衔接，是广西区域城市旅游的对称性互惠共生发展策略；各市在强调区域统一的旅游目的地品牌形象的前提下，实施不对称性错位发展，是广西区域城市旅游的非对称性互惠共生发展策略。

八、基于共生理论的广西北部湾经济区旅游竞合关系研究

为优化旅游产业资源配置，促进区域旅游协调发展，基于共生理论，从旅游同质度、对外关联度、灰色关联度及外向功能强度等四个维度入手，对广西北部湾经济区的竞合关系进行综合分析研究。研究结果显示：作为广西北部湾经济区四个主要城市的南宁、北海、钦州与防城港在旅游资源方面相似度较高，旅游同质度均大于 0.8 且接近 1；南宁与钦州的经济关联度最高，经济联系较为紧密；南宁与北海两市的区位熵大于 1，外向功能较为明显，旅游产业具有一定的优势地位，专业化程度较高；广西北部湾经济区主要旅游经济指标与旅游总消费的灰色关联度都大于 0.6，各指标对广西北部湾经济区旅游产业的发展影响程度较为显著，其中国内游客消费、国内游客人数及 A 级景区数得分较高，表明广西北部湾经济区旅游产业的发展以国内旅游市场为主。

九、珠江—西江经济带建设背景下广东与广西区域城市旅游竞争格局研究

以广东与广西 35 个主要城市的旅游竞争力为研究对象，构建区域城市旅游竞争力指标评价体系，采用因子分析法进行定量分析与研究，得到城市旅游竞争力综合评价结果。结果表明，区域城市旅游竞争力主要与产业基础、支撑条件、交通设施、环境保障 4 个公因子相关；区域城市旅游竞争力呈现出以“珠三角”城市群（广州、深圳、佛山、东莞、惠州、中山、珠海、江门）为区域中心，南宁与桂林为区域次中心，各城市竞合并存的空间格局；根据因子综合得分，区域城市旅游竞争力划分为强（广州、深圳）、较强（东

莞、佛山、珠海、南宁、中山、惠州、桂林、江门）、较弱（柳州、汕头、肇庆、湛江、玉林）、弱（其余城市）4 个等级，区域中心极化作用显著。

十、旅游产业发展对地区农民的增收效应研究——基于广西 2010—2017 年市域面板数据的经验证据

乡村振兴战略的提出进一步激发了研究者对于农民增收的广泛讨论。从总体增收、内在部门增收、空间溢出等三个维度提出旅游产业发展对地区农民的增收效应的理论假设，并进一步构建静态面板数据模型和面板空间自回归模型，以广西 2010—2017 年市域面板数据为例实证检验旅游产业发展对地区农民是否具有增收效应。研究发现：旅游产业发展能显著正向促进农民收入的增长；旅游产业内在部门的发展对于农民增收存在显著差异；旅游产业及其部分部门的发展对于农民增收存在显著的空间溢出效应。在此基础上，从加快农民增收型旅游产业发展等四个层面提出政策建议。

十一、产业融合视角下长寿旅游产业价值链升级探究——以广西巴马为例

长寿旅游迎合了现代旅游的发展方向和基本特征，具有巨大的发展潜力与广阔的发展空间。在梳理长寿旅游产业、长寿旅游产业价值链和产业融合理论的核心内涵的基础上，阐述产业融合对长寿旅游产业价值链升级的内在作用机制，并进一步探讨产业融合视角下广西巴马长寿旅游产业价值链升级的具体实践。

十二、基于 2003—2014 年的广西入境旅游等级规模结构演化特征动态研究

以 2003—2014 年广西入境旅游人数作为衡量入境旅游等级规模的重要

指标，采用赫芬达尔指数、绝对集中指数和首位度指数、位序—规模法则研究了广西入境旅游等级规模结构的演化特征。研究表明：(1) 广西入境旅游等级规模结构虽处在优化进程中，但仍处于演进过程中的初级阶段；(2) 广西入境旅游目的地和入境旅游市场等级规模结构都属于典型的首位度分布，呈现"两头大，中间小"的格局，等级规模体系发育不完善；(3) 广西入境旅游目的地等级规模结构相对稳定，其演化进程优于入境旅游市场等级规模结构的演化。

十三、"一带一路"（中国段）入境旅游空间结构演化研究——基于非均衡协调发展视角

基于非均衡协调发展理论，选取 2006—2015 年"一带一路"入境旅游经济数据作为衡量"一带一路"（中国段）入境旅游空间结构演化的重要指标，运用入境旅游经济发展水平和产业地位，首位度指数、EG 指数和 Zipf 指数以及局部空间自相关分析等方法，从"整体—局部（子区域）—个体（省域）"的角度研究了"一带一路"（中国段）入境旅游空间差异性与协调性特征。得出结论：①"一带一路"非均衡状态与协调倾向并存、总体非均衡与局部协调并存；②区域入境旅游发展成熟度与区域空间结构合理性呈正相关，即入境旅游发展越成熟的区域，省域间入境旅游发展越协调；③高高型区域、高低波动型区域、低低型区域这三大区域入境旅游空间集聚类型差异明显；④区域入境旅游发展成熟度与区域空间显著相关的省域数量呈负相关，即低低型区域空间显著相关的省域数量多于高低波动型区域多于高高型区域。

附录1　研究人员主要研究成果

一、科研论文类研究成果

基于生态位理论的广西区域旅游协调发展研究，发表于《西南师范大学学报（自然科学版）》，2018年。

基于灰色关联度分析的广西区域旅游协调发展研究，发表于《数学的实践与认识》，2020年。

基于共生理论的广西北部湾经济区旅游竞合关系研究，发表于《河池学院学报》，2020年。

基于共生理论的广西区域城市旅游协同发展研究，发表于《西北师范大学学报（自然科学版）》，2020年。

省级区域旅游产业—社会经济—生态环境耦合协调度空间相关性研究——以广西为例，发表于《西北师范大学学报（自然科学版）》，2017年。

基于泰尔指数的广西旅游经济区域差异特征研究，发表于《西北师范大学学报（自然科学版）》，2016年。

珠江—西江经济带建设背景下广东与广西区域城市旅游竞争格局研究，发表于《西北师范大学学报（自然科学版）》，2018年。

基于2003—2014年的广西入境旅游等级规模结构演化特征动态研究，发表于《华中师范大学学报（自然科学版）》，2016年。

“一带一路”（中国段）入境旅游空间结构演化研究——基于非均衡协调

发展视角，发表于《资源开发与市场》，2019 年。

区域旅游产业与城镇化建设耦合协调发展研究——以广西 14 个地级市为例，发表于《西北师范大学学报（自然科学版）》，2019 年。

“全域旅游”视角下旅游产业发展与城镇建设耦合协调研究——基于广西的实证分析，发表于《数学的实践与认识》，2018 年。

产业融合视角下广西巴马长寿旅游产业价值链升级探究，发表于《河池学院学报》，2017 年。

广西旅游业演变与三次产业发展的关联探析，发表于《河池学院学报》，2017 年。

二、获奖成果类研究成果

基于生态位理论的广西区域旅游竞争态势研究，获得第十九期广西发展论坛优秀论文三等奖，2017 年；河池市第四次社会科学优秀成果奖二等奖，2020 年。

省级区域旅游产业—社会经济—生态环境耦合协调度空间相关性研究——以广西为例，获得第六届广西社会科学学术年会优秀论文三等奖，2017 年。

基于共生理论的广西区域城市旅游协同发展研究，获得第八届广西青年学术年会优秀论文二等奖，2019 年。

广西旅游产业发展对农村居民的增收效应研究，获得第八届广西青年学术年会优秀论文三等奖，2019 年。

广西旅游产业耦合发展研究，获得河池市第二次社会科学优秀成果奖二等奖，2017 年。

区域协调发展战略背景下广西旅游经济内部差异特征及空间相关性研究，获得河池市第三次社会科学优秀成果奖二等奖，2019 年。

《广西旅游市场应用研究实例》，获得河池市第三次社会科学优秀成果奖三等奖，2019 年；河池学院第二届优秀科研成果奖三等奖，2017 年。

珠江—西江经济带建设背景下广东与广西区域城市旅游竞争格局研究，

获得河池市第四次社会科学优秀成果奖三等奖，2020 年。

区域旅游产业与城镇化建设耦合协调发展研究——以广西 14 个地级市为例，获得河池市第四次社会科学优秀成果奖三等奖，2020 年。

附录 2　主要旅游指标与参考资料

表 1　各市国内旅游消费

单位：亿元

城市	2010	2014	2015	2016	2017	2018
南宁	234.78	598.73	729.93	903.24	1109.80	1368.42
柳州	88.59	229.09	281.02	351.48	443.49	598.14
桂林	134.17	373.77	453.51	558.81	882.89	1290.89
梧州	50.02	123.22	153.78	192.68	240.33	343.42
北海	67.17	173.11	219.74	284.34	364.52	499.67
防城港	27.89	76.73	97.40	125.37	164.83	235.40
钦州	27.04	75.67	101.12	172.02	252.68	370.08
贵港	34.53	107.53	135.62	176.79	235.16	319.62
玉林	49.55	147.53	196.44	277.74	415.49	576.60
百色	56.64	156.01	200.02	259.59	334.46	456.00
贺州	34.87	124.96	162.44	208.38	262.84	384.90
河池	43.32	144.39	179.60	230.51	297.22	407.05
来宾	15.86	70.59	101.18	133.12	180.23	242.19
崇左	33.66	93.66	124.59	173.58	234.67	343.71

数据来源 :《广西统计年鉴》

表 2　各市接待国内游客人数

单位：万人次

城市	2010	2014	2015	2016	2017	2018
南宁	3542.70	6905.19	8159.14	9499.62	11001.08	13094.60
柳州	1300.25	2605.43	2901.14	3297.26	4018.78	5336.40
桂林	2097.71	3737.84	4253.61	5152.55	7983.89	10640.61
梧州	655.91	1279.13	1527.79	1727.66	2205.06	3123.46
北海	938.43	1770.67	2143.69	2473.24	3069.82	3935.24
防城港	550.08	1168.40	1345.77	1568.79	2016.35	2746.71
钦州	469.33	868.31	1077.07	1801.21	2564.30	3641.70
贵港	623.02	1266.25	1435.85	1666.60	2090.70	2733.31
玉林	712.55	1653.75	2027.02	2787.85	3989.88	5243.63
百色	952.24	1997.80	2321.92	2716.69	3265.21	4208.38
贺州	487.43	1257.17	1526.53	1775.52	2171.47	3210.58
河池	728.01	1530.09	1841.95	2154.20	2635.58	3410.39
来宾	353.36	1197.65	1539.39	1806.63	2260.28	2830.02
崇左	662.48	1327.35	1560.50	1991.54	2539.48	3612.36

数据来源 :《广西统计年鉴》

表 3　主要年份各市国际旅游消费

单位：万元

城市	2010	2015	2016	2017	2018
南宁	37858	125962	154268	175520	191190
柳州	18241	44579	52866	63892	80811
桂林	341244	638154	784966	888722	1008636
梧州	15589	43284	50068	54143	61352
北海	14768	31259	36992	41032	47663
防城港	11731	32476	38570	42681	47896

续表

城市	2010	2015	2016	2017	2018
钦州	5589	11929	16221	18719	21859
贵港	8129	20157	23744	26870	30605
玉林	9947	28799	38049	41312	48182
百色	7298	18031	21978	24202	28774
贺州	28408	73613	89936	97727	113312
河池	7744	25541	30666	34009	39193
来宾	2368	5545	6653	7361	8288
崇左	39591	78582	92097	101294	110375

数据来源：《广西统计年鉴》

表 4　各市旅游总消费

单位：亿元

城市	2010	2014	2015	2016	2017	2018
南宁	238.57	608.79	742.53	918.67	1127.35	1387.54
柳州	90.42	233.14	285.48	356.77	449.88	606.22
桂林	168.30	432.07	517.33	637.30	971.76	1391.75
梧州	51.58	127.24	158.11	197.69	245.75	349.55
北海	68.64	176.03	222.86	288.04	368.62	504.43
防城港	29.07	79.75	100.64	129.23	169.10	240.19
钦州	27.60	76.75	102.31	173.64	254.55	372.26
贵港	35.34	109.41	137.64	179.16	237.85	322.68
玉林	50.54	150.12	199.32	281.55	419.62	581.42
百色	57.37	157.66	201.82	261.79	336.88	458.88
贺州	37.71	131.59	169.80	217.37	272.62	396.23
河池	44.10	146.57	182.16	233.58	300.62	410.97

续表

城市	2010	2014	2015	2016	2017	2018
来宾	16.10	71.09	101.74	133.79	180.97	243.02
崇左	37.62	100.95	132.45	182.79	244.79	354.74

数据来源 :《广西统计年鉴》

表 5　主要年份各市接待入境旅游人数

单位：人次

城市	2010	2011	2012	2013	2014	2015	City	City	2018
南宁	167527	236144	300674	351068	432967	510850	555424	591288	644327
柳州	81100	105958	137760	167394	174132	181221	188769	200355	241911
桂林	1486202	1643935	1824141	1936542	2047792	2163406	2333247	2489026	2746996
梧州	90017	130119	152816	182851	190255	196278	202724	209257	220582
北海	73008	83073	98759	115820	120938	129053	135536	145410	160644
防城港	70122	103275	127497	146715	153803	160987	168593	176622	186585
钦州	24367	35630	41631	46112	50312	53573	61916	68793	76089
贵港	40485	55847	68086	79323	82853	86921	90678	96278	102328
玉林	33128	43006	57942	81054	95939	105432	122301	136733	154466
百色	26741	40106	51516	63698	70106	73928	78164	83155	90892
贺州	164018	227152	267251	309624	330696	351569	376544	389077	422460
河池	30155	41385	53546	70037	91705	100570	106764	112560	119786
来宾	8163	12030	14500	16848	18561	19629	21586	22733	25028
崇左	207330	270263	306613	348349	351771	367145	382914	403094	431159

数据来源 :《广西统计年鉴》

表 6　广西国家主要（4A 级以上）级旅游景区分布（2018）

类别	风景名胜区名称	所在地
AAAAA	南宁青秀山风景旅游区	南宁市
	桂林漓江景区	桂林市
	桂林乐满地休闲世界	
	桂林独秀峰—王城景区	
	桂林两江四湖．象山景区	
	崇左市德天跨国瀑布景区	崇左市
AAAA	南宁嘉和城景区	南宁市
	南宁九曲湾温泉景区	
	广西八桂田园	
	南宁市动物园	
	广西药用植物园	
	南宁大明山风景旅游区	
	广西科技馆	
	广西民族博物馆	
	南宁市乡村大世界景区	
	南宁市武鸣区伊岭岩景区	
	南宁市良凤江森林景区	
	广西规划馆景区	
	南宁市民歌湖景区	
	隆安县龙虎山旅游景区	
	南宁市凤岭儿童公园	
	南宁马山金伦洞景区	
	上林县金莲湖景区	
	南宁市人民公园	
	南宁花花大世界景区	
	南宁昆仑关旅游风景区	
	南宁上林县大龙湖景区	
	九龙瀑布景区	

续表

类别	风景名胜区名称	所在地
AAAA	水锦·顺庄	
	龙门水都景区	
	广西马山弄拉旅游景区	
	南宁园博园景区	
	南宁万达茂景区	
	南宁市那贵坡樱花园	
	柳州龙潭景区	柳州市
	柳侯公园	
	柳州市鱼峰风景区	
	三江程阳侗族八寨景区	
	柳州博物馆	
	广西鹿寨香桥岩风景区	
	柳州市三江县丹洲景区	
	柳州文庙景区	
	柳州城市规划展览馆	
	柳州市马鹿山奇石博览园景区	
	柳州市三江县大侗寨景区	
	柳州市工业博物馆景区	
	柳州市百里柳江旅游景区	
	柳州园博园景区	
	柳州市融安石门仙湖旅游景区	
	柳州柳城县知青城景区	
	柳州市都乐岩景区	
	柳州市融水元宝山龙女沟景区	
	柳江区凤凰河生态旅游度假区	
	柳州市动物园	
	柳州融水·民族体育公园	
	柳州市雀儿山公园景区	
	柳州市融水县老君洞景区	

续表

类别	风景名胜区名称	所在地
AAAA	三江县仙人山景区	柳州市
	融水双龙沟原始森林度假区	
	柳州螺蛳粉产业园旅游景区	
	祥荷乡韵景区	
	卡乐星球欢乐世界旅游景区	
	鹿寨县中渡古镇	
	广西柳工机械股份有限公司旅游景区	
	上汽通用五菱宝骏基地	
	七星景区	桂林市
	芦笛景区	
	桂林世外桃源旅游区	
	桂林冠岩景区	
	桂林愚自乐园艺术园	
	桂林银子岩旅游度假区	
	桂林古东瀑布景区	
	兴安灵渠景区	
	桂林丰鱼岩旅游度假区	
	桂林龙胜温泉旅游度假区	
	桂林穿山景区	
	桂林尧山景区	
	荔浦荔江湾景区	
	桂林义江缘景区	
	阳朔图腾古道－聚龙潭景区	
	永福金钟山旅游度假区	
	龙胜龙脊梯田景区	
	桂林市南溪山景区	
	桂林经典刘三姐大观园景区	
	桂林阳朔县蝴蝶泉旅游景区	
	桂林西山景区	

续表

类别	风景名胜区名称	所在地
AAAA	桂林市逍遥湖景区	桂林市
	桂林罗山湖玛雅水上乐园景区	
	桂林市猫儿山景区	
	阳朔西街	
	桂林红溪景区	
	桂林资江・天门山景区	
	桂林八角寨景区	
	桂林资江灯谷景区	
	恭城三庙两馆景区	
	恭城红岩村景区	
	梧州骑楼城—龙母庙景区	梧州市
	藤县石表山休闲旅游景区	
	蒙山县永安王城景区	
	梧州苍海旅游区	
	长坪水韵瑶寨景区	
	梁羽生公园	
	梧州市军事体育文化园景区	
	梧州李济深故里文化旅游区	
	梧州天龙顶山地公园景区	
	北海银滩旅游区	北海市
	北海海底世界	
	北海海洋之窗	
	北海涠洲岛国家地质公园鳄鱼山景区	
	北海市嘉和—冠山海景区	
	北海老城历史文化旅游区	
	北海金海湾红树林生态旅游区	
	北海园博园景区	
	北海汉闾文化园	
	涠洲岛圣堂景区	

续表

类别	风景名胜区名称	所在地
AAAA	上思十万大山国家森林公园景区	防城港市
	防城港东兴市京岛风景名胜区	
	东兴市屏峰雨林景区	
	防城港市江山半岛白浪滩旅游景区	
	防城港市西湾旅游区	
	上思县十万大山百鸟乐园景区	
	钦州三娘湾景区	钦州市
	钦州刘冯故居景区	
	钦州八寨沟旅游景区	
	钦州市浦北县五皇山景区	
	钦州园博园景区	
	钦州市灵山县六峰山风景名胜区	
	钦州市浦北县越州天湖景区	
	钦州市林湖森林公园	
	钦州市大芦古村文化生态旅游区	
	桂平西山风景名胜区	贵港市
	贵港市龙潭国家森林公园景区	
	桂平市太平天国金田起义地址景区	
	平南雄森动物大世界	
	平南县龚州公园	
	贵港荷美覃塘景区	
	平南县北帝山旅游区	
	兴业鹿峰山风景区	玉林市
	陆川谢鲁温泉休闲景区	
	广西五彩田园现代特色农业示范区	
	广西玉林市大容山国家森林公园	
	玉林云天文化城	
	玉林容州古城	
	玉林容县都峤山风景区	

续表

类别	风景名胜区名称	所在地
AAAA	铜石岭国际旅游度假区	玉林市
	北流市会仙河公园	
	六万大山森林公园	
	民国小镇	
	靖西通灵大峡谷景区	百色市
	百色乐业大石围天坑群景区	
	百色起义纪念馆	
	靖西古龙山峡谷群生态旅游景区	
	百色大王岭景区	
	凌云茶山金字塔景区	
	百色市德保县吉星岩景区	
	百色市德保县红叶森林旅游景区	
	百色市平果黎明通天河旅游景区	
	百色市田阳聚之乐休闲农业景区	
	百色田州古城	
	百色西林县宫保府景区	
	百色靖西市鹅泉旅游景区	
	凌云环浩坤湖山水生态体验区景区	
	百色欢乐小镇景区	
	靖西市旧州景区	
	凌云县泗城州府景区	
	田东县湿地公园景区	
	贺州姑婆山旅游区	贺州市
	昭平黄姚古镇风景名胜区	
	贺州市十八水原生态园景区	
	贺州市玉石林景区	
	昭平县南山茶海景区	
	昭平县黄姚花海景区	
	富川神仙湖景区	

续表

类别	风景名胜区名称	所在地
AAAA	贺州西溪森林温泉景区	贺州市
	昭平县桂江生态旅游景区	
	巴马盘阳河景区	河池市
	巴马水晶宫景区	
	广西凤山国家地质公园景区	
	河池市东兰红色旅游区	
	河池市宜州刘三姐故里旅游区	
	河池天峨县龙滩大峡谷景区	
	宜州区会仙山景区	
	南丹县歌娅思谷·中国白裤瑶生态民俗风情园景区	
	广西大化七百弄国家地质公园景区	
	广西丹泉洞天酒文化旅游景区	
	河池宜州拉浪生态休闲区	
	河池宜州怀远古镇景区	
	河池市珍珠岩风景区	
	环江牛角寨瀑布群景区	
	环江木论喀斯特生态旅游景区	
	广西红水河都安三岛湾国际旅游度假区	
	巴马洞天福地景区	
	金秀莲花山旅游景区	来宾市
	来宾市象州古象旅游区	
	来宾市金秀圣堂湖景区	
	金秀县圣堂山景区	
	金秀县山水瑶城景区	
	忻城县薰衣草庄园景区	
	来宾金秀银杉森林公园	
	大新德天跨国瀑布景区	崇左市
	凭祥市友谊关景区	
	凭祥红木文博城景区	

续表

类别	风景名胜区名称	所在地
AAAA	龙州县龙州起义纪念园景区	崇左市
	大新县明仕景区	
	崇左市宁明县花山景区	
	崇左石景林．园博园	
	崇左大新德天．老木棉景区	
	大新龙宫仙境景区	
	龙州县小连城景区	
	龙州县左江景区	
	广西派阳山森林公园	
	扶绥县龙谷湾景区	
	大新县安平仙河景区	
	左江斜塔景区	
	大新县大阳幽谷景区	
	崇左白头叶猴国家自然保护区景区	
	崇左市江州区雨花石景区	
	国际・如意岛生态景区	
	龙州县发现弄岗景区	
	凭祥市大连城景区	

注:2018 年广西共有旅游景区 507 个，其中 5A 级 6 家，4A 级 214 家，3A 级 273 家，2A 级 14 家。
资料来源 :《广西统计年鉴》。

项目策划：孙妍峰
责任编辑：孙妍峰
责任印制：孙颖慧
封面设计：武爱听

图书在版编目（CIP）数据

广西旅游产业差异演变与区域耦合协调发展关系研究 / 韦福巍等著. -- 北京 : 中国旅游出版社, 2021.8
ISBN 978-7-5032-6759-8

Ⅰ. ①广… Ⅱ. ①韦… Ⅲ. ①旅游业发展－关系－区域经济发展－研究－广西 Ⅳ. ①F592.767 ②F127.67

中国版本图书馆CIP数据核字（2021）第155776号

书　　名：广西旅游产业差异演变与区域耦合协调发展关系研究

作　　者：韦福巍　王威峰　黄荣娟　时朋飞
出版发行：中国旅游出版社
（北京静安东里6号　邮编：100028）
http://www.cttp.net.cn　E-mail:cttp@mct.gov.cn
营销中心电话：010-57377108，010-57377109
读者服务部电话：010-57377151
排　　版：北京旅教文化传播有限公司
经　　销：全国各地新华书店
印　　刷：北京盛华达印刷科技有限公司
版　　次：2021年8月第1版　2021年8月第1次印刷
开　　本：720毫米×970毫米　1/16
印　　张：16.5
字　　数：242千
定　　价：49.80元
ＩＳＢＮ　978-7-5032-6759-8